Machen Sie sich ständig Gedanken darüber, was andere Menschen über Sie denken könnten? Leiden Sie beim Umgang mit anderen unter Nervosität, Angstgefühlen, Herzklopfen, Schwitzen, Erröten, Verspannungen? Vermeiden Sie Ansammlungen von mehr als drei Personen? Haben Sie Probleme, sich mit Ihrer Meinung durchzusetzen?

Unglaublich viele Menschen schätzen sich als «krankhaft schüchtern» ein und denken, sie seien allein mit ihrem Problem. Dabei ist die Soziale Phobie, wie die schwere Form der Schüchternheit genannt wird, die dritthäufigste psychische Erkrankung. Dieser Ratgeber behandelt das Problem Schüchternheit aus der Sicht eines Angstexperten. Er erläutert Ursachen und Hintergründe und gibt viele hilfreiche Tipps, um aus der unfreiwilligen Selbstblockade herauszufinden.

Prof. Dr. med. Dipl.-Psych. Borwin Bandelow arbeitet an der Klinik für Psychiatrie und Psychotherapie der Universität Göttingen. Er behandelt seit vielen Jahren Angstpatienten und ist einer der weltweit führenden Angstforscher. 2004 erschien bei Rowohlt sein «Angstbuch», das mittlerweile als Standardwerk anerkannt ist.

Borwin Bandelow

DAS BUCH FÜR SCHÜCHTERNE

Wege aus der Selbstblockade

Rowohlt Taschenbuch Verlag

Die im Buch vorgestellten Fallberichte
sind so verändert worden, dass das Wiedererkennen
der betroffenen Personen nicht möglich ist.

Veröffentlicht im Rowohlt Taschenbuch Verlag,
Reinbek bei Hamburg, November 2008
Copyright © 2007 by Rowohlt Verlag GmbH,
Reinbek bei Hamburg
Lektorat Regina Carstensen
Umschlaggestaltung ZERO Werbeagentur, München,
nach einem Entwurf von ‹Atelier Bea Klenk›
Satz Kepler PostScript, InDesign,
bei Pinkuin Satz und Datentechnik
Druck und Bindung C. H. Beck, Nördlingen
Printed in Germany
ISBN 978 3 499 62254 0

INHALT

4. WENN SCHÜCHTERNHEIT ZUR KRANKHEIT WIRD

5. WEGE AUS DER SELBSTBLOCKADE

6. SCHÜCHTERNHEIT IN DER MODERNEN WELT

EINLEITUNG

*A*m liebsten würde ich die graue Farbe der Wand hinter mir annehmen. Mein Herz rast, mein Gesicht ist bleich, mein Magen dreht sich um, und ich war schon dreimal auf der Toilette. Ich könnte jetzt ruhig zu Hause sitzen und ein gutes Buch lesen. Es war ein grober Fehler, mich von Kathrin überreden zu lassen, auf diese Party zu gehen. Die Leute sind mir komplett fremd, aber alle anderen scheinen sich schon lange zu kennen und sich prächtig zu amüsieren. Keiner will mit mir reden, aber ich würde auch im Boden versinken, wenn mich jemand ansprechen würde. Aber dass ich hier allein in der Ecke stehe, ist mir auch furchtbar peinlich. Was denken die Leute von mir? Ich komme ihnen sicherlich unsäglich beschränkt vor, wie ich hier wie bestellt und nicht abgeholt herumhänge. Ich habe das Gefühl, dass mich alle kritisch anschauen – was hat die denn für trostlose Klamotten an, warum hat sie einen so unsicheren Blick, wer hat die überhaupt eingeladen?

Warum bin ich so verdammt schüchtern? Warum kann ich nicht so sein wie die anderen? Was ist falsch an mir?

Stefanie, neunundzwanzig Jahre, leidet an krankhafter Schüchternheit. Eine kleine private Feier, für andere Menschen ein vergnüglicher Anlass, ist für sie die Quelle größten Unbehagens. Sie hat Angst, mit fremden Menschen in Kontakt zu treten. Sie fühlt sich beobachtet. Sie nimmt an, dass alle sie kritisch beäugen und sich insgeheim über sie lustig machen: über ihr Aussehen, ihr Make-up, ihre Figur, ihre Schuhe, ihren Pullover. Wenn jemand sie ansprechen würde, befürchtet sie zu stottern, keinen Ton herauszubringen oder nur Dümmliches zu reden.

Wie Stefanie sind unzählige Menschen von dem rätselhaften Phänomen der Schüchternheit betroffen. Wenn alle Blicke auf sie gerichtet sind, werden sie nervös. Sie hassen Situationen, in denen sie im Mittelpunkt stehen. Besonders schlimm ist es, wenn sie Fremde ansprechen wollen. Sie müssen ihren ganzen Mut zusammennehmen, um nach der Bahnhofsstraße zu fragen. Es gelingt ihnen nicht, bei einer Unterhaltung dem Gesprächspartner direkt in die Augen zu sehen. Sie scheuen sich, Witze zu erzählen, weil sie Angst haben, die Pointe zu verderben. Ein angekündigtes Gespräch mit dem Abteilungsleiter sorgt für eine schlaflose Nacht. Sie zucken zusammen, wenn die Verkäuferin in einer Boutique sie fragt: «Kann ich Ihnen helfen?» Sie erscheinen nicht zu einem Prüfungstermin, aus Angst zu versagen. Sie machen beim Kuchenbacken die Küchentür zu, weil sie sich unsicher fühlen, wenn ihnen jemand bei der Arbeit auf die Finger schaut. Bei der Eröffnung eines Sparkassenkontos über 400 Euro zittert die Hand beim Unterschreiben des Freistellungsauftrags.

Stellen Sie sich vor, das Leben wäre eine einzige Casting-Show, und alle anderen Menschen machen ätzende Bemerkungen über Sie. Wie unter dem prüfenden Blick der Jury, so fühlen sich selbstunsichere Menschen tagtäglich. Sie können nicht durch eine Fußgängerzone flanieren, in einer Schlange am Geldautomaten stehen oder eine Bockwurst kaufen, ohne zu denken, dass sie kritisch beäugt werden.

Ein bisschen scheu ist ja nicht schlimm, das hören die Betroffenen immer wieder. Jemand, der nicht schüchtern ist, ahnt aber nicht, welche Qualen ein selbstunsicherer Mensch erdulden muss.

«Krankhaft schüchtern» – es gibt unglaublich viele, die sich so einschätzen würden. Viele sozial ängstliche Menschen denken, sie seien allein mit ihrem Problem. Dabei ist die Soziale Phobie, wie die schwere Form der Schüchternheit genannt wird, nach Depressionen und Alkoholabhängigkeit die dritthäufigste psychische Erkrankung.

Warum sind manche Menschen eher kommunikativ und offenherzig, während andere ein Mauerblümchendasein führen? Wie kommt es, dass Personen, die keinen Grund haben, sich zu verstecken, die gut aussehen und druckreif formulieren können, sich gegenüber anderen Menschen ständig minderwertig fühlen? Hat mich meine Mutter zu scheu erzogen?, fragen sich die Betroffenen. Liegt es daran, dass mein Vater mich immer abgewertet hat? Oder habe ich das schüchterne Verhalten von meinen Eltern abgeguckt? Waren es die bösen Nachbarskinder, die mir Schimpfworte nachgerufen haben? Ist in meinem Gehirn etwas nicht in Ordnung? Ist das Quecksilber in meinen Amalgamfüllungen daran schuld? Oder habe ich einfach alles geerbt? Habe ich mein gehemmtes Auftreten selbst zu verantworten? Könnte ich das Problem mit etwas Willensanstrengung loswerden? Würden mir mehr Bewegung oder gesündere Ernährung helfen? Können Pillen Schüchternheit bekämpfen? Brauche ich eine Psychotherapie, und wenn ja, welche?

Dieses Buch soll Menschen mit Schüchternheit eine Hilfestellung geben und Wege aus der Selbstblockade zeigen.

1. DAS PROBLEM

Wie ein Dampfhammer

O *bwohl ich wahrscheinlich ganz normal gehe, denke ich, dass andere meinen Gang furchtbar komisch finden. Es ist mir so peinlich, als ob ich nackt durch die Straßen laufen und dies per Video im Internet übertragen werden würde. Ich sehe drei junge Mädchen, wie sie zusammenstehen und kichern. Obwohl junge Mädchen, wenn sie zu dritt herumstehen, immer einen Grund haben, albern zu sein, denke ich, dass sie sich natürlich über mich lustig machen. Bestimmt sagen sie: «Der hat wohl seine Klamotten auf dem Grabbeltisch gekauft», oder «Was will denn diese Abrissbirne hier?» und solche Sachen. Ich habe das Gefühl, dass mein Gesicht wie ein eingefallenes Soufflé aussieht. Ich beginne mich zu hassen.*

Sven W. (32), Graphik-Designer

Schüchterne fühlen sich ständig beobachtet, kritisiert, bewertet. Ich habe in der Angstambulanz der Universität Göttingen viele schüchterne Patienten behandelt. Die meisten von ihnen sehen entweder normal oder sehr gut aus, und keiner von ihnen hat einen Grund, sich verstecken zu müssen. Und dennoch vermuten sie immer wieder, dass ihr Aussehen und Auftreten anderen Menschen unangemessen, peinlich, lächerlich, sonderbar oder grotesk vorkommen könnte. Sie fühlen sich überhaupt unwohl in Gegenwart fremder Leute – und sind richtig erleichtert, wenn sie wieder allein sind.

Es reicht schon aus, wenn man als schüchterner Mensch im Mittelpunkt steht. Die Großmutter hat zum Kaffeetrinken eingeladen und erzählt vor allen anderen Verwandten, dass ihr Enkel Heinrich eine neue Arbeitsstelle in einer Baufirma gefunden hat. Und schon sieht der gehemmte Heinrich S. alle Blicke auf sich gerichtet und schämt sich – obwohl er weder gelobt noch kritisiert wurde, alle Anwesenden kennt oder sogar mit ihnen verwandt ist.

«Ich komme zu spät in eine Sitzung – jeder schaut auf mich. Ich muss den Raum durchqueren, um einen freien Stuhl zu finden, und alle sind wahrscheinlich über diese Störung empört.» So klagt ein Schüchterner, der ständig befürchtet, überall anzuecken, in Fettnäpfchen zu treten oder andere zu belästigen. Selbstunsichere Personen sind Weltmeister in Zuvorkommenheit, Rücksichtnahme und Höflichkeit.

Mein Herz klopft wie ein Dampfhammer, sodass ich fast sicher bin, dass es alle um mich herum hören. Ich schwitze wie ein Warzenschwein in der Sauna und zittere wie ein Hühnchen im Colarausch. Wenn ich jemandem die Hand gebe, wischt er sich danach seine eigene an der Hose ab. Ich werde violett vor Scham, wenn alle Blicke auf mich gerichtet werden. Wenn mich jemand anspricht, fange ich an zu stammeln und werde rot, als ob ich den Bundespräsidenten nach der Farbe seiner Unterhose gefragt hätte.

John K. (32), Drehbuchautor

Angst hat einen körperlichen Ausdruck: Zittern, Schwitzen, ein Beben in der Stimme, leises Sprechen, Harn- oder Stuhldrang. Die Muskeln verspannen sich wie bei einem Tier auf der Flucht. Ohne sich wehren zu können, werden Schüchterne von diesen Anzeichen überfallen. Die Angstsymptome können sich bis zu einer Panikattacke steigern, bei denen der Betroffene meint, dass sein Herz zerspringt. Und wenn man daran denkt, dass den anderen diese

Indikatoren auffallen könnten, ist es einem noch peinlicher. Man möchte im Boden versinken, wenn man beobachtet, wie der andere nach dem Händedruck heimlich die Hand an seiner Kleidung zu trocknen versucht.

Obwohl die Symptome nicht immer augenfällig sind, denken selbstunsichere Menschen oft, dass ihnen die Angstmerkmale aus dem Gesicht springen. Sie treffen aufwendige Vorkehrungen, um das Schwitzen zu verhindern. Sie wechseln ständig ihre Kleidung und pflegen einen exzessiven Gebrauch von Deos, Körperpuder und Medikamenten gegen zu starke Schweißbildung.

Schüchterne Menschen lieben die schriftliche Ausdrucksform – da hat man die Möglichkeit, alles vorher noch einmal zu überdenken. Die Unmöglichkeit, das gesprochene Wort ungeschehen zu machen, ist für sie zu endgültig. Sie hassen das direkte Gespräch, weil sie immer denken, dass alles, was sie sagen, von anderen als gedankenlos, uninteressant oder misslich wahrgenommen wird. Eine mündliche Prüfung fürchten sie erheblich mehr als eine schriftliche. Sie haben eine rätselhafte Angst vor dem Fernsprecher. Wichtige Telefonate werden immer weiter hinausgeschoben. Lieber schreiben sie eine E-Mail. Die Erfindung des Computers ist für sie ein Segen, denn hier kann jede schriftliche Äußerung tausendmal überlegt und umformuliert werden. Das Erstaunliche ist aber: Die meisten meiner Patienten mit einer Sozialen Phobie haben keine wahrnehmbar sprachlichen Probleme – sie können sich gewählt ausdrücken.

*A*m schlimmsten war es, als unser Chef uns zum Essen einlud. Ich saß direkt neben seiner Frau. Der ganze Abend bestand für mich aus einer endlosen Reihe von grotesk überzogenen Befürchtungen: Kleckere ich mit dem Wein, nehme ich die falsche Gabel, verschlucke ich mich, rülpse ich vielleicht aus Versehen?*

Jochen G. (44), Chauffeur

Was für andere Menschen oft ein Hobby und ein Hochgenuss ist, mit ein paar guten Freunden in einem Restaurant bei kühlem Weißwein getrüffelte Breitbandnudeln oder Tintenfischringe zu verspeisen, gerät für sozial gehemmte Menschen zu einer Riesenqual: Ganz abgesehen von der Furcht, sich beim Bestellen der Speisen in einem französischen Restaurant bei der falschen Aussprache von Wörtern wie «Chateaubriand» oder «Bœuf Bourguignonne» zu blamieren, fürchten sie, sich beim Essen nicht kniggekonform zu benehmen, mit der Tomatensoße herumzuspritzen, unschöne Geräusche zu machen oder beim Heben des Glases zu zittern. Sie fühlen sich nicht nur von ihren Tischnachbarn beobachtet, sondern von allen Menschen, die in Sichtweite im Lokal sitzen. Dann zieht sich der Magen zusammen, und mit dem Essgenuss ist es vorbei.

*D*ie meisten Menschen, die ich kenne, kämen nie auf den Gedanken, dass ich schüchtern bin. Wenn ich es ihnen anvertraue, kichern sie und sagen, das sei Quatsch, da ich absolut nicht wie ein Schüchterner wirke.

René M. (45), Berufsschullehrer

Was würden Sie denken, wenn jemand, dem Sie gerade eine vermeintlich interessante Geschichte erzählen, Ihnen dabei nicht ins Gesicht sieht, sondern demonstrativ an Ihnen vorbei aus dem Fenster den Blättern beim Herunterfallen vom Baum zuschaut? Achtung! Der andere könnte ein desinteressierter, mit sich selbst beschäftigter, eingebildeter Pinsel sein? Oder überlegen Sie, ob Ihr Gegenüber ein schüchterner Mensch ist? Schüchterne laufen nicht mit einem Brett vor dem Kopf herum, auf dem steht: «Ich habe Schwierigkeiten mit der Kontaktaufnahme, bitte behandeln Sie mich dementsprechend.» Vielleicht ist es gerade das Problem selbstunsicherer Personen, dass ihre inneren Ängste praktisch nicht von außen beobachtbar sind. So werten viele Außenstehende das Verhalten einer schüchternen Person als arrogant. Dabei fällt es den Schüchternen unendlich schwer, den Gesprächspartner interessiert anzusehen.

Eigentlich bin ich ein netter Kerl, und wenn die Leute mich wirklich kennenlernen, komme ich gut an. Ich wirke aber wie ein Snob, und ich bekomme selten eine zweite Chance, zu zeigen, wie ich tatsächlich bin.

Markus D. (39), Verkäufer in einem Uhrengeschäft

Es ist nicht gerade die Stärke schüchterner Menschen, positive oder negative Gefühle anderen gegenüber zum Ausdruck zu bringen. Es fällt ihnen unsäglich schwer, jemandem zu sagen, dass sie ihn gern haben oder dass sie völlig unzufrieden mit seinen Leistungen sind. Sie versuchen, ein Pokerface aufzusetzen, damit das Gegenüber auf keinen Fall erraten kann, welche Emotionen sie haben. Sie sind auch manchmal sparsam mit körperlichen Berührungen. Selbst einen guten Freund zu umarmen kann ihnen schwerfallen.

Was ist Schüchternheit nicht?

An dieser Stelle ist es vielleicht hilfreich, zu sagen, was Schüchternheit nicht ist:

※ Schüchternheit ist keine unkorrigierbare Eigenschaft, die man hat oder nicht, die ein ganzes Leben bestehen bleibt und die durch nichts zu verändern ist. Schüchternheit kann man loswerden – durch Selbsthilfe oder professionelle Therapie. Man kann sein Verhalten so verändern, dass man die negativen Seiten der Schüchternheit praktisch nicht mehr spürt.

※ Schüchternheit ist nicht das Gleiche wie Zurückgezogenheit. Zurückgezogene Menschen, man bezeichnet sie auch als «introver-

tiert», ziehen es vor, soziale Interaktionen mit anderen Menschen möglichst zu umgehen, wären aber, wenn es darauf ankäme, durchaus in der Lage, ohne Scheu mit ihren Mitmenschen zu kommunizieren. Manchmal handelt es sich dabei um Personen, die lange Zeit sehr rege Kontakte mit der Umwelt hatten oder sogar im Rampenlicht standen, die es aber dann vorzogen, weltabgewandt zu leben. Beiden, den Schüchternen und den Introvertierten, ist gemeinsam, dass sie nicht auf Partys gehen. Der Introvertierte macht es nicht, weil er keine Lust dazu hat, und ein schüchterner Mensch, weil er es nicht kann, obwohl er es liebend gern tun würde – er hat nur keine andere Wahl. Schüchterne sind nicht, wie es scheint, anspruchslos, sondern schaffen es nicht, ihre Ansprüche durchzusetzen.

///. Soziale Angst ist auch nicht gleichzusetzen mit allgemeiner Ängstlichkeit. In der Regel wird schüchternen Menschen unterstellt, dass sie Angsthasen sind und vor allem und jedem Furcht haben. Das ist nicht richtig. Meist sind die Ängste bei den Betroffenen auf soziale Situationen beschränkt. Ich habe Sozialphobie-Patienten gesehen, die verwegene Motorradfahrer, tollkühne Snowboard-Artisten, waghalsige Extrem-Traveller oder furchtlose Elitesoldaten waren. Das hängt damit zusammen, dass es im Gehirn für jede Art von Ängsten ein Zentrum gibt und dass das Gebiet, in dem zwischenmenschliche Ängste erzeugt werden, nicht mit demjenigen identisch ist, in dem Ängste vor realen Gefahren wie schwarzen Pisten, Feuerquallen oder bleihaltiger Luft abgespeichert sind. Beispiele für sozial ängstliche, aber ansonsten furchtlose Menschen sind der britische Südpolfahrer Robert Falcon Scott, der vor Partys oder Vorträgen größere Angst hatte als vor Gletscherspalten oder Schneestürmen, oder der erste Mann auf dem Mond, Neil Armstrong, dem wohl auch kaum Feigheit vorgeworfen werden konnte.

///. Schüchternheit ist kein harmloses Problem. Wenn die ständige Furcht, von anderen Menschen negativ beurteilt zu werden, so stark wird, dass der Betroffene schwer darunter leidet, geht die Schüchternheit in eine Krankheit über, die man Soziale Phobie

nennt. Es ist nicht leicht, genaue Grenzen festzulegen, ab wann die Schüchternheit krankhafte Formen annimmt. Wenn Sie sich nicht sicher sind, ob bei Ihnen soziale Ängste bestehen, die über das gesunde Maß hinausgehen, so lesen Sie unter «Wenn Schüchternheit zur Krankheit wird» auf S. 197 weiter. Unter der Überschrift «Wege aus der Selbstblockade ...», S. 207, können Sie erfahren, welche Kriterien zutreffen müssen, um das Problem als therapiebedürftig einzuordnen.

In diesem Buch wird manchmal von Schüchternheit, aber auch von Sozialer Phobie gesprochen. Wissenschaftliche Befunde, die hier zitiert werden, wurden zum einen mit «schüchternen» Personen erhoben, während andere Studien die exakte Definition der Sozialen Phobie verwenden.

Zu viele Häuptlinge und zu wenig Indianer

Bescheidenheit ist eine Tugend, die man vor allem
an anderen schätzt.

François de La Rochefoucauld

Schüchternheit hat auch ihre positiven Seiten – zumindest für Menschen, die mit selbstunsicheren Personen zu tun haben. «Ich liebe schüchterne Männer», schwärmt so manche Frau. Bescheidenheit wird in unserer Gesellschaft durchaus geschätzt. Wer sich dezent im Hintergrund hält, nicht immer auf seine Rechte pocht, anspruchslos und zuverlässig seine Arbeit verrichtet und dabei immer freundlich und rücksichtsvoll ist, kommt gut an.

Gott sei Dank gibt es zurückhaltende Personen in ausreichender Zahl. Was wäre, wenn sich immer alle Menschen durchsetzen wollten und herrlich selbstbewusst wären? Wir wären umgeben von penetranten Selbstdarstellern, aufdringlichen Spaßvögeln, distanz-losen Angebern und schwadronierenden Wichtigtuern. Wir hätten ein Überangebot an charismatischen Führungspersönlichkeiten, sozial kompetenten Personalmanagern und großspurigen Abtei-lungsleitern. Es gäbe zu viele Häuptlinge und zu wenig Indianer.

Es sieht so aus, als ob es von der Natur gewollt ist, dass es einer-seits eine kleine Gruppe von Alphatieren gibt, die andere beherr-schen wollen, dann aber die große Masse der Menschen in der Mitte – und schließlich die Gruppe der bescheidenen, zurück-haltenden Leute, die sich unterordnen wollen oder müssen. Wenn diese Ordnung auf der Welt vorgegeben zu sein scheint, heißt das aber für das einzelne Individuum noch lange nicht, dass man dieses Schicksal akzeptieren muss. Es ist auch vorgegeben, dass es auf der Erde Arme und Reiche gibt. Aber es ist leichter, sich von einem ge-hemmten Mauerblümchen zu einem selbstbewussten Individuum zu entwickeln, als vom Tellerwäscher zum Millionär aufzusteigen.

Universaldilettanten

Ein weiterer Vorteil der schüchternen Menschen ist, dass sie oft Perfektionisten sind. Wer übergroße Angst vor Kritik hat, versucht alles daranzusetzen, dass diese gar nicht erst aufkommt, indem sämtliche Fehler ausgemerzt werden. Ein bisschen Furcht vor ei-ner negativen Bewertung unserer Aktivitäten gehört zu unserem Leben. Wir würden ständig Pfusch abliefern, wenn wir diese Be-denken nicht hätten. Sozialphobiker allerdings arbeiten besessen daran, dass ihre Leistungen immer einwandfrei sind. In allen Be-reichen des Lebens versuchen sie, mustergültig und vollkommen zu sein. Ob es um die liebevolle Restaurierung eines Oldtimers geht, die Pflege eines japanischen Gartens, die Renovierung eines Bades, die Triathlonmeisterschaften oder um die Erstellung eines Rechenschaftsberichts – immer geben sie sich mehr Mühe als

Durchschnittsmenschen, um Einwänden von vornherein zuvorzukommen. Sie brauchen diese kleinen oder großen Erfolge, um ihre Ego-Batterien ständig neu aufzuladen.

Wenn Sie einen Menschen motivieren wollen, eine Höchstleistung zu erbringen, gibt es drei Möglichkeiten: (a) Sie bitten ihn inständig, sein Bestes zu geben, und versprechen, ihn danach zu loben, (b) Sie bieten ihm ein hübsches Sümmchen oder (c) Sie machen ihm Angst. Sie ahnen, welche Methode die wirksamste ist: Angst gibt einem die unendliche Energie, die man braucht, um die eigenen Höchstleistungen bei weitem zu übertreffen.

Und das ist gut so, denn wenn niemand Furcht hätte zu versagen, würde es noch mehr Unvollkommenheit und Mittelmäßigkeit auf dieser Welt geben. Wer einmal sein Haus renovieren ließ, wird zustimmen, dass es zu viele Menschen gibt, die nicht immer höchste Qualität abliefern.

Die nach Fehlerlosigkeit strebenden Sozialphobiker leiden aber auch unter den Zwängen, die sie sich selbst auferlegen. Es ist anstrengend und zeitraubend, ständig der oder die Erste sein zu wollen. Auch schaffen sie es nicht, sich entspannt zurückzulehnen, wenn sie ein Ziel erreicht haben. Leuten, die nicht ganz so leistungsbewusst sind, können sie damit tüchtig auf die Nerven gehen. Das Lob der anderen nehmen sie nicht an, weil sie denken, dass sie es noch besser hätten machen können oder dass die Anerkennung nur aus Höflichkeit oder Mitleid erfolgt ist. Erhalten sie Beifall, schauen sie um sich, weil sie vermuten, dass bestimmt nicht sie gemeint waren.

Manche Menschen, die sich ständig der Kritik anderer ausgesetzt fühlen, sehen das Leben als eine Art Zehnkampf an. Die Talentierten unter ihnen suchen sich daher immer neue Wege, sich zu profilieren. Sie wollen nicht nur in einer Sportart die Besten sein, sondern in allen. Sie wollen im Mountainbiken, Turniertanz, Völkerball, Klootschießen und Gummistiefelweitwurf in der oberen Liga mitmischen. Außerdem spielen sie Akkordeon, Saxophon und

Blockflöte. Sie wissen alles über Pferde, Rosen, indonesische Küche, Vogelspinnen oder Wattwanderungen. Da sie aber nicht in sämtlichen Disziplinen perfekt sein können, beherrschen sie alle diese Künste nur ein bisschen – und sind somit Universaldilettanten. Zwar kommen sie mit ihrer Kleinkunst gut an, aber es ist wirklich anstrengend, wenn man sich immer von Konkurrenten und Neidern umgeben sieht. Dennoch machen sie sich selbst und anderen das Leben auf dieser Weise ein wenig lustiger.

Lampenfieber

So wenig wie sozial gehemmte Menschen von sich überzeugt sind, so groß sind ihre Phantasien, von vielen geschätzt und geliebt zu werden. Zwischen ihren Träumen und der Wirklichkeit besteht aber oft eine große Diskrepanz. Sie sind Weltmeister im Tagträumen. Sie sehen sich in ihren Wunschgebilden als wagemutige Helden, beliebte Filmstars, bedeutende Politiker oder begehrte Sexsymbole. Aber manche von ihnen tun überhaupt nichts, um auch nur kleinste Ziele dahingehend zu verwirklichen.

Dann existiert aber auch eine Gruppe von schüchternen Menschen, die versuchen, den Spieß umzudrehen. Paradoxerweise berichten viele bekannte Künstler, Schauspieler und Musiker rückblickend, dass sie vor ihrer Bühnenkarriere zaghaft und gehemmt gewesen seien. Die angesagtesten Hollywood-Akteure gaben in Interviews zu, sie seien in ihrer Kindheit oder Jugend «painfully shy» («qualvoll schüchtern») gewesen. Woody Allen kultivierte in seinen Filmen ganz offen die Rolle des verzagten Stadtneurotikers. Aber auch unter Schauspielern, die auf der Bühne sehr selbstbewusste und energische Menschen spielen, findet man solche, die früher extrem unsicher waren und die ihre eigene ausgeprägte Schüchternheit durch Heldendarstellungen kompensieren wollten. Robert De Niro war einst so scheu, dass er in seiner Kindheit nicht mit anderen Kindern spielte, sondern lieber Bücher las. Richard Gere wurde als Kind bei Ärzten vorgestellt, weil die Eltern nicht wussten, ob er überhaupt sprechen konnte. Nicole Kidman fühlte sich in ihrer Jugend «sehr australisch, sehr bäurisch und grotesk schüchtern», und Tom Cruise war ein sehr einsames Kind mit einer Lese- und Rechtschreibschwäche, das in seiner inneren Welt lebte und sich immer gezwungen fühlte, sich selbst zu beweisen. *Pretty-Woman*-Star Julia Roberts berichtete rückblickend: «Ich musste eine unglaubliche Schüchternheit überwinden, die andere als Reserviertheit interpretierten.» Marilyn Monroe wiederum hatte eine solch große Angst vor Drehszenen, in denen sie im Mittelpunkt stand, dass sie sich mit Beruhigungsmitteln und Alkohol betäubte, um den Stress zu ertragen. Schließlich erschien sie wegen ihrer Versagensängste nur noch sporadisch oder gar nicht mehr am Set. Am Ende wurde sie ein Opfer ihrer Angst: Sie starb an einer Überdosis ihrer Medikamente. (1)

Die meisten berühmten Schauspieler berichten, dass sie selbst nach vielen Jahren im Geschäft noch immer unter Lampenfieber leiden, und sie sagen auch, dass sie dieses Gefühl brauchen, um gut zu sein. Die Reihe der Filmgrößen, die ihre Schwäche in Stärke umwandelten, ließe sich beliebig fortsetzen: Ingrid Bergman, Katherine Hepburn, Sir Alec Guinness, Henry Fonda, Sally Field, Sigourney Weaver, Kim Basinger, Michelle Pfeiffer, Tom Hanks und Brad Pitt – sie alle haben sich nach eigenen Aussagen von scheuen, zurückhaltenden Menschen in das Gegenteil verwandelt, in Menschen, die auf roten Teppichen flanieren und von den Massen umjubelt werden, aber die sich auch damit abfinden müssen, dass ihr Privatleben bis ins kleinste Detail offengelegt wird.

Die Angst ist die Triebfeder für Erfolg. Aus Furcht zu versagen, arbeitet man so lange an sich, bis sämtliche möglichen Fehler ausgeschaltet sind. Ein Musiker übt sechzehn Stunden am Tag, bis die Darbietung virtuos wird. Ein Schauspieler praktiziert tagelang vor dem Spiegel, bis die Gesten perfekt sitzen. Ein Zauberkünstler denkt verzweifelt darüber nach, wie er seine Illusionsshow noch spektakulärer vorführen kann. Genie, so hat mal jemand gesagt, besteht zu 70 Prozent aus Fleiß. Fleiß wiederum entsteht oft aus der Furcht, am Ende nicht die Rangliste anzuführen.

Auch Musiker, die auf der Bühne die Massen begeistern, sind im Privatleben oft gehemmt und unsicher. Den scheuen Bob Dylan erkannten seine besten Freunde nicht wieder, wenn er auf einer Bühne stand und seine zynischen und coolen Texte sang. Ella Fitzgerald und George Harrison waren im wirklichen Leben extrem selbstunsicher, aber niemand, der sie je auf der Bühne erlebte, hätte es ihnen angesehen. Freddy Mercury, der Queen-Sänger, auf der Bühne der Prototyp eines Showmans, war in seinem Privatleben extrem introvertiert. Der Songwriter Cat Stevens hörte 1977 auf dem Höhepunkt seines Erfolgs plötzlich auf, Musik zu machen, wurde Moslem und nannte sich fortan Yusuf Islam. Vielleicht waren es nicht nur religiöse Gründe, sondern der Druck des Rampenlichts, der den schüchternen Sänger trieb, sich für Jahrzehnte aus dem öffentlichen Leben zurückzuziehen.

Koks für die Seele

Der Zusammenhang zwischen Angst und großer Kunst dient dem Publikum zu höchsten Genüssen. Und für die betroffenen Künstler ist der Bühnenauftritt das Heilmittel für ihre Verzagtheit. Der Applaus ist Koks für die Seele. Jemand, der seine Furcht überwunden hat, empfindet größeres Glück als einer, der sie gar nicht erst wahrnimmt. Hat ein ehemals gehemmter Künstler einen erfolgreichen Bühnenauftritt absolviert, führt der Beifall bei ihm zu einem viel größeren Hochgefühl als bei einem Menschen, der nie unter Bühnenangst litt und lässig und routiniert sein Programm herunterspult. Anerkennung durch andere Menschen zu bekommen führt zu einer Ausschüttung von Glückshormonen, den sogenannten Endorphinen. Die ängstlichen Menschen, die nach Überwindung ihrer Furcht eine besonders große Ladung von Endorphinen erhalten haben, werden süchtig nach Erfolg – und sie wollen ihn immer wieder erleben. Natürlich spürt auch das Publikum die tiefgreifenden Emotionen dieser sensiblen Künstler, und der Funke springt über. Weitaus mehr selbstunsichere Menschen wollten eigentlich trotz ihrer Schüchternheit einen Bühnenberuf ergreifen, suchten sich dann aber eine andere Branche, bei der man zwar nicht im Rampenlicht steht, aber dennoch eine gehörige Portion Anerkennung abbekommt – zum Beispiel als Buchautor. Die bekannteste Krimiautorin der Welt, Agatha Christie, wollte Klavierspielerin werden, gab ihren Berufswunsch aber wegen ihres unüberwindbaren Lampenfiebers auf. Bekannt für ihre extreme Sozialphobie ist auch die österreichische Schriftstellerin Elfriede Jelinek. «Ich kann mich im Moment Menschen nicht aussetzen», sagte sie als Begründung, als sie nicht nach Stockholm reisen wollte, um eine ganz besondere Ehrung in Empfang zu nehmen: den Literaturnobelpreis.

Man fragt sich: Warum suchen Personen, die sich vor allen Situationen fürchten, in denen man im Mittelpunkt steht, plötzlich die Öffentlichkeit? Warum werden Menschen, denen zunächst jede soziale Fertigkeit abgeht, auf einmal geniale Schauspieler? Dieses paradoxe Phänomen lässt sich erklären: Wer ständig meint, schlecht, unintelligent, uninteressant oder hässlich zu sein, will sich selbst das Gegenteil beweisen – und das geht am besten, wenn man ein gefeierter Star wird. Nach der vierten Zugabe wird einem langsam klar, dass man doch nicht so schlecht sein kann, wie man bisher immer dachte. Spätestens wenn man einen Oscar gewonnen hat oder zum «Sexiest Man of the Year» erklärt wurde, muss man die Theorie aufgeben, ein kümmerlicher, flachköpfiger und bedauernswerter Trottel zu sein.

Sozialphobiker, die erkannt haben, wie sie sich am eigenen Schopf aus dem Sumpf ziehen können, haben die Chance, ihre Menschenscheu ins Gegenteil zu verwandeln. Anstatt sich von der

Angst lähmen zu lassen, stellen sie sich dem Problem. Bevor man in den schönen Künsten Anerkennung findet, muss man sich ja vielfach erst einmal mit sehr viel Kritik und Häme auseinandersetzen. Nach Misserfolgen muss man sich immer wieder aufrappeln und weiterkämpfen. Die euphorischen Belobigungen und Ehrungen erhält man meist erst dann, wenn man die Erfolgsleiter bereits erklommen hat. Bis dahin erhält man vielfach vernichtende Beurteilungen, bösartige Verrisse oder formlose Absagen.

Ist der Leidensdruck groß genug, hat man die Kraft, sich selbst zu heilen. Leider kommen aber wahrscheinlich auf einen Sozialphobiker, der es in den Olymp geschafft hat, hundert, die unterwegs aufgegeben haben.

2. WIE WIRD MAN SCHÜCHTERN?

Warum bin ich so unsicher und gehemmt? Warum kann ich nicht locker mit anderen Menschen umgehen? Was ist bei mir falsch gelaufen? Warum ich? Diese Fragen gehen schüchternen Menschen oft durch den Kopf.

Nicht nur Wissenschaftler, sondern auch die Medien und viele Amateurpsychologen haben unzählige Erklärungen parat, warum Menschen, die es eigentlich nicht nötig haben, sich zu verstecken, so übergroße Angst vor ihren Mitmenschen haben. Mehrere Theorien wurden aufgestellt. Wird man schüchtern, weil ...

- man in der Kindheit oder Jugend mehrere Situationen erlebt hat, in denen man schrecklich blamiert, gedemütigt oder fortlaufend verspottet wurde?
- die Eltern einen ständig abgewertet und kritisiert haben?
- die Eltern einen lieblos oder streng behandelt haben?
- die Eltern einen zu ängstlich erzogen haben und zu überbehütend waren?
- man sich von seinen ebenfalls schüchternen Eltern ein bescheidenes und zurückhaltendes Verhalten abgeschaut hat?
- man die Schüchternheit geerbt hat?
- man ein chemisches Ungleichgewicht im Gehirn hat?
- im Fernsehen ständig Menschen gezeigt werden, die attraktiv, wortgewandt, begabt und heldenhaft sind?

Welche wissenschaftlichen Befunde stützen nun diese landläufigen Thesen?

Die große Blamage

«Ich war als Kind ziemlich dick und bin von meinen Klassenkameraden gehänselt worden» – fast jeder selbstunsichere Mensch erinnert sich an Situationen, in denen er in jungen Jahren kritisiert wurde. Wenn man unter krankhafter sozialer Angst leidet, macht man sich natürlich Gedanken, ob nicht schon in der Kindheit die Weichen gestellt worden sind: «Mein Vater war ein Perfektionist, er mäkelte ständig an mir herum, er machte mich klein, nichts konnte man ihm recht machen.» Auch die Stellung in der Geschwisterreihe wird bemüht: «Mein großer Bruder war der Überflieger der Familie; da ich nie so gut war wie er, hat mich mein Vater verachtet.»

Oder waren es einzelne, schrecklich peinliche Ereignisse, die dauerhafte Folgen hatten? «Meine Mitschüler zogen mich auf dem Schulhof nackt aus und liefen mit meinen Kleidern davon.»

Wissenschaftliche Untersuchungen konnten allerdings bislang nicht überzeugend belegen, dass traumatische Erfahrungen mit Demütigungen oder Erniedrigungen in der Kindheit schuld an einer späteren Sozialen Phobie sind. In einer Studie (2) berichteten 58 Prozent sozialphobischer Patienten davon, dass ihre Furcht nach einem traumatischem Ereignis begonnen habe. Allerdings wurde keine Kontrollgruppe untersucht, sodass wir nicht wissen, ob Gesunde nicht ähnlich einschneidende Ereignisse berichten würden – denn wem ist so etwas nicht schon einmal passiert?

In einer anderen Untersuchung wurden Patienten mit einer Sozialen Phobie mit Normalpersonen verglichen. Hier gaben einige Patienten an, dass ihre Schüchternheit nach einem blamablen Ereignis begonnen habe. Allerdings war der Unterschied zu den gesunden Personen gerade bei Patienten mit der «generalisierten» Form der Sozialen Phobie – der schwereren Form – statistisch nicht bedeutsam. (3)

Solche Studien, die sich mit lange zurückliegenden Ereignissen befassen, können zudem einem systematischen Fehler unterliegen.

Wenn Schüchterne angeben, gedemütigt worden zu sein, so könnte es so sein, dass sie tatsächlich Opfer von häufigen Kränkungen waren – oder aber, dass sie harmlose Kritik als schreckliche Demütigung werteten, weil sie schon als Kind überempfindlich auf Herabsetzungen reagierten, oder dass sie sich sehr gut an solche Situationen erinnerten, während andere sie einfach vergaßen, weil sie locker damit umgehen konnten.

Natürlich lernt man aus Erfahrungen. Ein gebranntes Kind scheut den Würstchengrill. Und so können Schüchterne aus einigen schlechten Erlebnissen in zwischenmenschlichen Situationen die Lehre gezogen haben, dass zurückhaltendes Verhalten manchmal angebracht ist. Allerdings: Negative Ereignisse führen zwar zu vorsichtigeren, angemessenen Einschätzungen, sind aber normalerweise nicht der Grund, warum man eine Phobie, also eine übertriebene und unrealistische Furcht, entwickelt. So bekommt man eine Spinnenphobie nicht durch einen Spinnenbiss – denn die deutschen Spinnen beißen nicht, und trotzdem hat die Hälfte der Deutschen eine große Angst vor den Achtbeinern.

Zusammenfassend gibt es keine deutlichen Hinweise dafür, dass eine Soziale Phobie vorwiegend durch einschneidende Erlebnisse, die mit Demütigungen und Kränkungen einhergingen, entsteht.

Der Klapperschlangenfehler

Wir wissen, dass bei der Sozialen Phobie eine «familiäre Häufung» besteht – das heißt, dass schüchterne Eltern auch schüchterne Kinder haben. Das ist gut zu belegen. Aber liegt es jetzt daran, dass die Kinder diese Persönlichkeitseigenschaft durch Imitation von ihren Eltern übernommen haben? Wenn ein Kind beobachtet, wie der Vater bescheiden und zurückhaltend auftritt und in Auseinandersetzungen immer klein beigibt, kann ein Kind das ja für angemessenes Verhalten halten und es selbst übernehmen.

Oder kann es sein, dass dieser Charakterzug einfach mit den Genen auf die Kinder übergegangen ist? Diese Fragestellung beschäftigt manche Experten insofern, weil sie denken, dass krankhafte soziale Angst durch eine Psychotherapie besser beeinflusst werden könnte, wenn sie «nur» durch einen Lernprozess entstanden wäre, als wenn sie durch die Gene fest ins Gehirn «eingebrannt» wäre. Diese Annahme wird allerdings nicht durch die Realität bestätigt, denn eine Verhaltenstherapie kann ja auch bei Depressionen, bei denen ein starker Erbfaktor bekannt ist, eine Besserung bewirken. Ebenso kann man die angeborene, also natürliche Angst der Menschen vor steilen, rutschigen Abhängen dadurch «therapieren», indem man ihnen Skiunterricht gibt.

Dass furchtsames Verhalten durch Nachahmung entstehen kann, muss erst einmal bewiesen werden. Wie können wir erklären, dass ein Erwachsener, der jetzt sechsunddreißig Jahre alt ist, sein sozial ängstliches Auftreten von seinem Vater im Alter von zehn Jahren übernommen hat und es jetzt erst nachmacht? Imitationsverhalten müsste sich unmittelbar nach der Beobachtung eines Verhaltens zeigen und nicht eine Generation später. Man gerät in wissenschaftliche Erklärungsnot, wenn man diese Verspätung begründen will. Es gibt nur wenige Untersuchungen, die sich vorgenommen haben, so etwas wie Modelllernen bei der Sozialen Phobie nachzuweisen, und in der Mehrzahl dieser Studien wurde nicht so recht deutlich, dass soziale Angst hauptsächlich dadurch erworben wird. (4)

Wahrscheinlich ist, dass Ängste aus einer Mischung aus angeborenen und erlernten Ängsten entstehen. Eine Schlangenangst ist zum Beispiel eine instinktmäßige Angst, die nicht erst durch schlechte Erfahrungen erlernt werden muss wie die Furcht vor Brennnesseln. Das ist auch sinnvoll, denn bei tödlichen Gefahren sind Lernprozesse nicht besonders hilfreich – den bösen Klapperschlangenfehler macht man nur einmal im Leben. Junge Affen, die noch nie in ihrem Leben eine Schlange gesehen haben, zucken sofort zusammen, wenn sie ein Video mit diesen Reptilien sehen. Wenn man ihnen allerdings einen Film zeigt, in dem erwachsene Affen vor einer Natter panikartig zurückweichen, verstärkt sich der Effekt noch. (5) Dieser Versuch zeigt, dass sich instinktmäßige und am Modell erlernte Angst gegenseitig verstärken können.

Ist eine schwere Jugend schuld?

Eine der gängigsten psychologischen Theorien zur Entstehung psychischer Erkrankungen lautet, dass seelische Störungen durch emotionale Belastungen in der Kindheit entstehen. Nur wenige Studien haben allerdings überprüft, ob diese Hypothese auch für Menschen mit einer Sozialen Phobie zutrifft. In zwei kontrollierten Untersuchungen wurde eine erhöhte körperliche Gewaltanwendung in der Jugend bei Menschen mit Angststörungen festgestellt, außerdem eine größere Häufigkeit von sexuellem Missbrauch bei den weiblichen Patienten. (6, 7) Allerdings hatten in beiden Studien nur einige wenige Personen eine Soziale Phobie, die übrigen litten unter anderen Angsterkrankungen, sodass die Ergebnisse schwer zu verallgemeinern waren. In einer weiteren Studie wurde dann wieder kein Zusammenhang zwischen sexuellem Missbrauch und Sozialer Phobie gefunden. (8)

Da uns diese Untersuchungen nicht als ausreichend erschienen, führten wir vor einigen Jahren an der Universität Göttingen eine wissenschaftliche Untersuchung mit dem Ziel durch, festzustellen, welchen Beitrag die verschiedenen Risikofaktoren liefern. (9) Wir gaben Menschen mit einer Sozialen Phobie einen Fragenbogen mit 203 Fragen zu ihrer Kindheit in die Hand. Diese berücksichtigten sämtliche Missgeschicke, Belastungen und Bedrohungen, die einem Kind widerfahren können: längere Trennungen von den Eltern, Armut, Inzest, trinkende oder prügelnde Väter und dominante oder überfürsorgliche Mütter. Denselben Fragebogen musste eine Gruppe von gesunden Kontrollpersonen beantworten. Ebenso wurden Schäden bei der Geburt und das Vorliegen von psychischen Erkrankungen sowohl bei den Patienten als auch den gesunden Kontrollpersonen abgefragt.

Einige belastende Ereignisse in der Kindheit waren von den Patienten öfter als von den Kontrollpersonen berichtet worden. So waren Sozialphobiker in jungen Jahren häufiger länger von Vater und Mutter getrennt worden, oder sie waren nicht bei den leiblichen Eltern aufgewachsen. Verstärkt gab es eheliche Probleme oder gewalttätige Auseinandersetzungen zwischen den Erziehungsberechtigten. Auch sexueller Missbrauch wurde vermehrt berichtet. Vordergründig sah es also so aus, als ob alle diese belastenden Ereignisse ursächlich an der Sozialen Phobie beteiligt waren.

Allerdings unterliegen solche Untersuchungen häufig einer Fehlannahme, nämlich dass zwei Phänomene, die zusammen auftreten – wie zum Beispiel Alkoholmissbrauch des Vaters und eine Angsterkrankung des Sohnes –, einander ursächlich bedingen. Dies muss nicht notwendigerweise zutreffen. Beide Erscheinungen könnten deswegen gehäuft gemeinsam auftreten, weil sie auf einen dritten Faktor zurückzuführen sind – zum Beispiel auf die Tatsache, dass der Vater auch schon unter Ängsten litt und deswegen trank und der Sohn die Angsterkrankung über den Umweg der Vererbung erhalten hat. Daher ist es sinnvoll, wenn man die in Frage kommenden Risikofaktoren nicht voneinander isoliert betrachtet, sondern in ihrer Gesamtheit.

Also fütterten wir unseren Computer mit allen Daten zu Traumata, elterlichem Erziehungsverhalten, Geburtsrisikofaktoren und dem familiären Auftreten von Angsterkrankungen. Dabei wurde dann berücksichtigt, dass zwischen den verschiedenen Risikofaktoren bestimmte komplexe Zusammenhänge bestehen. Indirekte Fehlereinflüsse konnte man durch statistische Berechnungen herausfiltern, vorausgesetzt, dass man nicht nur einzelne, sondern sämtliche Risikofaktoren gleichzeitig analysiert.

Jetzt zeigte sich, dass lediglich längere Trennungen von Vätern oder Müttern bei den Erkrankten häufiger waren als bei den Gesunden. Eine Separation von den Eltern, so konnten wir nachweisen, erhöht als einziger Umweltfaktor das Risiko, eine Soziale Angststörung zu bekommen, dreifach. Das erklärt vielleicht, warum schüchterne Menschen auch im späteren Leben mehr als andere Angst vor dem Alleinsein haben. Ihre Empfindlichkeit für Kritik mag dadurch entstehen, dass sie jede kleine Rüge so missdeuten, dass der andere gleich die Freundschaft aufkündigen will.

Die anderen Faktoren, die bei isolierter Analyse scheinbar einen ungünstigen Einfluss hatten, waren jedoch bei der Gesamtbetrachtung als nicht mehr signifikant herausgefallen. Sexueller Missbrauch führt zu einem zahlenmäßig leicht erhöhten Risiko – das allerdings gerade nicht mehr statistisch signifikant war, also auf Zufall beruhte. Die Soziale Phobie schien nicht mit Gewalt in der Familie in Zusammenhang zu stehen, ebenso fielen Geburtsschäden als Ursache aus. Bei weitem der einflussreichste Risikofaktor war in unseren Daten allerdings die Tatsache, dass die Eltern auch schon unter einer Sozialen Phobie oder anderen neurotischen Störungen gelitten hatten – ein Hinweis darauf, dass Vererbung eine wichtige Rolle zu spielen scheint.

Insgesamt sollte man also die Auswirkungen früherer Traumata nicht überbewerten. Es erfordert sehr erhebliche emotionale Belastungen, um eine Angsterkrankung auszulösen.

Unverzeihliche Erziehungsfehler

Ich habe hin und her überlegt, ob es irgendetwas im Verhalten meiner Eltern oder bestimmte Vorfälle in meiner Kindheit gab, die mich zu dem scheuen Menschen machten, der ich heute bin. Weder waren meine Eltern besonders streng noch überbehütend. Meine Psychologin hat viel Zeit damit verbracht, solche Dinge aus mir heraus-

zukitzeln. Langsam glaube ich, dass ich schüchtern geboren wurde.
Schon als Fünf- oder Sechsjähriger wusste ich, dass ich gehemmt
war. Aber ich ahnte nicht, wie schlimm es später werden würde.

Enno D. (40), Diplomchemiker

Wir sind nicht nur ein Produkt unserer Gene, sondern werden im Laufe unseres Lebens durch die Erziehung beeinflusst, durch gute und schlechte Beispiele, durch unser Milieu sowie durch gesellschaftliche Bedingungen im Allgemeinen. Früher bestand allerdings eine Tendenz, dem Einfluss der elterlichen Erziehung auf spätere neurotische Entwicklungen eine übermächtige Rolle beizumessen. Vor allem den Müttern schob man die Hauptschuld in die Schuhe, wenn Kinder psychisch krank wurden, und unterschlug dabei, dass nicht nur Mütter, sondern natürlich auch Väter, Geschwister, Großeltern, Tanten, Onkel, Lehrer, Mitschüler, Pfarrer, Polizisten und das Fernsehen versuchen, Kinder auf den rechten Lebensweg zu bringen. So behauptete man, dass Angsterkrankungen entstehen, wenn Mütter ihren Kindern zu wenig Liebe gaben oder aber sie überbehütend erzogen. Auch zur Schüchternheit wurden Spekulationen zur Wirkung der elterlichen Haltung angestellt. So habe es einen Einfluss, wurde gern einmal dahergeredet, dass man schüchtern werde, weil man in der Geschwisterreihe das erste oder ein Einzelkind sei. Denn dann hätten die Eltern erhöhte Leistungserwartungen, an denen der Nachwuchs schließlich scheitere, weswegen er selbstunsicher werde. Der Fehler in dieser Theorie: Statistisch gesehen gibt es unter Sozialphobie-Patienten keine Häufung von Erstgeborenen oder Einzelkindern.

Wie sieht es nun genauer aus mit dem Einfluss der elterlichen Erziehung auf die Soziale Phobie? In den wenigen Studien mit Sozialphobikern gaben die Patienten tatsächlich häufiger als die Kontrollpersonen an, dass ihre Eltern sich abweisend verhielten, ihnen zu wenig Liebe und Geborgenheit gegeben hatten oder einen überbehütenden Erziehungsstil praktizierten. (4) Auch in unserer Untersuchung hatten die Patienten mit einer Sozialen Phobie ausgesagt, dass sie häufiger von ihren Eltern bestraft worden seien, dass ihr Vater dominant gewesen sei, die Mutter ihre Autonomie eingeschränkt habe und dass sie insgesamt wenig Liebe und Geborgenheit von ihren Eltern empfangen hatten. Allerdings muss man auch bei diesen Ergebnissen bedenken, dass sozialphobische Menschen sich schon als Kinder aufgrund ihrer selektiven Wahrnehmung zurückgewiesen fühlten – obwohl ihre Eltern vielleicht völlig normal mit ihnen umgingen. Zusätzlich gibt es noch die Möglichkeit, dass die Patienten im Gegensatz zu den Normalpersonen bereits mit der Vorannahme an den Fragebogen herangingen, dass sie natürlich eine schwierige Kindheit hatten – beeinflusst von der allgemeinen Meinung, dass alle psychischen Störungen einen solchen Entstehungshintergrund haben.

Unsere Untersuchung zeigte aber auch, dass die Beobachtung, dass Menschen mit psychischen Störungen oft über das Verhalten ihrer Eltern klagen, nicht zwingend beweist, dass eine falsche Erziehung die Ursache dieser psychischen Störung ist. Auf Psychologendeutsch heißt das: Ein Korrelationszusammenhang beweist keinen Kausalzusammenhang.

Nachdem nämlich unser Computer sämtliche Risikofaktoren für die Soziale Phobie in die Berechnung mit einbezogen hatte, war auch der Einfluss der Erziehung am Ende nicht mehr signifikant. Das heißt: Der vermeintliche Zusammenhang zwischen elterlicher Haltung und späterer Sozialer Phobie entspringt nicht einer direkten Kausalität, sondern kann durch eine Korrelation dieser beiden Faktoren mit einem dritten Faktor, nämlich der familiären Häufung der sozialen Phobie, erklärt werden.

Diese Untersuchung scheint also ein Hinweis darauf zu sein, dass die Erziehung bei weitem nicht so entscheidend ist, wie früher allgemein angenommen wurde. Die Theorie, dass eine falsche

Erziehung durch die Eltern am mangelnden Selbstbewusstsein der Kinder allein schuld sei, ist nicht nur übertrieben, sondern auch schädlich. Einerseits machen sich unzählige Mütter und Väter von schüchternen Kindern Vorwürfe, wenn sie ständig damit konfrontiert werden, dass sie unverzeihliche Erziehungsfehler begangen haben. «Ich habe meinem Kind doch alle erdenkliche Liebe gegeben», sagt sich so manche verunsicherte Mutter, «und jetzt wollen mir Psychologen einreden, dass es immer noch nicht genug war.»

Außerdem ist es für die Betroffenen nicht sehr hilfreich, wenn sie sich als Opfer einer fehlgeleiteten Entwicklung sehen, das keine Verantwortung trägt und demzufolge nichts zu einer Besserung beitragen muss.

Es soll natürlich nicht gesagt werden, dass es völlig egal ist, wie wir unsere Kinder erziehen. Es reicht nicht aus, wenn wir ihnen nur etwas zu essen geben und sie nicht in einen dunklen Keller sperren. Wir müssen unsere Kinder mit all ihren Schwächen und Unzulänglichkeiten annehmen. Wir dürfen von ihnen nicht erwarten, dass sie Leistungen erbringen, die uns im Leben versagt blieben. Aber wir sollten sie auch auf eine feindliche Welt vorbereiten, in der das Recht des Stärkeren gilt. Wir müssen den Kindern Wege zeigen, wie sie zwischenmenschliche Probleme lösen können – nicht, wie man ihnen aus dem Weg geht.

Der König im Affenland

Soziale Zurückhaltung ist nicht nur ein Produkt einer widrigen Umwelt oder einer Störung des Gehirns, sondern gehört durchaus zum normalen menschlichen Leben. Auch in der Tierwelt können wir Lebewesen entdecken, die dominieren, und andere, die sich unterordnen.

Verhaltensforscher, die Affen beobachten, haben festgestellt, dass es innerhalb von Affenkolonien sehr klare soziale Strukturen gibt. Es gibt einen Oberaffen, einen älteren Herrn, der von einigen Abteilungsleitern umgeben ist. Regel Nummer eins: Der Oberaffe darf mit allen Weibchen Sex haben. Mit Knüffen oder auch mal mit etwas deutlicherer Gewalt wird notfalls dieses *jus primae noctis*, das Gesetz der ersten Nacht, durchgesetzt. Den untergeordneten Halbchefs ist es zudem erlaubt, es mit mehreren Weibchen zu treiben, allerdings nur mit Genehmigung des Chefs und nicht so häufig wie er. Dafür dürfen diese Abteilungsleiter wiederum bestimmen, wer von den ihnen untergebenen niedrigen Chargen mit welchen Affendamen Spaß haben darf. Der normale Unteraffe muss sich mit einer einzigen begnügen, was von den direkten Vorgesetzten mit Hilfe körperlicher Gewalt streng kontrolliert wird. Angesichts des erhöhten Frauenbedarfs auf der Funktionärsebene kann man sich leicht ausrechnen, dass es ebenso Affen geben muss, die überhaupt kein Mädchen abbekommen. Diese Underdogs bilden manchmal eine kleine, frustrierte Männerrunde außerhalb des Inner Circle. Wenn sie Menschen wären, würden sie wahrscheinlich Bier trinken, Doppelkopf spielen und auf Politiker schimpfen.

Die Affen zeigen aber ihren Oberen gegenüber auch einen gewissen liebevollen Respekt. In einem Experiment konnten sie sich entscheiden, ob sie sich entweder ein Foto eines ranghöheren Affen ansehen oder lieber eine größere Menge Kirschsaft haben wollten – die Affen entschieden sich meist für das Fanposter. (10)

Was lernen wir daraus für schüchterne Menschen? Offensichtlich hat die Natur es vorgesehen, dass es im Liebesleben Sieger und Verlierer gibt. Das könnte man so interpretieren – im Sinne von Darwins «Survival of the fittest» (Überleben der bestangepassten Individuen) –, dass vor allem diejenigen sich vermehren sollen, die stark, dominant und selbstbewusst sind, damit die Art erhalten bleibt. So soll sichergestellt werden, dass die Affenbande sich gegen andere Makaken durchsetzen kann und im Überlebenskampf gegen jegliche Gefahren gewappnet ist.

Nun sind wir keine Affen. Das Macho-Modell hat ausgedient. In kommenden Jahrtausenden werden nicht die Stärksten überleben, sondern die Raffiniertesten und Intelligentesten. Sozial ängstliche Menschen sollten es nicht als unabänderliches Schicksal akzeptieren, dass sie in der Liebe weniger Chancen haben – sonst werden sie immer einsam bleiben.

Aber es geht nicht nur um Glück in der Liebe.

Etagenkellner und Leichtmatrosen

Sie werden sagen, die Struktur einer Affenhorde unterscheide sich nur unwesentlich von den Sitten in der Führungsriege eines totalitären Staates oder von den Gebräuchen in anderen Sozialgemeinschaften, wie jeder größeren Firma oder Organisation, wobei man davon ausgehen sollte, dass die Durchsetzungsmethoden eines Revolutionskomitees oder einer Mafiabande etwas weniger subtil sind als diejenigen in der Ärzteschaft einer chirurgischen Klinik.

Es scheint zur Natur der Lebewesen zu gehören, dass sie Macht untereinander ungleich verteilen. Subordinatives Gebaren ist keine Krankheit an sich, und soziales Verhalten ist normalverteilt. Damit ist Folgendes gemeint: Viele Dinge in der Natur, zum Beispiel Körpergröße, folgen in ihrer Häufigkeit einer statistischen Verteilung, die durch eine glockenförmige Kurve dargestellt wird. (Die Älteren von uns erinnern sich noch, dass diese Kurve auf dem Zehnmarkschein abgebildet war.) Mit anderen Worten: Es existieren sehr viele Menschen, die eine mittlere Stellung in der Hierarchie innehaben; am linken Ende der Glockenkurve finden sich dann die extrem Gehemmten und am rechten die Mächtigen, die Führungselite.

Innerhalb gewisser Grenzen ist das auch sinnvoll. Es wäre sicher nicht zweckmäßig, wenn der Kulissenschieber im Theater genauso viel zu sagen hätte wie die Schauspieler, der Etagenkellner so viel wie der Chef de Cuisine und der Leichtmatrose wie der Erste Offizier. Es gibt Menschen, die damit zufrieden sind, dass sie von anderen angeleitet werden. Das bringt nicht nur Nachteile mit sich: Zwar wird man manchmal herumkommandiert, aber andererseits trägt man weniger Verantwortung, muss sich weniger Gedanken machen und hat oft ein fauleres Leben als die Chefs (auch wenn man es meist als weniger angenehm empfindet). Andere dagegen gefallen sich darin, den Häuptling zu spielen und Führungspositionen zu übernehmen. Sie akzeptieren dafür, dass sie Überstunden machen müssen, von Sorgen um die Firma geplagt werden und den Kopf hinhalten müssen, wenn etwas schiefläuft.

Auch eine Demokratie wird nicht immer vom ganzen Volk regiert. In einer gesunden Staatsform stellt sich ein homöostatisches Gleichgewicht zwischen Regierenden und Regierten ein. Wenn Diktatoren meinen, solche natürlichen Systeme unter Anwendung von Gewalt außer Kraft setzen zu müssen, indem sie die Glockenkurve der Normalverteilung in Richtung einer kleinen übermächtigen Führungsclique und einer großen Menge von Unterdrückten verzerren wollen, sind Kriege und Katastrophen vorprogrammiert. Aber auch das Gegenteil kann problematisch sein: In anarchischen Lebensformen ohne Führungsstrukturen kann es leicht zu Gesetzlosigkeit und zum brutal durchgesetzten Recht des Stärkeren kommen. So ist es also ideal, wenn sich eine Kultur entwickelt, in der das Verhältnis von Regierenden und Regierten natürlich gewachsen, demokratisch und ausgewogen ist. Ein funktionierendes soziales System ist bei Menschen wie bei Tieren wichtig für das reibungslose Zusammenleben.

Soziale Zurückhaltung kann aber auch eine Survival-Strategie sein. Ein Tier, das mit einem Feind konfrontiert wird, muss sich entscheiden: Kampf oder Flucht. Wenn ein Kampf gegen einen übermächtigen Gegner aussichtslos und eine Flucht als nicht realisierbar erscheint, gibt es jedoch noch einen dritten Weg: den Schwanz einziehen und mit gesenktem Kopf langsam davontrotten. Durch diese äußeren Zeichen der Demut wird der Kontrahent beschwichtigt. Er hat ja sein Ziel, den anderen aus seinem Revier zu vertreiben, erreicht – und verzichtet dann vielleicht auch auf eine Bestrafung. Der Unterlegene hat zwar einerseits den Kürzeren gezogen, andererseits aber zumindest vermieden, dass er zu allem Überfluss noch in Stücke gerissen wird.

Auch bei den Menschen sind oft solche erfolgreich, die nicht auf Konfrontation gehen, sondern bescheiden – doch aalglatt und ohne anzuecken – durch alle Untiefen des Lebens schiffen. Bis zu einer gewissen Grenze ist also Schüchternheit nicht als krankhaft, sondern als normal und zum Leben dazugehörig anzusehen.

Tabula rasa

Können Schüchternheit oder eine Soziale Phobie durch gestörte Lernprozesse entstehen?

Unterordnendes und schüchternes Verhalten entsteht zum Teil durch gemachte Erfahrungen. So werden Kinder, die erlebt haben, dass zu aufmüpfiges oder unhöfliches Betragen von Eltern oder Lehrern bestraft wird, mit der Zeit vorsichtiger und zurückhaltender. Aber nicht jedes soziale Verhalten ist erlernt. Früher gingen manche Lerntheoretiker davon aus, dass der Mensch als «Tabula rasa» («leerer Tisch») geboren wird oder – wie man sich heute ausdrücken würde – mit einer formatierten, komplett leeren Festplatte auf die Welt kommt und alles, aber auch alles, was das Verhalten dieses Menschen ausmacht, eine Folge von zahlreichen gelungenen oder missglückten Lernprozessen ist. Diese Ansicht muss man heute revidieren: Viele unserer Handlungsweisen sind die Folge von angeborenen Funktionen.

Die Sozialstrukturen in der Affenbande, um auf sie zurückzukommen, beruhen zum Teil auf Instinkten, die wahrscheinlich dem schon erwähnten Zweck dienen, das Überleben der Affenart zu sichern. Affenmütter haben nicht die sprachlichen Fähigkeiten, ihre Kinder auf das richtige Verhalten gegenüber dominanten Affen vorzubereiten. Die Erziehung junger Pinguine dürfte in pädagogischer Hinsicht weit hinter die einer Waldorfschule zurückfallen, und die Zahl der Volkshochschulkurse über korrektes Benehmen für Hunde hält sich eher in Grenzen. Auch Ameisen oder Bienen, ja selbst Würmer können gemeinschaftliche Aktionen starten, und niemand würde annehmen, dass diese durch Lernerfahrungen zustande gekommen sind. Halten wir also fest: Viele Verhaltensweisen, die wir als Errungenschaften unserer Kultur ansehen, sind bei Tieren schon vorhanden.

Wir müssen also davon ausgehen, dass unsere sozialen Verhaltensweisen in einem gewissen Umfang angeboren sind. Natürlich gibt es auch viele soziale Kompetenzen, die wir durch Erziehung oder durch Beobachtung anderer, sozial erfolgreicher Menschen erlernt haben. Aber wir dürfen nicht unterschätzen, wie groß der von Geburt an bereits angelegte Teil unserer sozialen Fähigkeiten ist. Dennoch sind Lernprozesse im Zusammenhang mit der Sozialen Phobie nicht unwichtig: Sie dienen unter anderem der Aufrechterhaltung oder Verschlimmerung bereits bestehender sozialer Defizite.

Das Gesicht in der Menge

Bei Menschen mit einer Sozialen Phobie ist nicht etwas Grundlegendes gestört. Man muss sich vorstellen, dass es im Gehirn einen Messfühler für Vorsicht in sozialen Situationen gibt. Bei dem einen ist er zu unempfindlich eingestellt – solche Leute können aufdringlich, distanzlos, frech, vorlaut, anmaßend oder dreist sein. Bei anderen ist er zu sensibel reguliert – das sind die Schüchternen. Bei sozialphobischen Menschen ist die Empfindlichkeit dieses Thermostats falsch geregelt: Sie übertreiben in ihren Befürchtungen (a) die Häufigkeit und (b) das Ausmaß der problematischen

Folgen einer misslungenen zwischenmenschlichen Interaktion enorm.

Auch die Erinnerung an bereits stattgefundene schwierige soziale Situationen ist verzerrt. Das Gehirn beschäftigt sich nur mit den negativen Folgen und blendet die guten Momente aus. Erfahrungen, die pessimistische Erwartungen nicht bestätigten, werden nicht im Gedächtnis gespeichert. Offenbar leiden Sozialphobiker unter einer verzerrten Wahrnehmung ihrer eigenen Leistungen und der Reaktion anderer Menschen darauf. Psychologen gingen den Hintergründen dieses Phänomens in zahlreichen Versuchen nach. So zeigte man Personen mit einer Sozialen Phobie Bilder von Menschenmengen. Eines der Gesichter in der Menge hatte einen sehr ärgerlichen Ausdruck. Die Versuchspersonen sollten möglichst schnell das wütende Gesicht herausfinden. Die sozialphobischen Testteilnehmer brauchten erheblich weniger Zeit dafür als normale Personen – ein Zeichen, dass ihre Wahrnehmung für kritische Zurückweisung durch andere von vornherein empfindlicher eingestellt ist. (11)

Selbstunsichere Menschen sind, was ihre eigenen Leistungen angeht, perfektionistisch. Schüchterne schätzen ihr Auftreten in sozialen Situationen – im Gegensatz zu einer Bewertung durch Mitmenschen – immer als weniger gut ein. Wenn eine soziale Situation ungünstig ausgegangen ist, grämen sie sich mehr als andere darüber. Wenn es bei einer Sachlage nicht ganz klar war, ob sie nun negativ oder positiv einzuordnen sei, so entschieden sie sich durchgehend für eine negative Beurteilung.

Ein Mädchen bekommt bei einem Reitturnier nur eine mittlere Note. Es könnte sich sagen: «Das Pferd ist nicht besonders erfahren, es war nervös.» Oder: «Die Jury hat andere bevorzugt.» Oder: «Eine mittlere Note ist gar nicht so schlecht.» Das Mädchen grübelt aber ständig und sagt sich: «Ich bin grauenhaft geritten, nur die Bestnote wäre wirklich ein Erfolg gewesen.»

Das kann zu einer Art Teufelskreis führen. Selbsterfüllende Prophezeiungen können eintreten. Jemand, der sich zum Beispiel vor einem Vortrag fürchtet, redet zu leise, zu schnell, zu undeutlich und hinterlässt dann tatsächlich keinen besonders guten Eindruck.

Ein anderer hat große Angst vor Zurückweisung und kämpft deswegen so stark mit seiner Unsicherheit, dass er vergisst, freundlich und aufmerksam zu seinen Mitmenschen zu sein. So wirkt er selbstbezogen und überheblich und erhöht die Chance, tatsächlich negative Erfahrungen in den gefürchteten Situationen zu machen.

Der Ausweg heißt: «Tu so, als ob alles prima ist, obwohl es dir gar nicht so gut geht. Dann kommst du bei deinen Mitmenschen besser an, und dann geht es dir auch gut.» Auf Englisch lässt sich das etwas kürzer sagen: «Fake it 'til you make it.»

Schon im Mittelalter gab es so etwas wie Casting-Shows. Die Minnesänger trafen sich in Rathäusern und Kirchen. Sie mussten ihre Liebeslieder vortragen und wurden von vier gestrengen Würdenträgern, die «Merker» oder «Merkel» genannt wurden, in Hinblick auf die Korrektheit und Schönheit ihres Gesangs geprüft. Wie diese Meistersinger sehen sich schüchterne Menschen immer in der «Perspektive des Beobachteten» – das heißt, sie nehmen sich aus dem angenommenen Blickwinkel der anderen wahr. (12) Normalpersonen betrachten andere Menschen eher aus der Sicht eines Zuschauers im Theater. Für sie sind fremde Personen wie Schauspieler, die sie selbst kritisch betrachten. Sie würden aber nicht auf die Idee kommen, dass die Schauspieler sie umgekehrt auch prüfend mustern. Schüchterne sehen sich dagegen wie die Akteure auf einer Bühne, die von vielen anspruchsvollen oder skeptischen Zuschauern beurteilt werden. Für sie ist also nicht wichtig, was sie selbst von ihrer eigenen Leistung halten, sondern was die Mitmenschen über sie denken könnten. Während zum Beispiel ein selbstbewusster Fußballspieler sich mit den Worten «Ich war wieder gut» auf die eigene Schulter klopft, redet sich ein gehemmter Kicker ein: «Ich glaube, die anderen denken, dass ich gar nicht so schlecht war.»

Der Apfel fällt nicht weit vom Stamm

Mein Vater war in jungen Jahren schüchtern, ich war es bis zu meinem fünfunddreißigsten Lebensjahr, und bei meinem vierzehnjährigen Sohn beobachte ich auch schon die ersten Anzeichen.

Mario Ä. (44), Mathematiklehrer

Schüchternheit und Soziale Phobien können vererbt werden. In unserer oben erwähnten Untersuchung fanden wir heraus, dass sozialphobische Patienten sehr häufig Eltern hatten, die unter ähnlichen Problemen litten.

Der Psychologe Peter Cooper von der Universität in Reading, England, suchte aus 867 vierjährigen Kindern 59 heraus, die besonders gehemmt waren. Die Mütter der Kinder wurden dann von Psychologen untersucht, die nicht wussten, ob es sich um die Mütter der schüchternen oder der restlichen Kinder handelte. Sie fanden heraus, dass Mütter von schüchternen Kindern siebenmal häufiger eine Soziale Phobie hatten. (13)

Eine besonders zuverlässige Methode, um Erbfaktoren bei Krankheiten festzustellen, ist ein Vergleich von eineiigen und zweieiigen Zwillingen. Hat ein Zwilling die gleiche Krankheit wie sein Doppelgänger, nennt man das Konkordanz. Ist die Konkordanzrate bei den eineiigen Zwillingen deutlich größer als bei den zweieiigen, so kann ein Erbfaktor als nachgewiesen gelten – denn die eineiigen Zwillinge haben 100 Prozent aller Gene gemeinsam, die zweieiigen nur 50 Prozent. Mehrere solcher Studien wiesen alle in die gleiche Richtung. (14)

Diese Übereinstimmung kann man bereits im Kindesalter beobachten, wie eine Untersuchung mit dreihundertsechsundzwanzig Zwillingskindern im Alter von sieben Jahren zeigte. Bei den eineiigen Zwillingspaaren fand man eine deutlich höhere Übereinstimmung der sozialängstlichen Symptome als bei den zwei-eiigen. (15)

Man kann aber keineswegs von einem «Schüchternheitsgen» sprechen. Wir können nicht davon ausgehen, dass diese Anlage bei jedem Patienten auf dem gleichen Chromosom auf dem gleichen Gen sitzt, wie es bei sogenannten Erbkrankheiten der Fall ist. Wahrscheinlich verteilt sich die Neigung zu sozialen Ängsten über verschiedene Gene. Auch ist nur ein Ausschnitt dieses Wesenszuges vererbt – die übrigen Komponenten entstehen durch Umweltfaktoren.

Und: Gene sind nicht unser Schicksal. Oft wird grob vereinfachend angenommen, dass die Anteile einer psychiatrischen Krankheit, die vererbt sind, einer Psychotherapie nicht zugänglich sind. Eine Therapie ist ein Lernprozess, und der wirkt bei angeborenen Persönlichkeitseigenschaften ähnlich wie bei erworbenen. So wie einige Menschen existieren, die zum Tanzen geboren sind, und andere, die sich den Cha-Cha-Cha erst in einem Kurs aneignen müssen, so gibt es auch Menschen, die soziale Fähigkeiten erst mühsam erlernen müssen. Aber dann können sie es genauso gut wie diejenigen, die mühelos den sozialen Umgang beherrschen. Und wenn sie es richtig machen, können sie es sogar besser.

Um geeignete Therapien für die Soziale Phobie zu finden, wäre es unendlich hilfreich, herauszufinden, was da eigentlich vererbt wird. Der amerikanische Forscher Larry Young und seine Kollegen untersuchten das Erbmaterial von Wühlmäusen, um näher zu erkunden, wo exakt der Unterschied zwischen einzelgängerischen und sozial kompetenten Nagern sitzt. Es gelang ihnen, durch Manipulation des Erbmaterials zwei Sorten von Mäusen zu züchten. Die eine wies eine höhere Anzahl von Rezeptoren für ein bestimmtes Hormon (Vasopressin) in jenen Regionen des Gehirns auf, die für das Sozialverhalten und die elterliche Fürsorge zuständig sind. «Die Männchen mit der größeren Anzahl an Vasopressin-Rezeptoren näherten sich fremden Artgenossen viel schneller, verbrachten mehr Zeit damit, soziale Gerüche zu erschnuppern, und neigten häufiger dazu, sich mit anderen Männchen anzufreunden», erklärte Young. Auch ihrer Nachkommenschaft widmeten sie mehr Zeit als die Kontrollgruppe mit den wenigen Vasopressin-Rezeptoren. (16)

Nun kann man sich fragen, was denn ein mangelndes Selbstbewusstsein mit einer hierzulande völlig unbekannten Wühlmausart zu tun hat. Zunächst einmal wenig. Denn aus solchen Mäuseversuchen zu schließen, dass das Wesen der Sozialen Phobie erkannt und die Erkrankung so gut wie besiegt ist, ist natürlich verfrüht. Diese Erkenntnis ist nur ein winziges Mosaiksteinchen, das die moderne Hirnforschung ein klein wenig der Erkundung der Ursachen von Angsterkrankungen näher bringen kann.

Drei Seelen in meiner Brust

Es gibt ein System im Gehirn, das dafür sorgt, dass wir uns zur richtigen Zeit und am richtigen Ort dafür entscheiden, mit anderen Menschen auf Augenhöhe zusammenarbeiten, sie zu kontrollieren oder uns ihnen unterzuordnen. Dieses System ermutigt uns, eine Führungsposition zu übernehmen, oder es rät uns, dass wir uns besser fügen sollten. Bei sozial gehemmten Menschen ist diese Ordnung jedoch nicht im Lot. Sie sind mit ihrer Stellung in der Hackordnung nicht zufrieden. Bei ihnen ist die Empfindlichkeit eines Warnsystems zu scharf eingestellt. Dieses System meldet dem denkenden Gehirn eine Situation, in der man klein beigeben sollte, obwohl man eigentlich in einer starken Position ist.

Wo genau im Gehirn sitzt die Schüchternheit? Als Erstes müssen wir einmal festhalten, dass wir im Grunde nichts über das Gehirn wissen. Dafür allerdings, dass wir fast nichts wissen, wissen wir eigentlich schon eine ganze Menge.

Wir wissen, wo wir hören und sehen, von wo der rechte kleine

Finger gesteuert wird, wo wir Schmerzen empfinden und wo man sich Wörter wie «Erdnussbuttersandwich» merkt. Aber wir wissen noch nicht genau, an welcher Stelle komplexe Eigenschaften und Tugenden wie Ehre, Menschlichkeit, Schamgefühl, Geschick im Umgang mit Menschen oder politisches Gespür auf der großen Festplatte gespeichert werden. In den nächsten Jahrzehnten wird es vielleicht Wissenschaftlern gelingen, herauszufinden, an welchen Orten im Gehirn soziale Gefühle wie Liebe zu einer Frau, Nationalstolz, gewerkschaftliche Solidarität, eine freiheitlich-demokratische Grundgesinnung oder die Begeisterung für Schalke 04 verarbeitet werden. Aber bis dahin ist es noch ein weiter Weg. Den jetzigen Stand der Wissenschaft kann man etwas vereinfachend so darstellen:

Bei Menschen, die unter Angsterkrankungen wie der Sozialen Phobie leiden, spielen – grob gesagt – drei Teile des Gehirns eine Rolle: Erstens das sogenannte Belohnungssystem, zweitens das Angstsystem sowie drittens das «denkende Gehirn». Diese drei Systeme entsprechen ungefähr den Instanzen Sigmund Freuds, der das Unbewusste in unserem Gehirn erforschte. Er benutzte die Dreiteilung «Es», «Über-Ich» und «Ich». Auch wenn der Wiener Psychoanalytiker schon vor über hundert Jahren vermutete, dass sich diese Modellvorstellungen eines Tages durch ein Zusammenspiel von biochemischen Vorgängen erklären lassen würden, wusste er noch nichts von Endorphinen, Oxytocin, Vasopressin, Dopamin, Serotonin oder anderen Hormonen, die unser Gefühlsleben steuern.

Das Belohnungssystem ist das primitivste, aber auch das stärkste dieser Systeme. Von einem Gebiet im Mittelgehirn, der Area tegmentalis ventralis, führen dicke Kabel zu einem Kern, dem Nucleus accumbens. Diese Nervenbahnen brauchen den Botenstoff (Neurotransmitter) Dopamin, um zu funktionieren. Jedes Mal, wenn wir etwas tun, das den Grundbedürfnissen «Ernähren und Vermehren» dient, werden wir mit einer Ausschüttung von Dopamin in diesem Wohlfühlsystem belohnt. Wahrscheinlich meinte Freud dieses System, wenn er vom «Es» sprach. Beim Verspeisen eines Schinkenbrots, aber auch beim Liebesspiel mit einem Partner schweben Endorphine, die Wellnesshormone, durch unseren Körper und stacheln das Dopamin-Belohnungssystem an. So platt das klingt, aber durch diesen einfachen biochemischen Mechanismus wird das Überleben der Menschen und aller anderen höheren Lebewesen gesichert.

Zugehörigkeitsgefühle sind oft mit Wohlbehagen verbunden. Wann immer Menschen sich zusammentun, spielt die Ausschüttung von Endorphinen eine Rolle. Ob man im Parteibüro freiwillig Überstunden macht, in einer Jugendbande Blutsbrüderschaft schwört, in einem Basketballverein bis zur Erschöpfung trainiert oder in einer Kirche gemeinsam mit anderen Gläubigen betet, kommt es zu einem Anstieg dieser speziellen Substanzen. Die Endorphine sind die Glückshormone. Einer Aktivierung des Belohnungssystems geht immer eine Ausschüttung dieser Genusschemikalien voraus. Ihren Namen haben sie daher, dass sie der künstlichen Substanz Morphin ähnlich sind. Das Schmerzmittel Morphin löst deswegen Glücksgefühle aus, weil es sich an diejenigen Rezeptoren bindet, die eigentlich für die körpereigenen Endorphine vorgesehen sind.

Es gibt vielfältige Arten, wie man sein Endorphinsystem pushen kann. Darunter sind einige gesunde und sozial verträgliche – aber auch ein paar andere, die gefährlich, teuer oder unerlaubt sind oder dick machen (meist kommt es auch auf die Dosis an). Man kann etwas Leckeres essen, sich massieren lassen, ein klassisches Konzert hören, sich loben lassen, joggen, sich einen schönen Kaschmirpulli kaufen, einen komplexen Sachverhalt verstehen, Weißwein trinken, auf der Bühne Applaus entgegennehmen oder harte Drogen schlucken – jedes Mal blubbern Endorphine durch die Blutbahn. Und eine der schönsten Methoden zur Endorphingewinnung ist der Sex.

Aber auch wenn wir uns sozial verhalten, werden wir mit einer Ausschüttung im Belohnungssystem belohnt. Gemeinschaftsgefühle werden durch Bahnen vermittelt, die soziale Erkennung über Sehen, Hören und Riechen mit dem Belohnungssystem verbinden, also mit den dopaminergen Bahnen von der Area tegmentalis ventralis zum Nucleus accumbens und dem präfrontalen Cortex.

Nichts ist umsonst in der Welt. Selbst wenn wir anonym eine Geldsumme spenden, sodass der Beschenkte nie erfährt, von wem die milde Gabe kam, führen wir uns eine Ladung Glückshormone zu. Das fanden Forscher in Washington heraus: Versuchspersonen bekamen zunächst einmal 128 Dollar überreicht. Sie konnten entscheiden, ob sie einen Teil dieses Geldes oder alles anonym an eine Wohltätigkeitsorganisation ihrer Wahl spenden wollten oder nicht. In diesem Moment, als sie diesen Entschluss treffen mussten, wurden sie mit der Kernspintomographie untersucht. Mit dieser Methode können diejenigen Teile des Gehirns sichtbar gemacht werden, in denen sich gerade eine Aktivität abspielt. Der spannende Befund: Eine anonyme Spende für einen guten Zweck aktivierte das Belohnungssystem der Probanden genauso stark, wie wenn man ihnen stattdessen die 128 Dollar geschenkt hätte. (17) Es gibt also offensichtlich einen Mechanismus im Gehirn, der selbstloses Verhalten fördert. Die Natur will uns damit erziehen, dass wir mit anderen Menschen gemeinschaftlich zusammenarbeiten oder sogar Opfer bringen, um den Schwachen zu helfen.

Panik im Mandelkern

Der Gegenpart dieses Belohnungssystems ist das Angstsystem. Würden wir unserem Belohnungssystem freien Lauf lassen, würden wir nur noch ungebremst fressen und wahllos kopulieren. Also hat die Natur eine natürliche Bremse eingebaut: das Angstsystem. Dieses wahrscheinlich über Hormone wie Serotonin, Noradrenalin und Stresshormone gesteuerte System hindert uns daran, alles zu toll zu treiben.

Man muss dabei allerdings zwischen einem primitiven und einem intelligenten Angstsystem unterscheiden. Das primitive Angstsystem, dessen Ausgangspunkt der sogenannte Mandelkern im Hirnstamm ist, soll unser Überleben sichern. Der Mandelkern, der auch Amygdala genannt wird, ist bei Tieren ebenfalls vorhanden. Er sorgte schon bei unseren Vorfahren dafür, dass sie sich nicht beliebig jeder Gefahr aussetzten, also sich auf der Suche nach dem Sonntagsbraten nicht unbedingt mit einem Säbelzahntiger anlegten, Gewitter mieden und kein Gammelfleisch vertilgten. Wenn das Angstsystem sich zu Wort meldet, leiden wir unter körperlichem Unwohlsein, das durch Symptome wie Herzrasen, Schwitzen, Zittern oder Harndrang erzeugt wird. Es warnt uns instinktiv vor Schlangen, Spinnen, Wölfen, gefährlichen Abhängen oder schnellen, großen, beweglichen Objekten wie dem Lkw der Müllabfuhr. Es ist also für einfache Kampf- oder Fluchtaktionen verantwortlich. Viele der von diesem Angstsystem verwalteten Furchtreaktionen sind angeboren, da es nicht dem Überleben dienen würde, wenn man sie sich erst im Lauf des Lebens aneignen müsste. Bei einer Begegnung mit der Grünen Viper oder der Schwarzen Witwe sollte man auf Anhieb die richtige Entscheidung treffen.

Im Mittelpunkt des Angstsystems steht also der Mandelkern. Woher wissen wir das? Wenn man bei Affen die Amygdala operativ entfernt, zeigen sie mehr Zugehörigkeitsgefühl und weniger Angst vor anderen Artgenossen. Sie werden überaus vertrauensselig. (18) Allerdings war das zutrauliche Verhalten auch mit einem sozialen Abstieg verbunden: Die Affen wurden nach der Operation in der strengen Rangordnung der Affenbande herabgestuft. (19) Es scheint im Gehirn eine soziale Bremse zu geben, die ihre Wirkung ausübt, indem sie über die Amygdala Angst auslöst. Aber auch bei Menschen haben wir Hinweise, dass der Mandelkern eine zentrale Rolle bei der sozialen Angst spielt. Zeigt man zum Beispiel Menschen mit einer Sozialen Phobie Bilder mit angsterfüllten Gesichtern, wird die Amygdala aktiviert. (20) Und: Bei Menschen, bei denen die Amygdala wegen einer Krankheit nicht mehr funktioniert, findet man ein Übermaß an Vertrauen. (21)

Der schwedische Forscher Tomas Furmark am bekannten Karolinska-Institut in Stockholm ließ Sozialphobiker eine Rede vor einem Publikum halten. Dann wurde die Durchblutung im Gehirn in verschiedenen Regionen gemessen, die mit Angst in Verbindung gebracht werden, wie Amygdala oder Hippocampus. Anschließend teilte man die Patienten in drei Gruppen ein: Ein Drittel erhielt eine Verhaltenstherapie, ein Drittel ein Angstmedikament – und die Übrigen wurden erst mal vertröstet, sie kämen lediglich auf eine Warteliste für eine Therapie. Nach neun Wochen mussten sich die Patienten aller drei Gruppen erneut dem Publikum stellen. Die Psychotherapie und das Medikament hatten das Selbstbewusstsein der Patienten gleichermaßen gestärkt, aber natürlich nicht das der Patienten in der Wartegruppe. Das erstaunliche Ergebnis: Egal nach welcher Therapie, in den Angstgebieten war es zu einer Abnahme der Durchblutung gekommen, als Zeichen, dass sich die Angstzentren beruhigt hatten. (22)

Absurde Angst

Zusätzlich gibt es noch ein Angstsystem, das geistig höher steht als das Amygdala-System. Dieses System, das wahrscheinlich im sogenannten orbitofrontalen Cortex sitzt, verarbeitet intelligentere Funktionen. Und es ist auch für höhere soziale Ängste zuständig, die erlernt wurden. Der Input für dieses System stammt von unseren Eltern und allen anderen Menschen, die uns erziehen, aber auch von Moralvorstellungen, die wir selbst entwickeln und uns auferlegen.

Emotionen sind schlechte Ratgeber. Als Gegenpart gegen affektgesteuerte Erregungen haben wir dieses intelligente Angstsystem.

Wenn sich unser Belohnungssystem mit wilden Forderungen nach Sex und Aggression meldet, warnt es uns vor den sozial schädlichen Folgen eines zu triebhaften Verhaltens. Hier können auch komplexe Gefühle wie Scham, Schuldgefühl, Reue, Anstand, Keuschheit, Gerechtigkeit, Bescheidenheit, Benimm oder Wohlerzogenheit verarbeitet werden. Diese Instanz sorgt dafür, dass wir bei aufkommenden Hungergefühlen nicht gleich in der Straßenbahn in den Oberarm einer dicken Dame beißen, um unsere Esslust zu stillen, oder in der Schlange vor der Kinokasse wilden Sex haben. Wenn Freud vom «Über-Ich» sprach, dann meinte er wahrscheinlich den geistig höher stehenden Part des Angstsystems. Die Aktivitäten des Belohnungs- und des Angstsystems laufen zum großen Teil unbewusst ab. Selbst wenn wir Phantasien von hemmungslosem Sex haben, würde eine innere Barriere uns daran hindern, diese tagsüber auf der Straße in die Tat umzusetzen.

Das Belohnungs- und das Angstsystem müssen in einem ausgewogenen Verhältnis stehen. Für Schüchterne heißt das: Sie wollen ganz dringend mit anderen Menschen Kontakt haben, um ihrem Belohnungssystem Tribut zu zollen – aber ihr Angstsystem macht ihnen einen Strich durch die Rechnung. Durch eine zu empfindliche Einstellung warnt es immer wieder in übertriebener Form vor den negativen Folgen zu großer Vertrauensseligkeit, zu intimer Verbrüderung oder vor einem zu offenen Preisgeben innerer Geheimnisse. An anderer Stelle habe ich dieses überreagierende System das «Ministerium für absurde Angst» genannt. (23) Damit soll ausgedrückt werden, dass diese Instanz nicht mehr eine normale physiologische Warnfunktion ausübt, sondern den sozialphobischen Menschen sogar schadet, indem es die Furcht aufbauscht und überspannt.

Ich denke, also bin ich

Weiterhin gibt es noch einen dritten Abschnitt in unserem Gehirn, der für die höchsten Denkfunktionen zuständig ist (zumindest bei einem Teil der Menschheit). Hier dringen alle menschlichen Denkabläufe an die Oberfläche in das Bewusstsein. Durch dieses Gebiet wissen wir, dass wir Angst oder Hunger haben; wir können diese Gefühle durch Sprache ausdrücken und Maßnahmen dagegen beschließen, wie zum Beispiel eine Krakauer Wurst mit Senf zu kaufen.

Das denkende Gehirn müssen wir wahrscheinlich in einem Areal vermuten, das hinter der Stirn liegt. Hier, in einem Bereich, der dorsolateraler präfrontaler Cortex genannt wird, denken wir vorausschauend und lösen komplizierte Probleme. Wenn jemand intelligent ist, ist bei ihm dieser Teil des Gehirns wahrscheinlich gut ausgebildet. Auch wird hier die Persönlichkeit eines Menschen bestimmt. Hier sitzt vermutlich das, was Freud als «Ich» bezeichnet hat.

Dieses System ist in der Lage, raffinierte Abwägungen vorzunehmen und die beiden konkurrierenden Systeme, das Belohnungs- und das höhere Angstsystem, gegeneinander auszuspielen: «Wenn ich dem jungen Mann jetzt gleich meine Handynummer gebe, könnte es so aussehen, als ob ich zu sehr an ihm interessiert sei, ich muss ihn erst noch einmal ein wenig zappeln lassen.»

Während das primitive Angstsystem sich nur für Kampf, Flucht oder bei manchen Tieren für Totstellen entscheidet, hat das intelligentere Angstsystem noch eine weitere Variante parat: das Schwanzeinziehen, das Zurückziehen und das Kleinbeigeben. Wie die Geste des Unterwerfens so manchem Tier das Überleben gesichert hat, so ist auch bei Menschen die Strategie, sich unterzuordnen, oft erfolgreich. Menschen, die immer nur versuchen, sich durchzusetzen, die Bedürfnisse anderer zu ignorieren, und keine Rücksicht nehmen, haben vielleicht für einen begrenzten Zeitraum die Oberhand, kommen aber oft nicht über das Stadium des Rädelsführers einer Gruppe von aggressiven Randgruppen-Jugendlichen hinaus.

Zwischen dem primitiven Angstzentrum der Amygdala und dem intelligenten Angstsystem bestehen Verbindungen – möglicherweise in der Art, dass der orbitofrontale Cortex eine Warnmeldung an das primitive Angstsystem ausgibt. Wenn eine achtzigjährige Dame die Tür öffnet, ein rothaariger Mann draußen steht, sich als ihr Enkel ausgibt und ihr eine haarsträubende Geschichte von unverschuldeter Geldnot erzählt, wird sie von ihrem intelligenten Angstsystem gewarnt, das ihr sagt, dass in der Familie niemand rote Haare hat. Ihre Amygdala wird in Aufregung versetzt, sodass das freundliche Vertrauen, welches die Seniorin sonst fremden Menschen entgegenbringt, abgeschaltet wird und sie die Tür zuknallt.

Für diese Verbindung zwischen dem primitiven und dem intelligenten Angstsystem gibt es einige wissenschaftliche Hinweise. Bei Menschen, die eine Schädigung des präfrontalen Cortex erlitten, beobachtet man enthemmte Triebe, unpassende Euphorie oder emotionale Verflachung.

Bei Personen mit einer seltenen Erbkrankheit, dem Williams-Syndrom, findet man ein merkwürdiges Phänomen: Diese Patienten, die manchmal unter leichten geistigen Behinderungen leiden, aber in der Regel sprachlich begabt sind, sind Fremden gegenüber überaus freundlich und gehen bemerkenswert offen auf andere Menschen zu. Obwohl sie in anderen Bereichen wesentlich furchtsamer sind, haben sie ausgesprochen wenige soziale Ängste. Forscher verglichen eine Gruppe von Menschen mit dem Williams-Syndrom, die normal intelligent waren, mit passenden Kontrollpersonen. Sie zeigten ihnen ärgerliche oder ängstliche Gesichter und maßen dabei die Gehirnaktivität mit einem Kernspintomographen. Dabei konnte gezeigt werden, dass bei den Betroffenen die Verbindungen zwischen der Amygdala und dem orbitofrontalen Cortex gestört waren, mit der Folge, dass die normalen Hemmungen, die Menschen meist gegenüber unbekannten Personen haben, bei ihnen ausgeschaltet waren. (24)

Erst kommt das Fressen, dann kommt die Moral

Wenn Menschen sozial kommunizieren, entsteht ein komplexes Zusammenspiel dieser drei Bereiche unseres Gehirns. Im günstigsten Fall arbeiten sie elegant und ohne Reibungsverluste miteinander. Wenn aber eine der Instanzen überwiegt, kommt es zu Problemen, da sich die drei Systeme gegenseitig beeinflussen. Wenn das Angstsystem uns eine Bedrohung unseres Lebens meldet, wird die Gier des Belohnungssystems gebremst und der Hunger- und Sexualtrieb gehemmt. Umgekehrt kann ein im Belohnungssystem ausgelöster Glückszustand natürliche Ängste bremsen. Das Misslingen einer Befriedigung des Hunger- oder Sexualtriebs kann Angst, Wut, Verzweiflung oder Niedergeschlagenheit hervorrufen. In einer Hungersnot schafft es das Belohnungssystem, die beiden anderen Systeme auszuschalten. Wir greifen andere Menschen tätlich an, um an Nahrung zu gelangen. Warnungen des Angstsystems, dass wir dabei verletzt oder getötet werden könnten, werden in den Wind geschlagen. Die höhere moralische Instanz des präfrontalen Cortex wird ebenfalls außer Kraft gesetzt. «Erst kommt das Fressen, dann kommt die Moral», fasste Bertolt Brecht dieses Phänomen zusammen. Das erklärt, wie selbst intelligente und sittenstrenge Menschen unter besonderen Bedingungen zu Kannibalen werden.

Und auch der Sextrieb kann übermächtig werden. So fällt ein Vergewaltiger über ein wehrloses Mädchen her, obwohl ihm eine einschlägige Tat bereits mehrere Jahre Gefängnis eingebracht hat – ein Fall, in dem das Triebleben in ungesteuerter Weise überwiegt. Angst vor dem Erwischtwerden, eigene schlechte Erfahrungen mit Strafprozessen und Haftstrafen und auch das letzte Fünkchen

Moral reichen zusammengenommen nicht aus, um die Tat zu verhindern.

Der Grund für ein solches Versagen des Systems muss nicht notwendigerweise in einer Übermacht des Belohnungssystems liegen. Es könnte sich auch um ein Gedächtnisproblem handeln. Wenn diejenige Gedächtniseinheit geschädigt ist, die dafür sorgen soll, dass ein antisoziales Verhalten mit Sanktionen bestraft wird, kann der Betroffene trotz normaler Intelligenz nicht aus Fehlern lernen. Vorangegangene Erfahrungen, dass eine Vergewaltigung mit langer Haft gesühnt wird, können eine Wiederholungstat dann nicht verhindern.

Aber auch in schlichten Alltagssituationen wird gesunden Menschen täglich der Widerstreit dieser drei Systeme deutlich. Sehen wir ein Stück Schokolade, so will das Belohnungssystem sofort danach greifen. Das Angstsystem diskutiert nun ein wenig mit dem denkenden Gehirn und wirft Argumente ins Spiel wie, man habe doch heute schon so viele Pralinen gegessen, man habe ein leichtes Übergewicht und außerdem sei ja dann morgen nichts mehr zum Naschen da. Aber es kommt, wie es kommen muss: Das Belohnungssystem greift die Schokolade und stopft sie in den Mund. Denn oft wird der Mensch nicht von seinem vernunftbegabten Frontalhirn gesteuert, sondern ist ein Opfer seiner beiden unbewussten Instanzen.

Viel häufiger haben Menschen allerdings ein Problem mit einem überaktiven Angstsystem. Es warnt zum Beispiel viele Menschen automatisch und unnötigerweise vor harmlosen Situationen wie Fahrstühlen, vollen Kaufhäusern oder einem Vortrag vor zwanzig Kollegen. Auch übergroße Angst vor Sex kann Menschen daran hindern, ein ausgeglichenes Liebesleben zu führen.

Was hat das nun mit Schüchternheit zu tun? Es scheint so zu sein, dass bei selbstunsicheren Menschen das System, das uns vor sozialen Risiken warnen soll, zu scharf eingestellt ist. Jeder Mensch hat ein soziales Warnsystem, aber bei sozialphobischen Personen schießt es weit über das Ziel hinaus. Es hemmt sie in übertriebener Form, wenn sie mit anderen Menschen Kontakt aufnehmen wollen.

Wenn man diesen Zusammenhang verstanden hat, wird auch deutlich, warum ein Mensch, der sich vernunftmäßig und klar sagen kann, dass er keine Angst vor Bahnbeamten haben müsste, da sie gemeinhin Kunden nicht in kleine Streifen schneiden, nur unter Erröten und mit zittriger Stimme ein Feierabendticket nach Kreiensen lösen kann. Das rätselhafte Überwiegen des unbewussten Angstsystems gegenüber den rational überlegenden Gehirnanteilen erklärt, dass gute Ratschläge von Freunden («Es gibt doch gar keinen Grund zu übertriebener Zurückhaltung!») wie auch die wohlmeinende und oft wiederholte Ermunterung einer Psychotherapeutin, sich den Angst auslösenden Situationen zu stellen, manchmal verpuffen.

Wir haben gesehen, dass Tiere ebenfalls soziale Warnsysteme haben. Der Unterschied zwischen Mensch und Tier besteht im Wesentlichen darin, dass bei Tieren das Belohnungs- und das Angstsystem im Vordergrund stehen, während das denkende Gehirn relativ unscheinbar ist. Aber auch wir Menschen können oft die Übermacht des Belohnungs- und des Angstsystems nicht durch vernünftige Überlegungen überwinden.

Wenn die Hormone das Gehirn als Geisel nehmen ...

Anders als Freud annahm, kann man nicht zwingend davon ausgehen, dass die Probleme, die manche Menschen mit ihrem Belohnungs- oder Angstsystem haben, sich einfach dadurch auflösen, dass darüber gesprochen wird. Solche Störungen können sehr hartnäckig sein. Schuld daran sind auch ein paar chemische Substanzen.

Das Belohnungs- und das Angstsystem werden durch Hormone gesteuert. Im Falle des Belohnungssystems sind es hauptsächlich die Endorphine und Dopamin, im Falle des Angstsystems wahrscheinlich Serotonin, Noradrenalin und andere Chemikalien. So komplex unser Gehirn aufgebaut ist, so erstaunlich ist es, dass manche Funktionen durch relativ wenige Hormone reguliert werden. Man darf die Macht dieser Botenstoffe aber nicht unterschätzen. Sie sind mitschuldig, wenn sich Drogensüchtige den goldenen Schuss setzen, Sexualtriebtäter Mädchen vergewaltigen, Zwangspatienten sich fünfzigmal am Tag die Hände waschen, Magersüchtige sich zu Tode hungern, Depressive sich von einem ICE überfahren lassen oder Schizophrene ihre Eltern für die Ausgeburt Satans halten und ermorden.

Aber auch in unserem täglichen Leben sind wir immer wieder Opfer von unkontrollierten chemischen Vorgängen, die sich in den kleinen Sünden des Alltags äußern – wenn der Diabetiker mit der Sahnetorte liebäugelt, wenn der Bioladeninhaber seine dreißigste Zigarette raucht oder wenn die Zahnarzthelferin zu spät zur Arbeit kommt, weil sie noch einen Quickie mit dem Geliebten hatte.

Entscheidend ist, dass das Angstsystem, das für soziale Angst zuständig ist, extrem stur sein kann. Während Teile des präfrontalen Cortex, die vernunftbegabt sind, dem sozial ängstlichen Menschen klarmachen wollen, dass er gut aussieht, nicht dumm ist und in seinem Beruf kompetent, redet ihm das «intelligente» Angstsystem ein, er sei minderwertig, abstoßend oder nutzlos. Dieses Angstsystem ist unbeugsam. Es zu überwinden ist nicht immer so leicht, wie manche Ratgeber für Schüchterne suggerieren wollen: «Ein bisschen mehr Selbstbewusstsein, ein paar kleine Übungen und etwas gesunde Ernährung werden das Problem ratzfatz beseitigen.»

Aber was genau ist das Problem, das bei schüchternen Menschen dafür sorgt, dass sie überempfindlich auf Kritik reagieren? Vorläufige Untersuchungen lassen darauf schließen, dass zwei

Systeme im Gehirn durcheinandergeraten sind, die insgesamt eine wichtige Rolle bei psychischen Störungen spielen: das Dopamin- und das Serotoninsystem. Wenn wir für Gemeinschaftssinn und soziales Verhalten mit einer Ausschüttung des Belohnungssystems vergütet werden, so ist hierfür Dopamin erforderlich. Dieses Hormon klinkt sich an Rezeptoren an. Wenn nicht genügend dieser Rezeptoren vorhanden sind oder eine anderweitige Fehlfunktion an ihnen vorliegt, so kann der Botenstoff Dopamin seine Arbeit nicht verrichten. Nach ersten wissenschaftlichen Untersuchungen scheinen im Nucleus accumbens und weiteren Gebieten, in denen soziale Gefühle mit Belohnungen verknüpft werden, die Bindungsstellen für Dopamin gestört zu sein. (25, 26)

Serotonin ist ein anderer wichtiger Neurotransmitter (Botenstoff), der hauptsächlich mit Angst und Depressionen in Verbindung gebracht wird. Angsterkrankungen wie die Panikstörung, die generalisierte Angststörung und die Soziale Angststörung werden heute mit Medikamenten behandelt, die die Serotonin-Nervenübertragung im Gehirn verbessern. Diese Mittel gehören zu der Gruppe der Antidepressiva. Aus diesem Grund, aber auch weil man bei Menschen mit einer Sozialen Phobie im Vergleich zu gesunden Kontrollpersonen Veränderungen des Serotoninsystems gefunden hat (27), nimmt man an, dass bei Menschen mit sozialen Ängsten eine Störung dieses Systems vorliegt. Das Angstsystem wird möglicherweise nicht ausreichend gebremst, sodass es unkontrolliert und überschießend reagiert.

Die Wissenschaft ist noch lange nicht so weit, dass man mit Bestimmtheit sagen kann, welche Systeme bei der Sozialen Phobie gestört oder überempfindlich sind. Dennoch wird uns die Erforschung dieser Gehirnsysteme in den nächsten Jahrzehnten wichtige Erkenntnisse liefern, die uns vielleicht eines Tages helfen können, die Angsterkrankungen besser zu behandeln.

Die Kirche der heiligen Patella

Wenn man sich wissenschaftlich mit der Molekularbiologie des Gehirns beschäftigt, erntet man nicht nur Lob, sondern auch immer wieder Kritik von Menschen, die argumentieren, dass man so etwas wie die Seele nicht in Nervenbahnen und Botenstoffen suchen solle. So einfach sei das Gehirn nicht gestrickt. Man solle sich damit zufriedengeben, dass es Dinge jenseits der Schulweisheit gebe, die man nicht ergründen könne, und man solle nicht versuchen, Gedanken und Gefühle auf das Niveau von Molekülen herunterzubrechen. Das ist allerdings eine nihilistische Einstellung, mit der sich ein moderner Wissenschaftler nicht zufriedengeben kann oder sollte.

Nehmen wir einmal an, es existiere eine Glaubensgemeinschaft, die sich «Friesisch-orthodoxe Kirche der heiligen Patella» nennen würde und die, aus welchen Gründen auch immer, die Kniescheibe zum Sitz der Seele erklärt hat, dann würde es sicher einige Menschen geben, die diese abwegige Annahme als Tatsache hinnehmen würden. Es ist nicht lange her, dass man die Seele im Herzen vermutete, und Aristoteles zum Beispiel nahm noch an, dass das Gehirn lediglich dazu diene, das Blut zu kühlen, und nicht für Denkprozesse genutzt werde. Der Glaube der Friesisch-Orthodoxen würde bei nachdenklichen Menschen unweigerlich einige Fragen aufwerfen: «Welche Beweise haben wir dafür? Welche Kniescheibe überhaupt? Die linke oder die rechte? Und was ist mit Leuten, die einen Kniegelenksersatz haben?» Genauso geht ein Wissenschaftler vor: Er entdeckt Ungereimtheiten und Widersprüche in bestehenden Theorien und will diese auflösen. Er forscht so lange, bis er alle Kontroversen ausgeräumt hat, und er gibt sich nicht mit vagen, vereinfachenden oder in sich nicht stimmigen Vermutungen zufrieden.

Auch wenn wir noch weit davon entfernt sind zu wissen, an welchem Ort im Gehirn die Seele sitzt, könnte es jedoch sein, dass wir in den nächsten Jahren und Jahrzehnten immer mehr darüber sagen können, wo in dieser Masse von weißen und grauen Zellen bestimmte Gefühle und Emotionen ihren Platz haben. Schon jetzt ist klar, dass wir nicht davon ausgehen können, dass die Seele in einer etwa 1,5 Zentimeter langen bohnenförmigen Struktur irgendwo im Stirnhirn residiert, sondern dass die Gehirnanteile, die uns zu denkenden und fühlenden Menschen machen, über zahlreiche Regionen verteilt sind, verbunden durch ein unendlich komplexes Netz von Nervenbahnen. Auch ist anzunehmen, dass die Seele nicht unbedingt an einen festen Ort gebunden ist, sondern je nach Bedarf flexibel innerhalb des Gehirns verlegt werden kann. Aufgrund der Erfahrungen mit Patienten mit Gehirnschädigungen oder Schlaganfällen wissen wir, dass bei einem Ausfall einer Gehirnregion andere Teile diese Funktion übernehmen können (allerdings nur innerhalb enger Grenzen).

Bis wir dieses System aufgeklärt haben, dürfen wir nicht dazu übergehen, unser Nichtwissen durch Spekulation zu kompensieren.

Als Jugendlicher war ich begeistert von metaphysischen und geheimnisvollen Dingen wie Magie, Telepathie, Meditation, Hypnose oder Theorien wie der Psychoanalyse. Nach jahrelangen Ausbildungen in Psychiatrie, Neurologie, Psychologie und Psychotherapie hatte ich endlich das Gefühl, ein wenig besser begriffen zu haben, wie das Gehirn tickt. Allerdings schlich sich dabei auch ein gewisses Gefühl der Enttäuschung ein, denn viele anfangs aufregend klingende Hypothesen relativierten sich mit der Zeit. Nicht dass man nach ausführlicher Beschäftigung mit unserem großen Gehirncomputer den Eindruck hat, alles verstanden zu haben. Im Gegenteil: Man bekommt Ehrfurcht vor der Komplexität dieses mächtigen Organs. Und man macht die Erfahrung, dass es zu wenige Menschen gibt, die das Gehirn wirklich verstehen, und zu viele, die vorgeben, es verstanden zu haben. Man entlarvt, wie diese Menschen unter Ausnutzung der Tatsache, dass das Gehirn sehr komplex ist, es schaffen, den falschen Eindruck zu vermitteln, dass sie zu den Gehirn-Verstehern gehören.

Manche Vorgänge im Gehirn sind viel prosaischer, als man denkt. Wir haben zwar eine Trilliarde Synapsen im Gehirn, aber nur eine überschaubare Anzahl von Neurotransmittern, die manchmal recht primitive Programme ablaufen lassen. Schon Freud hatte in genialer Weise vorhergesehen, dass uns das Wissen um die biologischen und molekularen Vorgänge im Gehirn dem Verständnis der Neurosen näherbringen wird.

Es gibt allerdings Menschen, denen es lieber wäre, dass unsere Gefühle für immer ein ewiges Geheimnis bleiben, und die sogar Angst davor haben, dass Neurowissenschaftler eines Tages solche Rätsel entschlüsseln könnten. Bestimmte wissenschaftliche Erkenntnisse kränken nämlich das menschliche Selbstbewusstsein. So eckten Galileo und Kopernikus an, als sie nachwiesen, dass die Erde sich um die Sonne dreht und nicht umgekehrt. Darwin relativierte unsere Einzigartigkeit gegenüber den Tieren, indem er zeigte, dass wir nicht mehr sind als etwas weiter entwickelte Affen. Auch Freud griff den Anspruch der Menschheit an, jederzeit über einen freien Willen zu verfügen, und zwar dadurch, dass er die Bedeutung unbewusster Denkinhalte hervorhob. Dabei ging er allerdings so weit, zu behaupten, dass die Skepsis gegenüber seinen Theorien eine Art Widerstand gegen die Entzauberung der Selbsttransparenz des menschlichen Gehirns darstelle – was wiederum die Richtigkeit seiner psychoanalytischen Theorien beweise.

Auch den modernen Neurowissenschaften scheint ein ähnliches Schicksal bestimmt zu sein. Menschen, die behaupten, Emotionen wie Hass und Liebe, Ekel oder Glück auf die banale Ausschüttung von chemischen Substanzen zurückführen zu können, entmystifizieren das Gehirn. Radiologen, die versuchen, ein lebendes Gehirn mit Hilfe des Magnetismus zu durchleuchten, um den Sitz der Angst, der Depression oder der Zwanghaftigkeit zu suchen, oder Pharmakologen, die tiefe Traurigkeit oder extreme Furcht mit ein paar gelben Pillen bessern wollen, nehmen dem Gehirn die Faszination des Unergründbaren. Die Reaktion ist so ähnlich wie nach einem raffinierten Zaubertrick: Man ist enttäuscht, wenn der Magier verrät, wie die Illusion funktioniert.

Mit solchen Leuten, die die Macht der Gehirnchemie abstreiten, würde ich gern ein Glas Prosecco trinken und dann im entscheidenden Moment sagen: «Aber du hast jetzt nur ein Glas getrunken, das eine Flüssigkeit mit einem Molekül namens C_2H_5OH enthält – und dieses winzige Molekül hat bereits deine Stimmung entscheidend beeinflusst.»

Wenn einmal ein bestimmtes Wissen erworben ist, gibt es kein Zurück mehr. Die heutigen Erkenntnisse der Neurowissenschaften zu verleugnen wäre vergleichbar mit der Tatsache, mit guten Italienischkenntnissen in einem Café in Bologna zu sitzen und zu versuchen, die Gespräche der Menschen nicht zu verstehen. Nicht nur Befriedigung der eigenen Neugier treibt die Wissenschaftler an, sondern der Ehrgeiz, Methoden zu entwickeln, den Menschen mit psychischen Problemen eine echte Unterstützung anzubieten. Wir helfen unseren Patienten mehr, wenn wir die Erforschung des Gehirns nicht als eine Art Fantasy-Abenteuer mit viel Mystik, Wundern und unerklärlichen Phänomenen sehen, sondern uns mit Nüchternheit und Fleiß an die nicht ganz leichte Aufgabe machen, das Gehirn zu enträtseln. Diese Vorgehensweise hat sich in den letzten fünfzig Jahren bewährt und die Therapie einiger psychischer Krankheiten außerordentlich verbessert.

Natürlich kann man die unendlichen Fähigkeiten des menschlichen Gehirns nicht auf einige wenige Moleküle zurückführen. Auch die Feinabstimmung, die das Gehirn bei diffizilen sozialen Interaktionen vornimmt, kann man nicht nur durch ein reines Zusammenspiel von Neurotransmittern erklären. Vor allem darf man nicht den Schluss ziehen, dass die «biologisch» denkenden Psychiater das Gehirn nur als einen von ein paar Chemikalien gesteuerten Fleischklumpen ansehen und daher auch bei jedweder Störung der Psyche nur die chemische Keule hervorziehen.

Die meisten ernsthaften Hirnforscher glauben auch an die unendliche Komplexität menschlicher Gefühle und die Kraft der Psychotherapie, die völlig ohne Chemie auskommt.

Der Nagel, der hervorsteht, wird eingeschlagen

Hat die weite Verbreitung der Schüchternheit etwas mit unserer schnelllebigen Zeit zu tun? Eine der häufigsten Fragen zum Thema Angst ist: «Haben Ängste nicht massiv zugenommen?» Gefolgt von der Frage: «Sind die modernen Zeiten mit dem ganzen Stress daran schuld?» Als Psychiater habe ich jedoch nicht den Eindruck, dass Angsterkrankungen in den letzten Jahrzehnten zugenommen haben. Was zugenommen hat, ist, dass man in den Medien mehr über Ängste redet und dass die Ärzte heute besser über die Erkennung und Behandlung von Angsterkrankungen informiert sind, sodass diese in den Statistiken immer häufiger ganz oben stehen. Der Eindruck, dass Angststörungen angestiegen sind, entsteht aber auch dadurch, dass das Stigma, welches psychiatrischen Krankheiten anhaftet, in den letzten Jahrzehnten langsam verblasst und die Menschen eher dazu bereit sind, über ihre psychischen Probleme zu reden und sich von einem Psychiater helfen zu lassen. Es wird der Tag kommen, an dem man zu einem Nervenarzt wie zu einem Zahnarzt oder Hals-Nasen-Ohren-Arzt geht, um sich behandeln zu lassen.

Eine häufig geäußerte Annahme ist auch, dass Soziale Phobien im Zusammenhang mit unserer westlichen Zivilisation zu sehen sind. Wenn Schüchternheit aber nur etwas mit der jeweiligen Kultur zu tun hätte, so würde es Länder geben, in denen es keine Sozialen Phobien gäbe, und andere, in denen jeder scheu wäre. Natürlich existieren auf der ganzen Welt Schüchterne und Selbstbewusste. Aber in verschiedenen Ecken der Erde gehen Menschen uneinheitlich zurückhaltend miteinander um. Der Italiener ist gesellig und fröhlich, der Deutsche eher steif und verhalten, der Finne noch reservierter, und in der Karibik ist man locker und offen – solche Vorurteile prägen unser Bild von bestimmten Völkern, und wenn man es recht betrachtet, so scheint es auch tatsächlich Differenzen zu geben. Rein statistisch gesehen werden zum Beispiel in asiatischen Ländern wie Taiwan geringere Häufigkeiten von Menschen mit einer Sozialen Phobie gemeldet. (28) Aber das könnte daran liegen, dass man in diesen Regionen sehr viel zurückhaltender ist, was das Reden über innere Gefühle betrifft, sodass eine tatsächlich vorhandene Schüchternheit noch weniger als bei uns offen zugegeben wird. Im Gegenteil: Wenn man als Westeuropäer etwa nach Japan reist, so wirken dort – aus unserer Perspektive – fast alle Menschen etwas gehemmt. Eine sechzigjährige übergewichtige Amerikanerin, die aufdringlich gekleidet mit lauter, tiefer Baritonstimme quer durch den Saal einen Whisky bestellt, würde in einem Mobile Home Park in Florida als normgerecht und gesellig, bei uns aber als distanzlos bezeichnet werden. In Japan hingegen gilt es als unfein, die Stimme zu erheben. Der Unterschied in der Schüchternheit zwischen Japanern und Amerikanern wurde auch durch mehrere wissenschaftliche Untersuchungen nachgewiesen. In einer Umfrage bezeichneten sich 42 Prozent der Amerikaner, aber 57 Prozent der Japaner als schüchtern. (29)

Während man in der Deutschen Bundesbahn erwartet, dass ein stattlicher, selbstbewusster Herr barsch verlangt: «Personalwechsel! Vollkontrolle! Den Fahrschein bitte!», betritt in Japan eine zierliche junge Dame das Abteil, verneigt sich schon an der Tür dreimal und säuselt mit leiser Stimme. «Überaus verehrte, geschätzte Fahrgäste! Ich hoffe, es bereitet Ihnen keine Unannehmlichkeiten, wenn ich jetzt Ihre geschätzten Billets einer leider notwendigen Kontrolle unterziehe! Ich bitte vielmals um Entschuldigung! Domo arigato gozaimasu – vielen herzlichen Dank!» Darauf wendet sie sich noch einmal jedem Fahrgast einzeln mit einer Extraverbeugung und einem verlegenen, aber freundlichen Lächeln zu und sieht sich die

Fahrausweise an, wobei sie die Tickets behandelt wie eine wertvolle Lithographie aus dem 18. Jahrhundert.

Man darf aber nicht Höflichkeit mit Schüchternheit verwechseln. Wer einmal mit japanischen Geschäftsleuten verhandelt hat, weiß, dass zwar die äußere Form extrem zurückhaltend und bescheiden wirkt, dass dahinter aber genauso knallharte Geschäftsinteressen stehen wie bei Europäern oder Amerikanern.

In Japan gibt es eine Extremvariante der Sozialen Phobie, die «taijin kyofu-sho» genannt wird (übersetzt: «Soziale Angsterkrankung»). Während sich ein durchschnittlicher westlicher Sozialphobiker zwar viele Gedanken um sich selbst macht, sind die Patienten mit taijin kyofu-sho von der Idee besessen, sie könnten andere Menschen durch ihre bloße Anwesenheit stören. Sie haben das Gefühl, ihre Umwelt durch einen unangenehmen Körpergeruch, durch eine unabsichtliche Berührung oder allein durch ihren Anblick zu belästigen. Sie könnten, so fürchten sie, andere durch Stottern, vermeintliche Körperdeformitäten oder unkontrolliert abgehende Blähungen in Verlegenheit bringen. Manche Betroffene quälen sich sogar mit dem Gedanken, sie könnten Mitmenschen allein durch eine unkontrollierte Blickwendung in deren Richtung beleidigen. Allein die Tatsache, dass andere von ihnen Notiz nehmen könnten, bringt die Betroffenen in seelische Not.

Ein japanischer Psychiater erklärte mir diese hauptsächlich in Japan auftretende Angststörung so: In diesem Land seien die Menschen von jeher gewöhnt, auf engstem Raum zu wohnen. Aus diesem Grund versuche man möglichst, am anderen so elegant vorbeizuschleichen, dass man ihn weder berührt noch in eine Ecke nötigt. Die Wände in den Zimmern seien auch heute noch zum Teil Reispapierparavents, die nur einen Sichtschutz, aber keinen gegen Geräusche darstellen. Die Tatsache also, dass in Japan viele Menschen auf wenigen Quadratmetern zusammenleben müssen, bewirkt wohl den Effekt, dass auch die Individualität des Einzelnen weniger Ausbreitungsmöglichkeiten hat und man sich mehr anpassen muss als in weniger dicht bevölkerten Ländern. Ein japanisches Sprichwort sagt: «Der Nagel, der hervorsteht, wird eingeschlagen.»

Wenn ich mich mit befreundeten Angstexperten aus Japan, Südafrika, Großbritannien, Israel, Australien, Italien, Holland oder Schweden unterhalte, habe ich allerdings nicht das Gefühl, dass Soziale Phobien in unterschiedlichen Kulturen erheblich differieren, denn aufgrund der Patientenschilderungen meiner Kollegen konnte ich eine hohe Übereinstimmung bis hin in die feinsten Nuancen menschlichen Verhaltens quer durch alle Länder feststellen. Schüchternheit scheint ein weltweites Phänomen zu sein.

Zusammenfassend kann man sagen, dass Schüchternheit durch ein komplexes Zusammenspiel mehrerer Faktoren entsteht: natürliche, angeborene Instinkte, Erbfaktoren, neurobiologische Veränderungen des Gehirns und traumatische Kindheitserfahrungen wie lange Trennungen von den Eltern sowie innerhalb gewisser Grenzen Erziehung, Imitation anderer Menschen und kulturelle Einflüsse.

3. TIPPS ZUR SELBSTHEILUNG

Finden Sie sich nicht mit dem Problem ab! Klar, man könnte sich sagen: «Wildschweine können auch nicht Stabhochspringen und grämen sich trotzdem nicht – warum muss ich einer von diesen aufdringlichen Selbstbewussten werden?» Aber ist es das, was Sie wirklich wollen? Versuchen Sie, Ihre Schüchternheit zu kontrollieren, bevor Sie von ihr kontrolliert werden. Nehmen Sie Ihr Problem nicht mehr als Ausrede für Inaktivität: «Ich kann das nicht – ich bin schüchtern.»

Bevor Sie sich daransetzen, Ihre Schüchternheit zu überwinden, machen Sie eine Liste der Bereiche, die Ihnen wichtig sind und in denen Sie Probleme mit Ihrer Gehemmtheit haben:

- Liebesbeziehungen
- Freunde
- Arbeit
- Sport oder andere Freizeitgestaltungen

Schreiben Sie hinter diese Bereiche diejenigen Nachteile, die Ihnen durch Ihr mangelndes Selbstbewusstsein erwachsen. Diese Liste dient Ihnen dazu, sich persönliche Ziele zu setzen, sie abzuarbeiten und schließlich den Erfolg Ihrer Maßnahmen später zu kontrollieren.

Du schaffst das!

«Ich möchte keinem Club angehören, der mich als Mitglied akzeptieren würde» – dieser Spruch von Groucho Marx kennzeichnet das Selbstbewusstsein von schüchternen Menschen. Obwohl sie sich hinsichtlich ihrer Leistungen, ihres Aussehens oder ihres gesellschaftlichen Status nicht als Menschen zweiter Klasse fühlen müssten, schätzen sie sich immer weniger kompetent, weniger attraktiv und weniger wichtig ein als jeder andere.

«Ich pflege mich bei den Türen zu entschuldigen, bevor ich sie öffne. Am liebsten möchte ich mich bei meinen Mitmenschen rechtfertigen, warum ich eine solch große Bodenfläche auf ihrem Planeten einnehme», so charakterisierte sich einer meiner schüchternen Patienten. Schüchterne haben eine selektive Wahrnehmung für ihre schlechten Eigenschaften und klammern bei der Selbsteinschätzung ihre Vorzüge völlig aus.

Parolen wie «Du schaffst es!» und «Nur Mut!» helfen Schüchternen nicht unbedingt weiter. Sie wissen meist selbst, worin das Problem liegt, wenn sie in sozialen Situationen nicht selbstbewusst genug reagieren. Die erste Schwierigkeit ist eben, herauszufinden, wann und in welchem Maße selbstsicheres Verhalten angebracht ist. Die zweite Herausforderung besteht dann darin, das gewünschte Verhalten in die Tat umzusetzen.

Hier einige Tipps, wie Sie an Ihrem Selbstbewusstsein arbeiten können:

〽 Haben Sie von sich ein verzerrtes Bild? Sehen Sie sich als inkompetent, unzureichend, unintelligent oder unattraktiv? Versuchen Sie, eine realistische Einschätzung Ihrer Eigenschaften und Möglichkeiten zu bekommen. Jeder Mensch ist wertvoll, einzigartig und liebenswert.

〽 Ertappen Sie sich öfter dabei, dass Sie sich selbst stärker kritisieren, als andere dies tun? Versuchen Sie, Ihre negativen Selbstwahrnehmungen in neutrale oder positive umzumünzen. Wenn

Sie einen Fehler gemacht haben, sagen Sie nicht zu sich: «Ich verdammter Idiot», sondern: «Na ja, dumm gelaufen, das nächste Mal werde ich es besser machen.» Oder: «Ich hab's versiebt – na und?»

※ Machen Sie eine Liste Ihrer erfolgreichen Aktionen und stellen Sie sie den weniger gut gelaufenen Dingen gegenüber. Demonstrieren Sie sich auf diese Weise schwarz auf weiß, dass die Zahl der Erfolge größer ist, als Sie dachten.

※ Lassen Sie sich nicht alles gefallen. Verlangen Sie von anderen den Respekt, der Ihnen zusteht.

※ Drücken Sie auch einmal eine Meinung aus, die der aller anderen diametral entgegengesetzt ist.

※ Fangen Sie, wenn Sie jemanden ansprechen, nicht jeden Satz mit «Verzeihung» oder «Entschuldigung» an, wenn Sie gar nichts falsch gemacht haben.

※ Fragen Sie nicht immer andere um ihre Ansicht. Lassen Sie sich nicht ständig von Verkäuferinnen in einem Modegeschäft, Innenarchitekten, Frisören, Anlage- oder Lebensberatern deren unmaßgebliche Meinung aufdrängen. Treffen Sie Entscheidungen häufiger selbst. Werden Sie Ihr eigener Guru!

Häuptling Hochroter Kopf

Ich will ganz locker aussehen, wenn ich jemanden anspreche, und plötzlich laufe ich dermaßen rot an, dass ich einen Heizstrahler ersetzen könnte. Dann merkt der andere doch gleich, welche Emotionen bei mir dahinterstecken, das ist doch peinlich.

Peter U. (24), Elektromechaniker

Sie denken, dass Ihre Schüchternheit Ihnen ins Gesicht geschrieben steht und wie eine Beule hervorsteht? Sie glauben, dass alle wissen, dass Sie schüchtern sind, und gleichzeitig vermuten, dass

Sie deswegen langweilig und blöd sind? Wenn Sie das nächste Mal eine Schüchternheitsattacke befällt, denken Sie daran: Keiner merkt es. Man sieht es den meisten Schüchternen nicht an, und selbst Menschen, die Sie schon lange kennen, wissen es vielleicht nicht. In einer Untersuchung wurden Freunde und Bekannte von schüchternen Menschen befragt, ob sie die betroffenen Personen für selbstunsicher halten. In 85 Prozent wurden sie von ihrer Umgebung als nicht schüchtern eingestuft. (29)

Selbst wenn jemand unter den körperlichen Symptomen der Angst leidet, wie Erröten oder Schwitzen, ist es nicht für jedermann offensichtlich, dass Sie unsicher sind. Es ist erstaunlich, aber selbst wenn Sie sich einbilden, dass Sie zittern wie ein Taucher, der einen elektrischen Aal für seinen Schnorchel gehalten hat, nimmt es Ihre Umgebung nicht wahr.

Nun gibt es aber Menschen, die tatsächlich stark darunter leiden, dass sie rot werden. «Erythrophobie» lautet der Fachausdruck für diese Verfärbung der Haut. Einige Fakten zum Erröten:

%% Erröten ist Folge einer Aktivierung des sympathischen Nervensystems und kann nicht willkürlich unterdrückt werden.

%% Die Hauttemperatur erhöht sich um noch nicht mal ein Grad; der Betroffene nimmt es aber als schlimme Hitzewelle wahr.

%% Starkes Erröten kann vererbt werden.

%% Babys erröten nicht.

%% Frauen erröten mehr als Männer.

%% Jeder zweite Mensch wird rot – nicht nur die Schüchternen.

%% Auch Dunkelhäutige oder Indianer können rot anlaufen.

Wie gehe ich mit dem Erröten um? Hier einige Tipps:

%% Vielleicht sehen die anderen, dass Sie erröten. Während Sie aber denken, dass Ihr Gesicht dunkelputerrot bis schamviolett angelaufen ist, nimmt Ihr Gegenüber vielleicht nur ein verhaltenes Rosa wahr.

%% Die meisten Menschen nehmen das Erröten gar nicht wahr

oder denken nicht gleich, dass sich hinter Ihrer Gesichtsfarbe eine wie auch immer geartete Emotion verbirgt.

🖋 Es ist nicht immer schlimm, wenn jemand Ihre Empfindungen wahrnimmt. Männer sind sogar fasziniert und in gewisser Weise stolz, wenn eine Frau, die sie nett finden, errötet. Umgekehrt ist das ebenso möglich.

Grässlich hässlich

Ich halte mich für besonders hässlich, obwohl meine Freunde immer das Gegenteil behaupten. Ein dummer Spruch von mir ist, dass meine Eltern bei meiner Geburt das Baby weggeschmissen und stattdessen die Nachgeburt aufgezogen haben. Aber irgendwie weiß ich, dass ich da völlig übertreibe.

Was mir hilft, ist, wenn ich zum Beispiel in einem Café sitze und alle vorübergehenden Männer danach beurteile, ob sie besser aussehen als ich. Dann muss ich überraschend feststellen, dass die Mehrheit der Vorübergehenden irgendwie doch weniger gut aussieht als ich: Der eine ist dick, der andere so klein, dass er «der laufende Meter» genannt werden könnte, ein Dritter hat einen grauenhaften Schnurrbart und Flächenakne, der Nächste einen ausladenden Hintern, einer besitzt kaum noch Haare auf dem Kopf … Und dennoch glaube ich nicht, dass alle diese Menschen so wenig von ihrem Aussehen überzeugt sind wie ich.

Dennis E. (27), Fahrradkurier

Einige meiner Freunde, die wahrscheinlich auch als «unattraktiv» durchgehen könnten, dafür aber penetrant geschwätzig sind und dauernd einen dummen Spruch von sich geben, haben merkwürdigerweise selten Probleme mit Frauen.

Andreas J. (19), Schüler

Man sollte meinen, dass schüchterne Menschen einen triftigen Grund haben, warum sie sich im Hintergrund halten – nämlich weil sie klein, schmächtig, übergewichtig, hässlich oder intelligenzmäßig nicht gerade die Erfinder der tiefen Teller sind. Das Erstaunliche ist aber, dass diese Dinge scheinbar wenig miteinander zu tun haben. Es besteht nicht unbedingt ein Zusammenhang zwischen Hässlichkeit und Schüchternheit – so sind unglaublich schöne Menschen oft schüchtern und viele nicht so gut aussehende Menschen dagegen sehr gesellig und extrovertiert.

Zwar haben in der Liebe leider diejenigen am meisten Glück, die reich, schön und mächtig sind, wobei diese drei Attribute gegeneinander austauschbar sind. Man sagt, dass Erfolg sexy macht. Damit wird erklärt, dass manche hässlichen alten Männer oft eine junge, attraktive Frau abbekommen, weil sie reich und mächtig – oder aber charmant und humorvoll sind. Schüchterne Menschen sind das Gegenteil von Machtmenschen, und einer der Gründe, warum sie weniger Erfolg beim anderen Geschlecht haben, ist ihr mangelndes Selbstbewusstsein. Aber darauf führen sie ihr Versagen nicht zurück, sondern auf ihre vermeintliche Hässlichkeit.

Sven, ein durchaus nicht hässlicher junger Mann, der immer denkt, dass Liebe etwas für alle anderen ist, aber nicht für ihn, verliebt sich in eine gewisse Sandra, die auf seiner nach oben offenen Richter-Skala für Attraktivität eine 11 erhalten würde. Unbeholfen macht er sich an sie heran und bekommt eine Abfuhr. Er bestätigt sich seine Theorie, dass es mit ihm und den Frauen niemals klappen kann. Dabei übersieht er, dass eine gewisse Katharina, die immerhin eine 9 auf seiner Skala erreicht, sich für ihn interessiert.

Das unbewusste Gehirn von Sven denkt nämlich weiter: Was wäre, wenn tatsächlich ein gutaussehendes Mädchen wie Katharina auf mich eingehen würde? Würde ich ihren Ansprüchen genügen? Würde ich nicht binnen weniger Tage durch mein tollpatschiges Verhalten alles kaputt machen? Oder würde sie mich über kurz oder lang wieder verlassen, weil sie sich doch leicht einen besseren Kerl als mich angeln könnte? Diese Art von Enttäuschungsprophylaxe verhindert, dass sich Sven um Katharina bemüht, bei der er eine reelle Chance hätte. Indem er sich in eine Unerreichbare verliebt, wiegt ihn sein unbewusstes Gehirn in trügerischer Sicherheit: «Kein Wunder, dass ich bei einer so schönen Frau nicht lande.»

Schönheit ist ein außerordentlich relativer und dehnbarer Begriff. Schüchterne sind sich oft sehr unsicher, wo sie sich auf der Normalverteilungskurve der Attraktivität befinden. Besonders Jugendliche sind sich häufig völlig unschlüssig, ob sie nun wohlgestaltet oder reizlos aussehen. Hinter so manchem vermeintlich hässlichen Entlein verbirgt sich aber ein stolzer Schwan.

Gehören Sie auch zu den Menschen, die extrem unzufrieden mit ihrem Äußeren sind? Setzen Sie sich in eine U-Bahn oder einen Park und betrachten Sie alle Männer/Frauen, die Ihnen begegnen. Versuchen Sie, diese grob in Hinblick auf ihr Aussehen einzuschätzen. Verteilen Sie Schulnoten. Vielleicht stellen Sie nach einer Weile fest, dass eigentlich die meisten Passanten eine schlechtere Bewertung bekommen haben, als Sie sich vor dem Test selbst zugestanden haben. Bisher haben Sie sich vielleicht mit den George Clooneys oder den Scarlett Johanssons dieser Welt verglichen, aber nicht mit Bernd Brausepulver oder Brigitte Brammel von nebenan.

Was aber, wenn jemand objektiv hässlich und schüchtern ist? Gutes Aussehen ist für das Lebensglück ebenso entscheidend wie ein Tresorraum voller Taler – nämlich überhaupt nicht. Hässliche Menschen sind vielfach sehr beliebt, da sie versuchen, die Anerkennung der Menschen durch andere Qualitäten wie Freundlichkeit, Hilfsbereitschaft oder Humor zu erringen. Es gibt Menschen, die wirklich unterdurchschnittlich gut aussehen, stark übergewichtig sind, die schiefe Zähne, eine Skoliose, schütteres Haar oder ein körperliches Gebrechen haben. Diese Menschen sind aber oft überhaupt nicht selbstunsicher, sondern sozial sehr kompetent. Sie haben schon früh gelernt, dass sie zwar mit ihrem Aussehen nicht punkten können, aber ihr Manko durch andere positive Eigenschaften ausgleichen können. So sind unattraktive Menschen oft sehr rücksichtsvoll und jovial. Sie haben im Lauf ihres Lebens herausgefunden: Abstoßend auszusehen und gleichzeitig arrogant zu sein ist nicht gerade die erfolgreichste Strategie, um durch das Leben zu kommen.

Hässlichkeit ist nicht etwas, was man ändern kann, aber die Schüchternheit! Denken Sie an Rolling-Stones-Stars wie Mick Jagger oder Keith Richards, die auch nicht zwingend attraktiv aussehen und dennoch nie Schwierigkeiten mit dem anderen Geschlecht hatten.

Sie fühlen sich zu klein? Ist Ihnen schon einmal aufgefallen, wie viele prominente Stars den Olymp erklommen haben, die auffallend kurz geraten sind? Denken Sie an Madonna (1,55 Meter), Tom Cruise (1,70 Meter), Brigitte Bardot (1,60 Meter) oder Dustin Hoffman (1,65 Meter). Im Kino oder Fernsehen erkennt man meist nicht ihre Körpergröße – die überschaut man erst, wenn man die betreffenden Personen live sieht oder wenn sie bei *Wetten, dass ...?* neben Thomas Gottschalk stehen. Kleine Menschen haben den Vorteil, dass bei Männern die Muskeln und bei Frauen die weiblichen Formen wegen der Proportionen besser aussehen. Der Schauspieler Sylvester Stallone, der auf die Darstellung von Boxern abonniert ist, schafft es trotz seiner Körpergröße von etwa 1,60 Meter wie ein Scheinriese zu wirken.

Denise sieht aus wie ein Fotomodell. Die Romanistikstudentin hat ein ebenmäßig geformtes Gesicht, ein Erbe ihrer italienischen Mutter, intelligente, mandelförmige Augen, einen olivenfarbenen Teint, schwarze Haare und eine weibliche Figur, die die Männerwelt zu ungeahnten Phantasien anregt.

Ihre astrale Schönheit hat einen merkwürdigen Effekt auf männliche Wesen: Ihr wunderschönes Gesicht, ihr perfekter Körper und ihre makellose Erscheinung paralysieren das andere Geschlecht.

Selbst erfolgsgewohnte Womanizer fühlen sich in ihrer Gegenwart gehemmt, und durchschnittliche Männer rechnen sich eine ziemlich sichere Chance aus, bei ihr eine Abfuhr zu erhalten. Denise hat eine Ausstrahlung, die bedeuten soll: «Du brauchst es gar nicht zu wagen, mich anzuquatschen, das haben schon ganz andere versucht.» Jeden Versuch, sie anzulächeln, erwidert sie mit der Abwendung des Blicks, der einen Anflug von Genervtheit hat. Auf eine Einladung zum Cappuccino-Trinken reagiert sie mit Ausflüchten. Eine Aufforderung zum Tanzen quittiert sie mit eisiger Ablehnung. Ihre Telefonnummer rückt sie nie heraus. Sie vermittelt, dass sie keinerlei Bedürfnis hat, jemanden kennenzulernen, offensichtlich, weil es da schon einen Glücklichen gibt.

Die Wahrheit ist: Es gibt niemanden, mit dem Denise reden, spazieren gehen oder kuscheln kann. Sie ist so schüchtern, dass sie übergroße Angst hat, Männer näher an sich herankommen zu lassen. Will sie jemand in ein Gespräch verwickeln, befürchtet sie, er könnte sie für dumm oder uninteressant halten. Will sich ein junger Mann mit ihr verabreden, bangt sie, sich ungeschickt, peinlich oder unreif aufzuführen. Mit den Männern, die es wagen, auf sie zuzugehen, will sie nichts zu tun haben, denn nur unsensible Vollmachos lassen sich nicht an ihrer elektronisch gesicherten Schranke abweisen.

Schönheit schützt nicht vor Schüchternheit.

Kartoffelsack

«Schatz, fällt dir an mir was auf?» – «Nein, was denn?» – «Ich habe schon die ganze Zeit eine Gasmaske auf.» Dieser Witz soll demonstrieren, wie wenig wir auf unsere Mitmenschen achten.

Als Student trug ich eine Zeitlang einen langen Rauschebart – der damaligen Sitte in Hochschulkreisen entsprechend. Eines Tages beschloss ich, dass der Bart ab muss. Neugierig und ein wenig ängstlich war ich, als ich meine Freunde aufsuchte – was würden sie sagen? Dass ich viel besser und jünger aussehe? Oder dass ich jetzt ausschaue wie ein Softie, ja wie ein bartloser Bubi, der seine Milchschnitte noch nicht gegessen hat, und dass es ein großer Fehler gewesen sei, die Manneswürde radikal zu entfernen? Ihre Reaktion war erstaunlich: Keiner merkte eine Veränderung. Ich stellte einen meiner Freunde zur Rede: «Burkhart, noch nicht einmal dir ist aufgefallen, dass ich komplett anders aussehe! Mein Bart ist ab!» Burkhart antwortete: «Ach, tatsächlich! Aber übrigens: Meiner ist ebenfalls ab.» Da fiel es mir auf: Auch der Freund hatte sich am gleichen Tag wie ich glattrasiert, und ich hatte es gleichfalls nicht bemerkt. Obwohl wir uns beide, wenn wir in einen Spiegel sahen, selbst nicht wiedererkannten, nahmen andere Menschen diese Veränderung kaum wahr.

Menschen achten wenig auf Äußerlichkeiten wie Bärte und Kleidung. Machen Sie sich deshalb nicht so viele Gedanken, ob Sie das Richtige angezogen haben – es nimmt ohnehin kaum einer wahr. Denken Sie an einen guten Freund, den Sie gestern gesehen haben – was hatte er angehabt? Sie wissen es nicht?

Eine hübsche Frau kann einen Kartoffelsack tragen, und die teuersten Designeroutfits machen eine unattraktive Frau nicht schöner. Es ist eine Illusion, dass man mit sorgfältiger Auswahl der Kleidung oder einer exquisiten Frisur das Bild, das Mitmenschen von uns haben, grundlegend ändern kann. Probieren Sie es einmal aus: Ziehen Sie unmögliche Outfits an. Eine Hose mit Hosenträgern, eine Jacke aus den sechziger Jahren, einen verfilzten Strickpulli – Sie werden die merkwürdige Beobachtung machen, dass sich überhaupt keiner darüber mokiert, vielleicht überhaupt niemand von Ihnen diesbezüglich Notiz nimmt.

Man hat nie eine zweite Chance, einen guten ersten Eindruck zu machen

Ich lächle nie, denn ich habe irgendwie das Gefühl, dass ich debil oder bescheuert aussehe, wenn ich grinse.

Arnold G. (29), Taxifahrer

Die ersten eineinhalb Minuten bei einer Begegnung sind die wichtigsten. In dieser Zeit entscheiden wir, ob wir jemanden für sympathisch und vertrauenswürdig halten oder uninteressant und inkompetent finden. Das wissen Personalchefs, die nach exakt dieser Zeit ein Gefühl dafür haben, ob sie einen neuen Mitarbeiter einstellen wollen oder nicht. Dieser Eindruck wird dann nach langwierigen Bewerbungsgesprächen und ausführlichem Studium der Unterlagen und Zeugnisse nur noch unwesentlich korrigiert. Daher ist ein wunderbares Lächeln in diesen Minuten oft entscheidend. Im Jahre 1872 berichtete der britische Forscher Charles Darwin, dass Gesichtsausdrücke auf der ganzen Welt gleich aussehen. Wenn wir wütend blicken oder freundlich lächeln, wird das von Eskimos, Feuerländern, Indianern und Südniedersachsen in identischer Weise interpretiert. Und dennoch gibt es kleine Unterschiede – zum Beispiel ist Deutschland das Land des seltenen Lächelns.

In Kalifornien kann es Ihnen passieren, dass Sie auf der Straße einfach von wildfremden Menschen angelächelt werden. Ein deutscher Tourist vermutet dann entweder, dass der oder die andere spontan von seinem Aussehen begeistert ist und eine Beziehung anfangen will – oder aber, dass der penetrante Grinser einem etwas verkaufen will. Deutsche Psychiater würden mit Sicherheit annehmen, dass dieser grundlos heitere Mensch an einer hebephrenen Schizophrenie leidet.

Nichts von alledem ist der Grund. Vielleicht liegt es an der vielen Sonne, aber dort in Kalifornien ist es einfach üblich, fröhlich lachend über die Straße zu gehen, nur aus Jux und ohne Absicht. In einem Supermarkt in Los Angeles werden Sie lächelnd gefragt, wie es Ihnen geht und wie Ihr bisheriger Tag verlaufen ist. Eine Polizistin lächelt den Stadtstreicher auf der Straße an, und Schwarze lächeln Weiße an. Ein kalifornischer Kellner, der zudem aussieht wie ein surfender Beach Boy, nennt ungefragt seinen Vornamen (meistens Joe), erscheint alle fünf Minuten und fragt, ob bei Ihnen alles in Ordnung sei. Bereitwillig und in Rekordzeit bekommen Sie all Ihre Wünsche mit einem strahlenden Lächeln erfüllt. Dahinter steckt zwar hintergründig das Streben nach einem astronomischen Trinkgeld. Aber dennoch genießt man als Kunde den überaus freundlichen Umgang des dienstleistenden Gewerbes. Nach gewisser Zeit gewöhnt man sich daran und nimmt es als selbstverständlich hin. Kommt man danach wieder nach Europa, ist man entsetzt, wie nachlässig, ruppig oder herzlos die Leute hier im täglichen Leben miteinander umgehen.

Auch hier bekommen Menschen im Dienstleistungsgewerbe mittlerweile beigebracht, dass der Kunde König ist. Aber wenn eine junge Dame an der Hotelrezeption hierzulande sagt: «Mein Name ist Sandra Oberberger, was kann ich für Sie tun?», wirkt es aufgesetzt, und das Lächeln dazu erscheint künstlich. Gleich wird Sandra mit demselben Ziegenlächeln Ihre Kreditkarte verlangen, für den Fall, dass Sie am nächsten Tag abhauen, ohne die Drinks aus der Minibar zu bezahlen.

Sie sollten diese Sitte des Lächelns von unseren amerikanischen Freunden übernehmen. Der Trick dabei ist, dass Lachen ansteckend wirkt. Es gibt im Gehirn sogenannte Spiegelneuronen, die durch Beobachten oder Hören anderer Menschen aktiviert werden, wie in Untersuchungen mit der Kernspintomographie gezeigt wurde. Wenn Sie allein das glucksende Geräusch eines Lachens hören, werden bei Ihnen diese Spiegelneuronen aktiviert, und das führt wiederum dazu, dass die für Gelächter zuständigen Gesichtsmuskeln schon mal auf das Mitlachen vorbereitet werden. (30) Das heißt im Prinzip: Wenn Sie jemanden anlächeln, bleibt ihm kaum etwas anderes übrig, als zurückzulächeln. (Von dieser Regel gibt es sicher Ausnahmen.) Versuchen Sie Folgendes:

- Setzen Sie Ihr breitkiefrigstes Lächeln auf, sooft Sie können!
- Schüchterne denken, sie würden so ausgedehnt grinsen, dass sie eine Banane quer essen könnten. In Wirklichkeit passt nur ein Cornichon durch.
- Lächeln Sie eine gestresste Verkäuferin im Supermarkt an, deren heruntergezogene Mundwinkel förmlich nach Aufmunterung schreien.
- Schmunzeln Sie wie ein Delphin, wenn der Busfahrer mal wieder sein «Wer stört?»-Gesicht beim Einsteigen eines neuen Fahrgastes aufgesetzt hat.
- Gehen Sie mit einem Dauergrienen durch die Fußgängerzone einer fremden Stadt. Lächeln Sie penetrant alle Entgegenkommenden an – den Rosenverkäufer, die Dame im Jägerkostüm, die tätowierten Jugendlichen mit Migrationshintergrund, die Rentnerin, das junge Mädchen, den albanischen Bettler und den Herrn im Businessanzug.

Aber achten Sie darauf, dass Sie es bei Personen des anderen Geschlechts nicht übertreiben – Sie könnten für einen Lustmolch oder Stalker gehalten werden. Einige wenige der Angegrinsten werden sich angewidert ob solch ekelhafter Fröhlichkeit abwenden, und viele werden Sie unbeteiligt ansehen wie ein Graubrot. Aber Sie werden sich wundern, wie viele Menschen Ihr Lächeln erwidern werden. Ein wunderschöner Tag ist Ihnen garantiert.

Nur mit Sicherheitsgurt

Wenn jemand ständig fürchtet, sich zu blamieren, legt er sich mit der Zeit ein «Sicherheitsverhalten» zu. Ein junger Mann geht nie ohne dunkle Sonnenbrille los, weil er Angst hat, andere könnten seinen unsicheren Blick wahrnehmen. Eine Frau, die große Furcht vor dem Telefonieren hat, legt sich ein einsilbiges Vokabular zu, um das Risiko zu vermindern, dass sie sich versprechen oder etwas Falsches sagen könnte. Ein Mann fängt während einer Unterhaltung an, umständlich seine Brille zu putzen, damit er seinem Gegenüber nicht in die Augen schauen muss. Eine Frau, die Angst hat zu erröten, hält den Kopf gesenkt und lässt ihr langes Haar ins Gesicht fallen. Ein Mann, der befürchtet, dass er bei einer Unterredung mit fremden Personen zittern könnte, sucht sich eine Wand, an die er sich anlehnen kann. Ein Verkäufer, der sich vor einem Kundengespräch fürchtet, übt vor dem Spiegel jeden einzelnen Satz und jede einzelne mögliche Entgegnung seines Gesprächspartners. Ein Mann, der bei einer Party fürchtet, sein Glas umzukippen, hält es mit beiden Händen fest, anstatt sich zu sagen: «Erwachsene kippen normalerweise ihre Drinks nicht um, und wenn, machen sie nicht viel Aufhebens davon.» Tritt das gefürchtete Ereignis nicht ein, führt ein Sozialphobiker das Nichteintreten auf sein Sicherheitsverhalten zurück – und sein Gehirn lernt, dass er die Technik auch beim nächsten Mal anwenden sollte. Dieses System schaukelt sich immer weiter auf, bis er das Glas so fest hält, dass es zerbricht.

Auch private Modenschauen und ausufernde Gesichtsbemalungen im Vorfeld eines sozialen Ereignisses sind nicht selten Ausdruck eines Sicherheitsverhaltens. Eine junge Frau, die ihrem Freund vor einer Party zunächst unzählige Kleider in wechselnden Kombinationen vorführt und sich dann für zwei Stunden in die Maske begibt, um sich zu frisieren und pfannkuchendick zu schminken, geht davon aus, dass ihre natürliche Schönheit nicht ausreicht, um die anderen Gäste zu beeindrucken.

Wenn Sie bei sich ein solches Sicherheitsverhalten in Form von unnötigen Handlungen entdecken, die Sie im Falle eines Falles vor einer Blamage retten sollen, sollten Sie konsequent versuchen, ohne diese Vorsichtsmaßnahmen auszukommen.

Das KISS-Prinzip

Bei einer Familienfeier musste ich vor meinen Verwandten eine Rede halten. Mein Gesicht lief rot an. Ich zitterte, meine Stimme krächzte und ich sprach viel zu leise. Wahrscheinlich haben die meisten nicht verstanden, was ich sagte.

Stefan S. (40), Fliesenleger

Schüchterne Menschen sehen sich immer im Leistungswettbewerb. Nicht nur bei der Arbeit wollen sie Angestellter des Monats werden, selbst in der Freizeit stehen sie unter Konkurrenzdruck – sie wollen der Wagemutigste auf dem Mountainbike, der Coolste im Poker oder der Beste im Bogenschießen im Ferienclub sein. Leistungsstreben ist aber etwas Natürliches. Es wäre schade, wenn Sie Ihr mangelndes Selbstbewusstsein nicht durch eine besondere Leistung auf einem Gebiet überwinden könnten.

Schüchterne Menschen vermuten oft, dass ihr Verhalten und ihre Außendarstellung nicht ihr wirkliches Selbst reflektieren. Sie denken, dass die anderen in ihnen nur den schüchternen Reporter Peter Parker oder den tollpatschigen Clark Kent sehen, während ihre wahre Identität Spider- oder Superman ist.

Wenn man den Beruf des Schauspielers ergreift, lernt man, die Außendarstellung und die Vorgänge im Inneren komplett voneinander zu trennen. Das erklärt, warum Schüchterne, die sich selbst geheilt haben, oft gute Schauspieler werden. Diese Tatsache sollte man ausnutzen, wenn man Gehemmtheit und mangelndes Selbstbewusstsein bekämpfen will.

In Ihrem Gehirn arbeiten zwei Kräfte gegeneinander: Das Teufelchen will Ihnen einreden, dass Sie sich in der Ecke verkrümeln sollen, und das Engelchen will Sie überzeugen, dass aus Ihnen etwas ganz Großes wird. Versuchen Sie, dem Teufel ein Schnippchen zu schlagen, indem Sie sich beweisen, dass Sie nicht nur genauso gut sind wie die anderen, sondern besser. Dabei ist die wirkungs-vollste Strategie, die Flucht nach vorn anzutreten. Man sollte das Publikum regelrecht um sich scharen, anstatt jede Ansammlung von mehr als drei Personen zu vermeiden.

Wenden Sie sich den schönen Künsten zu. Entwickeln Sie eine Fähigkeit, bei der Sie öffentlichen Beifall erhalten. Man kann Schüchternheit kaum auf bessere Weise überwinden, als wenn man gelungene Bühnenauftritte hinlegt. Versuchen Sie, Ihr Leistungs-streben auf eine Sache zu konzentrieren:

W Werden Sie ein Hobbymagier, der Kinder mit Zauberkunst-stücken erfreut.

W Halten Sie Vorträge in der Volkshochschule über japanische Ziergärten.

W Spielen Sie Saxophon in einer Jazzband.

W Engagieren Sie sich politisch in Umweltfragen.

W Tragen Sie auf Partys witzige Gedichte vor.

Eines Tages, es war in Mönchengladbach, sollte ich einen Vortrag über Ängste halten. Ich hatte eine wunderbare Powerpoint-Präsen-tation vorbereitet. Als ich in dem Hotel ankam, fragte ich: «Wo ist der Beamer?» – «Welcher Beamer?» – «Ja, wie soll ich denn mit meinem Laptop eine Präsentation machen?» – «Haben Sie keine Dias?» Bis dahin hatte ich mich immer doppelt abgesichert: Laptop, aber auch konventionelle Dias. Es war die Zeit, in der noch nicht in jedem Vor-tragssaal ein Beamer stand. An diesem Tag hatte ich zum ersten Mal gemeint, auf diese Sicherung verzichten zu können. Jetzt hatte ich gar nichts: keinen Beamer, keine Dias. Der Super-GAU! Mir wurde schlecht. Was tun? Den Vortrag absagen? Es war für mich unvor-stellbar, ohne meine geliebten bunten und bebilderten Folien vor-zutragen, da ich dachte, der Reiz meiner Vorträge bestünde nur in der Qualität meiner Texte und Bilder. Ich entschied mich dann aber, den Vortrag frei zu halten. Da ich wusste, dass es didaktisch pro-blematisch ist, die Zuschauer ohne Textfolien zu fesseln, gab ich mir

jede erdenkliche Mühe, das Publikum anderweitig zu unterhalten –
ich versuchte, möglichst viele plastische Beispiele zu geben und die
medizinischen Symptome, über die der Vortrag ging, wie ein Schauspieler vorzuführen. Die Zuhörer waren am Ende zufriedener als
bei meinen anderen Vorträgen – vielleicht, weil man mir anmerkte,
dass ich emotional bei der Sache war. Und seit diesem Tag fahre ich
viel entspannter zu Kongressen, ohne die Angst, dass die Technik
versagen könnte, weil ich weiß, dass ich auch ohne Sicherheitsgurt
und Airbags auskommen könnte.

Sozial gehemmte Menschen können sich oft durchs Leben hangeln, ohne mit ihren Defiziten konfrontiert zu werden. Allerdings
taucht manchmal eine Situation auf, in der sie sich unausweichlich
vor anderen Leuten profilieren müssen. Viele Menschen, die unter
Schüchternheit leiden, sehen sich dann vor die Aufgabe gestellt,
Vorträge oder Referate halten zu müssen. Sei es im Seminar an der
Universität, bei der Vorstellung einer neuen Unternehmensstrate-
gie, bei einer Fallpräsentation in einer Klinik. Eine Bankkauffrau
muss vor ihren Kollegen ein neues Produkt erklären, das den Ver-
dienst des Geldinstituts weiter optimieren soll – und macht sich
tagelang davor Gedanken, ob sie diesen Vortrag überleben wird.
Ein Vertreter ist übernervös, weil er vor zehn besserwisserischen
Ärzten die Vorzüge eines neuen Medikaments preisen muss. Ein
Lehrer, der schon viele Jahre an der Schule unterrichtet, hat jeden
Morgen Angst, sich vor seinen Schülern eine Blöße zu geben oder
sich lächerlich zu machen.

Den meisten Menschen fällt es schwer, öffentlich zu reden. Man
kann niemanden allein deswegen als sozialphobisch bezeichnen,
weil er nicht vor dreihundert Personen eine bedeutungsvolle Rede
halten kann. Auch Menschen, die sich nicht trauen, einen Witz zu
erzählen, weil sie sich den Ablauf nicht merken können oder Angst
haben, die Pointe zu verpassen, erfüllen deswegen noch nicht die
Kriterien. Aber bei Schüchternen reicht es schon, wenn sie vor vier,

fünf Mitarbeitern ihrer Firma, also Leuten, die sie gut kennen und mit denen sie jeden Tag zusammenarbeiten, eine Mitteilung machen müssen. Mit leiser und bebender Stimme reden sie stockend und zusammenhanglos, aus Angst, die anderen könnten nicht in Ordnung finden, was sie sagen.

Selbstunsichere Menschen gehen mit völlig überzogenen Befürchtungen an den Vortrag heran: «Wenn ich nur ein Wort falsch ausspreche, wird der Veranstalter meinen Vortrag sofort abbrechen.» Oder: «Ich werde dastehen, meine Kehle wie zugeschnürt, mein Mund trocken. Ich werde noch nicht mal ein Krächzen herausbringen, und alle werden mich auslachen.» Schüchterne versuchen oft, diese öffentlichen Tätigkeiten auf andere abzuwälzen. Wenn sie damit nicht durchkommen, quälen sie sich wochenlang mit der Angst, im Vortrag wichtige Dinge zu vergessen, plötzlich unvermutet Blödsinn zu reden, verspottet zu werden, hochnotpeinliche Fragen von den Zuschauern gestellt zu bekommen, die sie nicht beantworten können, oder mit feindseliger Kritik überschüttet zu werden.

Ein Vortragender könnte ja Opfer seiner «selbsterfüllenden Prophezeiung» werden. Wenn man befürchtet, dass man in einem Vortrag die Hälfte des Textes weglässt, zu schnell und undeutlich redet oder die Stimme ganz versagt, dann könnte das ja tatsächlich eintreten. Am Ende gibt man kein gutes Bild ab, sodass das negative Selbstbild nicht auf einer verzerrten Wahrnehmung, sondern auf einer tatsächlichen Unfähigkeit beruht.

Wie ein Versuch zeigte, trifft das aber in der Regel nicht zu: In diesem Experiment mussten Sozialphobiker und Normalpersonen vor anderen einen Vortrag halten. Danach sollten sich alle Redner selbst beurteilen. Sie wurden aber auch von den Zuhörern nach Kriterien wie «erschien selbstbewusst» oder «zittrige Stimme» beurteilt. Es ergab sich eine große Diskrepanz: Das Publikum schätzte die Leistung der sozialphobischen Redner als völlig normal ein, während diese sich selbst als ziemlich schlecht beurteilten. (31)

Man kann als schüchterner Mensch sogar einen besseren Vortrag halten, weil ja die Angst vor dem Versagen einen dazu antreibt, die Rede bestens vorzubereiten und einzuüben, während selbstbewusste Redner oft denken, sie könnten trotz schlampiger Ausarbeitung und langweiliger Darstellung gut ankommen.

Folgende allgemeine Tipps können helfen, wenn Sie Ihren Vortrag verbessern wollen:

※ Niemals einen Vortrag von einem Blatt ablesen! Die freie Rede kommt viel besser an. Damit Sie Ihren Text nicht vergessen, haben Sie auf Ihren Folien vier bis sechs Stichworte vermerkt, an denen Sie sich entlanghangeln. Sie können sich zur Sicherheit auch das Manuskript in die Tasche stecken, aber ziehen Sie es bitte nicht heraus.

※ Sie können ruhig Ihre Folien vorlesen. Kein Mensch kann gleichzeitig den Text auf den Folien lesen und Ihnen zuhören, während Sie gerade über etwas völlig anderes sprechen.

※ Beginnen Sie mit einer klaren Gliederung und enden Sie mit einer Zusammenfassung, gehen Sie also folgendermaßen vor: Sagen Sie erstens, was Sie sagen wollen, zweitens sagen Sie es auch, und drittens sagen Sie, was Sie gesagt haben.

※ Überfrachten Sie Ihre Folien nicht. Verkürzen Sie den Text auf das Wesentliche. Zeigen Sie nur das, was Sie auch wirklich besprechen wollen.

※ Beachten Sie das KISS-Prinzip («Keep it simple and stupid»), das heißt, dass man die Zuschauer nicht überfordern sollte. Eine Untersuchung hat ergeben, dass sich Zuhörer in der Regel nur drei wesentliche Punkte eines Vortrages merken können, und nur sechzig Prozent wissen unmittelbar nach einem Vortrag noch seinen Titel.

※ Reden Sie über alles, aber nicht über zwanzig Minuten. Danach bricht die Aufmerksamkeit Ihrer hartnäckigsten Fans zusammen. Ist der Vortrag länger, machen Sie zwischendrin eine Pause, in der Sie Fragen der Zuschauer erlauben oder einen Stepptanz vorführen.

- Die Langeweile ist der schlimmste Feind des Vortragenden. Machen Sie den Vortrag lebendig, witzig und unterhaltsam.
- Zappeln Sie nicht herum, sondern bleiben Sie an einer Stelle stehen.
- Eine wunderbare Art, die Zuschauer nervös zu machen, besteht darin, mit dem Laserpointer das Zittern der eigenen Hand optisch vergrößert auf die Leinwand zu übertragen.
- Egal, welches Thema Sie vortragen: Versuchen Sie Bilder von folgenden Themen unterzubringen: 1. Tiere, 2. Verbrechen, 3. Musik und 4. Sport. Dies dient dazu, die 75 Prozent der Zuhörer bei Laune zu halten, die sich eigentlich gar nicht für das Thema Ihres Vortrages interessieren.
- Selbst wenn Sie nicht monoton reden, sondern mit neutraler Stimme, werden ein bis zwei Leute einschlafen. Nehmen Sie es nicht persönlich.
- Bringen Sie alle Ihre Emotionen in den Vortrag mit ein. Erzählen Sie lustige, traurige oder interessante Geschichten, um trockene Sachverhalte zu illustrieren.
- Bei wissenschaftlichen Vorträgen gilt: Ein Drittel sollte für jeden verständlich sein, ein Drittel nur für die Fachleute, und ein Drittel wiederum sollte völlig unverständlich sein. Nur so werden Sie ernst genommen.
- Überraschen Sie die Zuhörer mit verblüffenden Erkenntnissen, also Sachverhalten, die sie bisher noch nicht wussten oder ganz anders gesehen hatten.
- Enden Sie mit einer «Take-Home-Message» – fassen Sie das Wesentliche in zwei bis drei markanten Sätzen zusammen.
- Ganz zum Schluss erfreuen Sie die Zuhörer noch mit einem Gag. Es hört sich für Sie am besten an, wenn die Leute gleichzeitig klatschen und lachen.

Menschen mit einer Sozialphobie können die besten Redner werden, denn das Publikum will Emotionen sehen – und das können schüchterne Menschen besser als die anderen, für die das Halten einer Rede so aufregend ist wie das Verspeisen einer Currywurst. Der erhöhte Herzschlag, den jemand mit einem leicht angestiegenen Angstniveau hat, überträgt sich auf das Publikum.

Wenn die Blätter wieder grün sind ...

Herbert L. studierte Medizin. In den Semesterferien verdiente er sich etwas Geld als Aushilfe in der Anmeldung einer Klinik. Im zwölften Semester wollte er sich zum Staatsexamen einschreiben, doch der Termin verstrich. Seine Kommilitonen fragten ihn, warum er sich nicht zur Prüfung angemeldet habe. Er fühle sich noch nicht fit genug, sagte er. Als er auch im nächsten Semester nicht antrat, fragten sie ihn wieder – er sei doch einer der fleißigsten Studenten gewesen und habe immer alles gewusst, warum er es sich diesmal noch immer nicht zutraue, sich prüfen zu lassen. Beim dritten Mal fragten sie nicht mehr. Was sie nicht wussten: Herbert L. hat eine ihm selbst unerklärliche Angst vor mündlichen Prüfungen. Obwohl er sein Wissen realistisch als überdurchschnittlich gut einschätzte, hatte er eine fatale Angst, in der Prüfungssituation völlig zu versagen. Herbert L. arbeitet noch heute, vierzehn Jahre später, als unterbezahlter Angestellter in der Anmeldung jener Klinik und sieht jeden Tag, wie seine Kollegen in weißen Kitteln auf die Stationen gehen.

Schüchterne Menschen sind oft ehrgeizig und leistungsorientiert. Sie wollen sich beweisen, dass sie nicht so schlecht sind, wie sie sich selbst einschätzen. Kein Wunder, dass sie eine gewaltige und oft völlig irreale Angst vor Prüfungen haben – sei es vor dem Mathetest in der Schule, der Führerscheinprüfung, der mündlichen Prüfung im Abitur, dem medizinischen Staatsexamen oder der Prüfung für das «Kleine Hufeisen».

Die Symptome, die einen Menschen mit einer Prüfungsangst befallen, unterscheiden sich kaum von denen eines Soldaten, der mit einem Fallschirm über einem Kriegsgebiet abspringt. Sie zittern am ganzen Körper, haben einen trockenen Mund, Herzklopfen bis zum Hals und ein Würgegefühl, während sie vor dem Prüfungsraum warten, und alle fünf Minuten müssen sie auf die Toilette.

Und bis dahin haben sie schreckliche Wochen hinter sich. Sie haben nachts nicht geschlafen, sodass sie den folgenden Tag wie gerädert am Schreibtisch verbrachten. Sie haben sich immer wieder die Situation vorgestellt, wie sie käseweiß vor dem Prüfer sitzen und keinen Ton herausbringen. Sie haben versucht, ihrer Angst zu entgehen, indem sie unmenschliche Anstrengungen unternahmen, sich doppelt und dreifach auf den Prüfungsstoff vorzubereiten, um sich ja keine Blöße zu geben. Sie haben ihr gesamtes Freizeitverhalten eingestellt – kein Kino, kein Sport, kein Bierchen, kein Treffen mit der Freundin. Oder sie haben angstvoll die Seiten des Lehrbuchs angestarrt, bis die Seiten verschwammen. Sie haben das Gefühl, dass nichts von dem Gelesenen hängenbleibt. Die Gedanken kreisen zu den vermeintlich schrecklichen Folgen der nicht bestandenen Prüfung; eine Konzentration auf den Stoff scheint in weite Ferne gerückt.

Sie malen sich Horrorszenarien aus, wie die Prüfung verläuft. «Ich sitze da, bringe kein Wort heraus und kann noch nicht mal das banalste Anfängerwissen wiedergeben. Die Prüfer machen mich mit sarkastischen Bemerkungen fertig wie den miesesten Sänger in einem Talentwettbewerb. Ich falle mit Pauken und Trompeten durch. Meine Eltern streichen mir die Unterstützung, meine Freundin will mit einem Loser wie mir nichts mehr zu tun haben, und alle anderen Studenten lachen mich aus, wenn sie mich irgendwo sehen. Ein zweites Mal zu der Prüfung anzutreten ist aussichtslos, denn dann wird die Angst noch viel größer sein.» Und manchmal ziehen sie, nachdem sie sich mit extremem Fleiß wochenlang auf ein Examen vorbereitet haben, in letzter Minute die Notbremse und melden sich wieder ab.

«Schauen Sie sich die Bäume da draußen an», sagte der Professor zum Prüfling. «Was sehen Sie?» – «Sie haben keine Blätter», entgegnet zitternd der Prüfling. «Das ist richtig», fährt der Prüfer fort, «wenn diese Bäume wieder grün sind, kommen Sie wieder zur Prüfung.»

Man sollte meinen, dass vor allem Menschen Prüfungsangst haben, die solche traumatischen Examenserlebnisse hinter sich haben. Aber das ist nicht der Fall. Oft sind es diejenigen Kandidaten, bei denen es nach bisherigen Erfahrungen eigentlich nur die Frage ist, ob sie eine Eins oder eine Zwei erhalten, die vor der Prüfung eine Angst haben, als ob davon abhängt, ob sie die nächsten Jahre Zwangsarbeit im Steinbruch ableisten müssen.

Bei Studenten hat man festgestellt, dass die Angst umso größer war, je weniger Prüfungen sie absolviert hatten. Am häufigsten melden sich in unserer Angstambulanz Jurastudenten, die während ihres ganzen Examens keine Zwischenprüfung haben und so vor dem Schlussexamen eine riesige Angst aufbauen, während die Medizinstudenten, die man ständig mit Examina zwiebelt, deutlich seltener eine übertriebene Angst vor Prüfungen haben.

Statistisch gesehen, haben Menschen mit einer Sozialen Phobie durchschnittlich schlechtere Abschlüsse und verdienen dementsprechend weniger als vergleichbare Zeitgenossen. (32) Die Wahrscheinlichkeit, einen College-Abschluss zu erreichen, ist im Durchschnitt um zehn Prozent vermindert, wie eine Studie in den USA ergab. (33)

Die Prüfungsangst bei sozial ängstlichen Menschen hängt damit zusammen, dass das Gehirn bei ihnen frühere Erfolge und Misserfolge nicht in der gleichen Weise speichert, wie dies bei selbstsicheren Menschen der Fall ist. Menschen mit einer Sozialen Phobie führen frühere Misserfolge eher auf *innere* anstatt auf *äußere* Gründe zurück. Ein Beispiel: Hat ein Schüchterner in einer Prüfung eine schlechte Zensur erhalten, führt er dies auf seinen mangelnden Fleiß und Wissen (innerer Grund), nicht aber auf zu schwierige Fragen des Prüfers (äußerer Grund) zurück. Außerdem begründet er

Fehlschläge mit *dauerhaften* statt mit *vorübergehenden* Ursachen. Er mutmaßt also: «Ich bin durch das Studium schlichtweg intellektuell überfordert», anstatt sich zu sagen: «Ich hatte einen schlechten Tag.» Schließlich vermutet er nicht *spezielle* Gründe («Das war nicht gerade mein Lieblingsfach»), sondern *globale* Gründe für sein Versagen («Ich werde auch alle anderen Prüfungen verhauen»). Wenn derselbe Mensch jetzt aber einen Test mit Bravour besteht, führt er dies auf *äußere, vorübergehende* und *spezifische* Gründe zurück: «Ich hatte diesen Prüfer, der allgemein als Weihnachtsmann gilt; ich hatte Glück, dass zufällig das drankam, was ich gelernt hatte; und mir sind alle die Dinge eingefallen, die ich mir sonst nicht merken konnte.» Wenn ein selbstunsicherer Mensch in einer Prüfung unverdientes Glück hatte, fühlt er sich, als ob er eine Bank überfallen hat und ungeschoren davongekommen ist.

Die folgende Checkliste für Prüfungsvorbereitungen soll Ihnen helfen, sich besser auf die Prüfung vorzubereiten.

Tipps für die Vorbereitungsphase:

🕭 Angst macht oft der unermesslich umfangreich erscheinende Lehrstoff. Man ist sich unsicher: Was muss ich unbedingt wissen, welche Details brauche ich nicht zu lernen? Sie sollten versuchen, den Umfang des Fachwissens auf die wirklich wichtigen Elemente einzugrenzen. Sprechen Sie mit anderen, die bereits die Prüfung absolviert haben, um herauszufinden, wie hoch die Latte angelegt wird.

🕭 Wenn möglich, sollten Sie in einer Gruppe lernen. Dadurch hat man einen besseren Überblick, welcher Stoff wichtig ist und welche Kapitel man weglassen könnte. Gemeinschaftliches Lernen macht außerdem mehr Spaß und baut Stress ab.

🕭 In der Gruppe sollten Sie Prüfungssituationen simulieren, wobei einer den Prüfling, der andere einen strengen und gemeinen Prüfer mimt.

🕭 Schüchterne neigen dazu, ihre eigene Leistung grotesk unterzubewerten. Stellen Sie sich nicht die absolute Katastrophe vor, sondern überlegen Sie, was ein realistisches Ergebnis der Prüfung wäre.

✗ Wenn Sie eine Lernblockade haben, also mit einer Panikattacke über dem Lehrbuch sitzen und denken, dass die Angst Sie so überwältigt, dass Sie sich nicht auf den Stoff konzentrieren können, sollten Sie so lange sitzen bleiben und auf das Buch starren, bis die Angstsymptome von selbst vorbeigehen, also nach dreißig bis fünfundvierzig Minuten.

✗ Machen Sie sich eine Liste der Themen, die Sie abzuarbeiten haben, und versehen Sie alle bereits erledigten Themen mit einem Häkchen. Demonstrieren Sie sich auf diese Weise optisch, dass Sie mehr geschafft haben, als Sie vermutet hatten.

Wenn Sie dann in der Prüfung sitzen, sollten Sie sich folgende Tipps zu Herzen nehmen:

✗ Die körperlichen Symptome der Angst vor der Prüfung werden als sehr schrecklich empfunden. Sie lassen aber meist deutlich nach, wenn man in der Prüfung sitzt und die ersten Fragen kommen.

✗ Überbewerten Sie die Wichtigkeit der Prüfung nicht.

✗ Prüfer verachten Sie nicht, wenn Sie zittern und blass sind. Im Gegenteil, sie lieben es, dass sie einmal Macht haben dürfen.

✗ Gehen Sie nicht automatisch davon aus, dass jeder Prüfer ein gemeiner Kotzbrocken ist, der es darauf anlegt, Leute durchfallen zu lassen, die eigentlich alles wissen.

✗ In mündlichen Prüfungen sind die Zensuren durchschnittlich eine ganze Note besser als in schriftlichen. Das ist darauf zurückzuführen, dass die meisten Prüfer ein Herz für die Menschen haben, die leibhaftig vor ihnen sitzen.

✗ Ein Prüfer überlegt es sich zehnmal, bevor er einen Kandidaten durchfallen lässt, denn damit handelt er sich meist selbst Probleme ein (weil er zum Beispiel einen langen Bericht an das Prüfungsamt schreiben muss).

- Überlegen Sie, was Ihnen am Prüfer lächerlich vorkommt: seine altmodische Brille, seine unsportliche Figur, seine merkwürdige Aussprache.
- Stellen Sie sich den Prüfer in einem Häschenkostüm vor.

Aus meiner Erfahrung als Prüfer im Staatsexamen weiß ich, dass es kaum Menschen in dieser Position gibt, die nicht erkennen, wenn ein Prüfling zwar ein gutes Wissen hat, aber so eingeschüchtert ist, dass er es nicht produzieren kann. Der Vorteil einer mündlichen Prüfung ist ja gerade, dass man das Wissen aus den Prüflingen durch geschicktes Fragen herauskitzeln kann.

Dabei ist ein wenig Angst die beste Voraussetzung für eine Prüfung. Nach dem Yerkes-Dodson-Gesetz jedenfalls führt ein mittleres Angstlevel zu einer Verbesserung unserer Leistungen. Bereits im Jahre 1908 entwickelten die amerikanischen Psychologen Robert M. Yerkes und John D. Dodson diese Regel: Wenn man in einer Prüfungssituation sehr viel Angst hat, ist man so blockiert, dass man versagen könnte. Ist man allerdings unterfordert oder hat gar keine Angst, schöpft man nicht alle seine Möglichkeiten aus. Hat man jedoch ein mittleres Angstlevel, dann kann man plötzlich unerwartet gut abschneiden. Ein leichter Kribbel sorgt dafür, dass man in einer Prüfung auf einmal brillante Ideen hat. Das heißt: Schüchterne Menschen haben eine reelle Chance, eine überdurchschnittlich gute Prüfung abzulegen.

Lass den anderen stammeln

Eine große Furcht schüchterner Menschen ist es, ins Ausland zu fahren. Es könnten extrem peinliche Situationen entstehen, wenn sie nach dem Weg fragen und niemand sie versteht. Lieber irren sie stundenlang mit einem Stadtplan durch die Innenstadt von Rom, anstatt einen zuvorkommenden Römer zu fragen. Wenn der

Kellner in Paris ganz deutlich die Augen verdreht, wenn man sich bei der Aussprache von «Coquilles Saint-Jacques à l'ancienne» verhaspelt, nimmt sich ein Schüchterner das so zu Herzen, als ob er ein obszönes Wort benutzt hätte. Auf dem türkischen Basar vermeidet er es zu handeln. Er zahlt den vollen Preis, aus Angst, bei der Feilscherei sprachliche Probleme zu bekommen – obwohl der freundliche Händler fünfzehn Jahre in Bietigheim gelebt hat und fließend Schwäbisch spricht.

Manche Schüchternen lernen aus dieser Angst heraus fleißig Fremdsprachen, um nicht in heikle Situationen zu geraten. Da sie aber im jeweiligen Ausland die Sprache nicht anwenden, sind ihre Kenntnisse oft nur theoretisch, weil sie Angst haben, wie ein libanesischer Taxifahrer in Berlin loszuplappern, der durch unendlichen Redefluss verschleiern will, dass er komplett die Orientierung verloren hat.

Schüchterne sollten im Ausland auf jeden Fall einen Rat des israelischen Humoristen Ephraim Kishon beherzigen: Wenn Sie in einem fremden Land in ein Streitgespräch (zum Beispiel über den Taxipreis) verwickelt werden und der andere ein bisschen Deutsch oder Englisch beherrscht, versuchen Sie ja nicht, den Konflikt zu lösen, indem Sie in der Landessprache radebrechen – denn so geben Sie sich eine Blöße. Es gilt die Regel: «Lass den anderen stammeln.»

Wie gehe ich mit blamablen Situationen um?

Wenn mir einmal etwas wirklich Peinliches passierte, kam ich wochenlang nicht aus dem Grübeln heraus. Ständig überlegte ich, wie ich die Sache hätte vermeiden können. Ich habe mich vor einen Spiegel gestellt, mich selbst angeschrien und mir ins Gesicht geschlagen.

Sylvia H. (31), Sprecherzieherin

Jeder hat schon mal eine schreckliche Blamage erlebt. Gehören Sie auch zu den Menschen, die in bestimmten Situationen eine endlose, grausame Reihe von Missgeschicken, die Sie verursacht haben, erwarten? Sehen Sie überall Fettnäpfchen-Fallen lauern?

Stellen Sie sich vor, Ihr Chef hat Sie in ein Luxusrestaurant eingeladen. Machen Sie sich eine Liste von den Dingen, die Sie befürchten. Dahinter schreiben Sie, was wirklich an schlimmen Sachen passieren könnte.

※ «Ich werde nicht wissen, welches Glas für Wasser und welches für Wein ist» – kaum ein Mensch wird danach beurteilt, ob er so banale Dinge wie die Wahl des Trinkgefäßes beherrscht. In einer Zeit, in der uns nach Jahrhunderten von Messer- und Gabelgebrauch in Bratling-Brätereien wieder beigebracht wird, wie man mit den Fingern isst, wird die Kenntnis solcher Konventionen nicht vorausgesetzt (übrigens: das Wasserglas steht ganz rechts).

※ «Ich werde mein Mineralwasserglas umkippen» – ein Kellner wird routinemäßig mit einer solchen Situation umgehen können, und niemand wird Sie für einen Trottel halten.

※ «Ich werde laut rülpsen» – das ist wirklich peinlich. Egal, warum sollte es passieren? Selbst wenn: Reden Sie sich heraus, dass es damals der ansonsten hochgeschätzte Martin Luther immer nach dem Essen tat und die Chinesen diese Sitte heute noch pflegen.

So gehen Sie die befürchteten problematischen Situationen eine ganze Woche durch. Sie notieren alle bedenklichen Sachlagen, die Sie unweigerlich auf sich zukommen sehen, auf einem Zettel. Am Ende der Woche machen Sie ein Häkchen hinter allen Situationen, die nicht eingetreten sind. Sie werden feststellen: Praktisch nichts ist passiert.

Wissenschaftliche Untersuchungen beschäftigten sich mit der Frage, wie sozial ängstliche Menschen mit blamablen Situationen umgehen. In einer Studie bekamen Sozialphobiker und Normalpersonen Fragen zu zwischenmenschlichen Begebenheiten vorgelegt, die man negativ oder neutral werten könnte, etwa: «Sie haben Leute zum Essen eingeladen, die früher als erwartet nach Hause gehen.» Die Gruppe der Sozialphobiker interpretierte harmlose Situationen öfter als peinlich als die der Normalpersonen. Viele von ihnen gaben sich selbst die Schuld für den frühen Aufbruch der Gäste: «Die fanden mich langweilig.» Normale Versuchspersonen suchten dagegen eher nach neutralen Erklärungen wie: «Die wollten meine Gastfreundschaft nicht überstrapazieren», oder wehrten jede Kritik mit Antworten wie: «Ich muss ja nicht allen gefallen» ab.

Anschließend wurden den Versuchspersonen soziale Konstellationen vorgelegt, die eindeutig negativ auszulegen waren: «Sie reden eine Zeitlang mit bestimmten Leuten, und es wird klar, dass sie absolut nicht daran interessiert sind, was Sie erzählen.» Interpretationen, die die Normalpersonen wählten, waren: «Sie waren mit etwas anderem beschäftigt», oder: «Macht nichts, ich kann nicht für jeden auf der Welt interessant sein.» Die Sozialphobiker jedoch deuteten die Situation häufiger als für sie peinlich: «Ich bin eben ein Langweiler.» (34)

Was ist, wenn wirklich eine missliche Situation eintritt?

%%% Versuchen Sie, den Vorfall realistisch einzuschätzen. War es wirklich der Super-GAU? Die gefühlte Blamage ist meist viel stärker als die tatsächliche.

%%% Machen Sie nicht alles noch schlimmer, indem Sie sich tausendmal entschuldigen. Versuchen Sie mit Nonchalance oder Schnoddrigkeit über das Ereignis hinwegzukommen.

%%% Tagelanges Grübeln macht die Situation nicht besser.

Intelligenz macht schüchtern

Eine Kollegin in meinem Team in der Klinik bringt mich zur Verzweiflung. Sie ist faul und brutal. Ohne zu übertreiben: Sie arbeitet nur etwa halb so viel wie ich. Meistens verbringt sie ihre Zeit damit,

Wurstbrötchen zu mampfen, die Bild-Zeitung *zu kommentieren und über klagsame Patienten herzuziehen. Sie kann es nicht erwarten, bis der Arbeitstag vorüber ist. «Doof und schlampig, aber pampig» – so könnte man sie am besten charakterisieren. Sie ist mir fachlich in jeder Hinsicht unterlegen. Aber mit ihrer kräftigen Stimme und ihrer unerschütterlichen Selbstsicherheit schafft sie es immer wieder, ihren Willen mir und meinen Kollegen gegenüber durchzusetzen. In allen Auseinandersetzungen ziehe ich immer den Kürzeren und sitze da wie ein kleiner Feigling.*

Uwe K. (42), Krankenpfleger

«Intelligenz macht schüchtern» – das behauptete der niederländische Philosoph Erasmus von Rotterdam. Und sein deutscher Kollege Friedrich Nietzsche bestätigte: «Es ist ein Jammer, dass die Dummköpfe so selbstsicher sind und die Klugen so voller Zweifel.»

Wenn auch diese Annahmen der großen Denker nicht durch wissenschaftliche Untersuchungen bestätigt werden (die Soziale Phobie ist quer durch alle Bildungsschichten vertreten), so steckt doch ein Fünkchen Wahrheit in diesen Aussagen. So waren und sind viele extrem intelligente Menschen extrem schüchtern. Wahrscheinlich meinten die beiden Gelehrten, dass Menschen, die sich viele Gedanken machen und die Welt verstehen wollen, eine große Ehrfurcht vor der Bedeutung eines einzelnen Wesens entwickeln und ihre geistige Überlegenheit nicht zum Anlass nehmen, überheblich zu werden.

In der heutigen Welt ist ja eigentlich demjenigen der Erfolg sicher, bei dem gesunde Inkompetenz mit einem unbegründeten Selbstbewusstsein gepaart ist. Die Menschheit beschäftigt sich mit künstlicher Intelligenz, aber gegen die natürliche Dummheit haben wir noch nichts gefunden. Daher ist es wichtig zu wissen, dass man nichts weiß, wie Sokrates sich ausdrückte. Und das gelingt bescheidenen Menschen besser.

Albert Einsteins Eltern gingen von einer Entwicklungsverzögerung aus, weil ihr Sohn erst mit drei Jahren zu sprechen anfing – es handelte sich aber wahrscheinlich um Schüchternheit. Mangelndes Selbstbewusstsein war vielleicht auch der Grund, warum später der sechzehnjährige Albert bei der Aufnahmeprüfung für das Polytechnikum in Zürich durchfiel.

Heinrich Göbel aus Springe am Deister kennt heute kaum noch jemand. Er hat wahrscheinlich 1859 die Glühbirne erfunden, und er war überhaupt nicht schüchtern. Gehemmt war ein anderer: der Amerikaner Thomas Alva Edison. Er wurde zwanzig Jahre später mit Göbels Erfindung weltberühmt. Edison hatte eigentlich Schauspieler werden wollen. Wegen seiner hohen Stimme, aber vor allem wegen seiner ausgeprägten Schüchternheit verabschiedete er sich von seinen Träumen und wurde Tüftler und Erfinder. Vielleicht gab ihm seine Schüchternheit die Energie, der guten Idee zum Durchbruch zu verhelfen.

Politiker leiten die Massen an, suchen öffentliche Auftritte und stellen sich Wahlen. Sie müssen sich damit abfinden, dass mindestens die Hälfte der Menschen sie ablehnen und dass Journalisten kein gutes Haar an ihnen lassen. So sollte man meinen, dass Schüchternheit die denkbar ungünstigste Eigenschaft wäre, die man als Politiker braucht. Unsere Vorstellung von einem typischen Minister ist die eines durchsetzungskräftigen, imposanten bis überheblichen, sonnenstudiogebräunten Menschen, der sich mit ausladenden Handbewegungen und dröhnender Stimme emotionsgeladen für die Belange des Volkes einsetzt (während sich seine Gedanken in Wirklichkeit nur um sein persönliches Fortkommen drehen). Und dennoch: Viele erfolgreiche Staatsmänner und -frauen waren scheu und bescheiden. Bescheidenheit ist eine Waffe; sie darf nur nicht begründet sein.

Der große Menschenrechtler Mahatma Gandhi, der Indien durch gewaltfreien Widerstand von der britischen Herrschaft befreite, berichtete über seinen ersten Vortrag vor einem Publikum (es ging darin um «Die Vorteile des Vegetarismus»): «Ich stand auf, um meine Rede zu halten, aber ich brachte keinen einzigen Ton heraus. Ich begann, verschwommen zu sehen, und zitterte, obwohl die Rede gerade eine Seite lang war.»

Von den amerikanischen Präsidenten gehören gerade diejenigen, von denen man heute noch überwiegend positiv spricht, in diese Kategorie der Schüchternen: Abraham Lincoln, Thomas Jefferson, Ulysses Grant oder Jimmy Carter. Richard Nixon soll nicht besonders verzagt gewesen sein.

Auch in der Geschäftswelt kann man ganz nach oben kommen, wenn man den Spieß umdreht und aus der Not eine Tugend macht. Der reichste und der zweitreichste Mann der Welt, der Microsoft-Boss Bill Gates und der amerikanische Börsenguru Warren Buffet waren in ihrer Kindheit und Jugend extrem schüchtern.

Wenn jemand, der in seinem Leben Großes geleistet hat, bescheiden und zurückhaltend auftritt, wird ihm oft besonderer Edelmut zugeschrieben. Viele dieser Erfolgreichen sind aber nicht etwa bescheiden geblieben, weil sie eine besondere moralische Größe hatten, sondern weil sie nicht anders konnten, als zurückhaltend zu sein. Und sie haben oft ihren Erfolg ihrer Schüchternheit zu verdanken, weil sie ihre mangelnde soziale Kompetenz dadurch zu kompensieren versuchten, indem sie ungewöhnlich ehrgeizig wurden.

Wenn Sie das deutliche Gefühl haben, dass Leute, die Ihnen nicht das Wasser reichen können, über Sie bestimmen oder sich besser durchsetzen können, sollten Sie all Ihre Raffinesse daransetzen, um die Ihnen zustehende Position zu erreichen. Der Klügere sollte nicht immer nachgeben – denn das würde konsequenterweise zur Weltherrschaft der Schwachköpfe führen.

Menschen mit einer Sozialen Phobie fühlen sich wie eine Mischung aus Albert Einstein und Mister Universum – wobei sie sich die Intelligenz von Mister Universum zugestehen und die Figur von Einstein. Sie stellen unfaire Vergleiche an. Im Job messen sie sich mit alten Hasen, die zehn Jahre mehr Erfahrung auf dem Buckel haben – aber völlig lustlos ihren Job machen. Beim Golf vergleichen sie sich mit einem Sport-Ass, das verstandesmäßig nicht gerade den Hering vom Teller zieht und dessen Handicap seinem IQ minus zehn entspricht.

※ Halten Sie sich immer wieder vor Augen, dass herausragende Fähigkeiten und selbstsicheres Auftreten zwei verschiedene Dinge sind, die nicht unbedingt Hand in Hand gehen. Die tatsächlichen Leistungen eines Individuums stimmen oft nicht mit seiner Selbsteinschätzung überein.

※ Sie sollten versuchen, eine Kongruenz zwischen Ihrem tatsächlichen Wert in der Gesellschaft und Ihrem Selbstbewusstsein herzustellen.

※ Seien Sie fair zu sich selbst. Machen Sie sich eine Liste Ihrer guten Eigenschaften, Kenntnisse und Fähigkeiten: «Ich kann exzellent chinesisch kochen, ich reite ganz passabel, ich kann mir meine eigenen Kleider nähen, meine Beine sind wohlgeformt, ich habe schöne braune Augen ...»

※ Schreiben Sie eine Art Empfehlungsbrief über sich selbst, als ob sie jemand anderem Ihre Person empfehlen: «Klaus D. ist ein außerordentlich engagierter Mitarbeiter; er ist teamfähig, aufgeschlossen ...» Dieser Brief ist ausschließlich für Sie selbst bestimmt, damit Sie Ihre positiven Seiten einmal in geballter Form schriftlich zusammengestellt sehen.

※ Auch wenn es vielleicht bestimmte Dinge gibt, die Sie weniger gut können als andere, so gibt es sicher niemanden, der wirklich alles besser kann als Sie.

※ Machen Sie eine Liste der Menschen in Ihrer Umgebung, denen Sie sich unterlegen fühlen, und notieren Sie hinter jeder Person, welche positiven Eigenschaften Sie von diesen Personen unterscheidet: «Herr Schrader ist zwar der Chef hier, aber er ist total unbeliebt; mich mag jeder ein bisschen. Frau Leinemann hat große Berufserfahrung, aber sie ist auch eine Klatschtante, während ich

die Privatsphäre anderer schütze. Mandy sieht ganz süß aus und ist sehr jung, aber sie verwechselt Dativ und Akkusativ, und ich habe Abitur. Anette ist sehr selbstsicher und hat überhaupt keine Hemmungen, obwohl sie so dick ist, dass neulich am Strand Leute von Greenpeace kamen, um sie ins Meer zurückzuschleppen. Meine Figur kann sich dagegen sehen lassen.»

Die Harmoniefalle

Es ist wunderbar erleichternd, dass ich nach meiner Therapie auch mal den Leuten richtig meine Meinung sagen kann, wenn sie mich falsch behandelt haben.

Sibylle H. (38), Tierärztin

Sie haben Schuhe in einem Laden gekauft. Zu Hause stellen Sie fest, dass sie zu klein sind. Gehen Sie in den Laden zurück, um die Stiefel oder Sandalen umzutauschen, oder ist Ihnen das zu peinlich? Haben Sie ein schlechtes Gewissen, wenn andere in einer Schlange hinter Ihnen warten müssen, weil Sie eine umfangreiche Brötchenbestellung aufgeben? Werden Sie hochgradig nervös, wenn sich hinter Ihrem Fahrzeug ein Autokonvoi bildet, weil Sie Probleme mit dem Einparken haben?

Selbstunsichere Persönlichkeiten sind immer von dem Gedanken beseelt, keine Schwierigkeiten machen zu wollen. Sie lassen sich im wahrsten Sinne des Wortes ein-schüchtern. Sie sind beliebt, weil sie entgegenkommend, kollegial und selbstlos sind. Sie können nicht «nein» sagen, wenn sie um einen Gefallen gebeten werden. Sie tappen immer wieder in die Harmoniefalle und werden ausgenutzt. Selbst beim Sex trifft das zu. Plötzlich landen sie mit jemandem im Bett, den sie gar nicht schätzen, nur weil sie Angst hatten, eine Ablehnung auszusprechen.

Eine meiner Patientinnen wollte so hilfsbereit sein, dass sie ihrem Bekanntenkreis ständig Dinge versprach, die sie nicht halten konnte. Einer Freundin wollte sie einen Job in einer Boutique vermitteln, einer anderen versprach sie, sie habe für sie eine Stelle als Pflegehelferin klargemacht, einem Arbeitskollegen versicherte sie, sie habe ihm ein preiswertes Appartement besorgt, und ihrer Cousine wollte sie ihr Auto leihen. Über kurz oder lang stellte sich heraus, dass sie nichts von alledem einhalten konnte. Ein Lügengebäude brach zusammen – keine Jobs, keine Wohnung, kein Auto. Ausflüchte nützten nichts mehr. Nachdem sie ihre Freunde bitter enttäuscht hatte, blieb ihr anscheinend nur eins – ein Suizidversuch. Obwohl ihr jeder ihrer Freunde versicherte, es würde ihrer Wertschätzung keinen Abbruch tun, wenn sie ihnen nicht das Blaue vom Himmel versprechen würde, litt sie unter einer übermächtigen Angst, alle würden sie verlassen, wenn sie nicht ständig ihre Verbundenheit durch versprochene Hilfeleistungen unterstreichen würde. Hinter dieser Hilfsbereitschaft stand eine übergroße Angst vor Verlassenheit.

Schüchterne Menschen haben ein großes Problem mit ihrem Stolz: Wenn sie in einem Disput den Kürzeren ziehen, steht die gefühlte Demütigung oft in einem krassen Missverhältnis zu den konkreten Folgen der Unterwerfung. Selbstunsichere Menschen empfinden das Unterliegen in einem Streit nicht als eine alltäglich vorkommende Laune des Schicksals, sondern als eine narzisstische Kränkung, die ihre Theorie bestätigt, sozial inkompetent und minderwertig zu sein.

Haben Sie einen Gegner? Zum Beispiel einen Vorgesetzten, der Ihnen das Leben schwermacht? Oder einen Mitarbeiter, der mit Ihnen in Konkurrenz tritt? Haben Sie Probleme, sich durchzusetzen? Hier einige Tipps zum Umgang mit persönlichen Feinden:

////// «Divide et impera» («Teile und herrsche») – machen Sie keinen Alleingang, sondern suchen Sie sich erst Verbündete, um sich gegen jemanden durchzusetzen, der am längeren Hebel sitzt.

////// «Liebe deine Feinde» – wenn Sie einen Feind haben, grüßen

Sie ihn überschwänglich freundlich. Loben Sie ihn öffentlich. Sagen Sie allen, dass er Ihr liebster Freund ist. Umarmen Sie ihn herzlich und erdrücken Sie ihn dabei fast.

※ «Sprich leise, aber trage einen großen Stock», sagte der amerikanische Präsident Thomas Jefferson – wer etwas durchdrücken will, muss sich zunächst einmal überlegen, ob er die Machtmittel hat, seiner Forderung Nachdruck zu verleihen. Dann sollte er seinen Anspruch vortragen, ohne die Stimme zu erheben, aber mit Bestimmtheit.

※ Wenn jemand etwas von Ihnen verlangt, das Sie nicht machen wollen, sagen Sie nicht, dass Sie es sich erst einmal überlegen wollen, sondern antworten Sie gleich mit einem klaren «Nein».

※ In einer festgefahrenen Situation, in der ein Wort das andere gibt, hilft es manchmal, wenn man irgendwann nicht mehr auf die Argumente des Gegners eingeht, sondern einfach penetrant seine Forderung wiederholt.

※ «Win-Win-Strategie» – Sie suchen in einem Streit eine Lösung, bei der beide gewinnen können (dieser Trick funktioniert manchmal nicht, aber ausprobieren sollten Sie ihn).

※ Manchmal muss man sich entscheiden, ob man eine Sache durchboxen oder ob man seinen Stolz behalten will. Schüchterne tendieren meist zu «Stolz behalten», weil sie Kränkungen in übertriebener Form verarbeiten, wodurch sie letztendlich nicht ihr Ziel erreichen.

※ Verwirren Sie Ihren Gegner: Wenn Sie sich lauthals gestritten haben, lassen Sie Ihrem Gegner eine Flasche guten Rotweins zukommen. So wahren Sie Ihre eigene Würde, und Ihr «Feind» kann einlenken, ohne sein Gesicht zu verlieren.

Es ist nicht unmoralisch und selbstsüchtig, sich durchzusetzen. Allerdings: Das Ziel, das Sie anstreben, sollte sein, dass Sie selbstsicher werden, nicht aber aggressiv und egoistisch. Sie sollten nicht lernen, wie Sie andere so manipulieren, dass Sie als der Sieger dastehen, sondern so auftreten, dass Sie Ihr gutes Recht bekommen, ohne dass das Recht anderer eingeschränkt wird.

Atemgold

Wenn ich jemanden anspreche, ziehe ich ein Gesicht wie ein verschrumpelter Rettich, oder ich grinse dämlich, als hätte ich einen schlüpfrigen Witz erzählt, den die anderen peinlich fanden. Nach einer Unterhaltung denke ich oft, dass ich einen schrecklichen Eindruck auf meinen Gesprächspartner gemacht habe. Ich denke dann nur an die eine dusselige Bemerkung, die mir rausgerutscht ist, aber nicht an meine vielen durchdachten und schlauen Sätze während dieser Unterhaltung.

Silke B. (28), Filmcutterin

Ein Schüchterner ist wie ein Esel zwischen zwei Heuhaufen. Einerseits will er Kontakt mit anderen, andererseits hat er Angst davor. Das Herz will mit den Menschen kommunizieren, der Kopf will das Gegenteil. Er will wahrgenommen, geschätzt, aufgenommen und akzeptiert werden – und er legt darauf sogar mehr Wert als andere Menschen. Es kostet ihn unendliche Überwindung, ein Gespräch anzufangen. Er hasst Small Talk und sagt oft nur das Nötigste.

Er geht mit Erwartungen an eine Konversation heran, als würde sich eine Katastrophe anbahnen: «Ich werde keinen Ton herausbringen.» Oder: «Ich darf zwischen meinen Sätzen keine längeren Pausen machen, sonst denken die anderen, dass ich ein Idiot bin, dem nichts mehr einfällt.» Er befürchtet, dass sein Gegenüber bei der erstbesten Gelegenheit verschwinden wird, um nicht wiederzukommen. Er spricht zu schnell, aus der Angst heraus, der Gesprächspartner könnte die Unterhaltung als zu langsam und dröge empfinden. Er hält einen großen Abstand vom Zuhörer, in der Befürchtung, dass ihm ein Atemgold-Bonbon angeboten wird, wenn er ausgesprochen hat.

Wohl das größte Problem für sozial gehemmte Menschen ist, dass sie die einfachen Regeln, mit denen Leute miteinander kommunizieren, nicht elegant – also ohne nachzudenken – aus dem Bauch heraus erfüllen können. Daher folgen in den nächsten Abschnitten einige Tipps zur gelungenen Kontaktaufnahme.

Augenkontakt für Anfänger

*M*ir brennt der Helm, wenn ich einer Frau nur ins Gesicht sehen muss. Ich denke: Im nächsten Moment wird sie sich angewidert mit dem berühmten «Was für ein Idiot»-Blick von mir abwenden.

Alexander B. (17), Gymnasiast

Die Schlange starrt das Kaninchen unverwandt an. Wie hypnotisiert bleibt das Tier reglos sitzen, bis das Reptil blitzartig zuschlägt und seine Giftzähne in das flauschige Fell schlägt ...

Kann eine Schlange allein durch ihren Blick ein anderes Lebewesen in den Bann schlagen? Die Wahrheit ist, dass der Blick der Schlange nur deswegen so starr erscheint, weil sie keine Augenlider hat. Und das Kaninchen stellt sich tot, weil dies die einzige Strategie ist, die das flaumige Tier kennt – und die auch manchmal klappt, weil Schlangen auf Bewegungen reagieren. Die Technik ist aber meist nicht sehr erfolgreich, denn die Schlange nimmt den Hasen hauptsächlich über den Geruch war.

Der direkte Blick in die Augen kann nicht nur Menschen einschüchtern, sondern auch in der Tierwelt ist das Phänomen bekannt. Hundebesitzer beobachten, wie ihr Vierbeiner den Schwanz einzieht und davontrollt, wenn er böse angestarrt wird. Ein Tier, das den Blick nach unten richtet, unterwirft sich. (35) Der Effekt des Anstarrens wird von einigen Schmetterlingsarten wie zum Beispiel dem Tagpfauenauge ausgenutzt, um Angreifer abzuschrecken: Sie haben auf ihren Flügeln das Abbild eines Augenpaares.

Selbstunsichere Menschen senken im Gespräch den Blick oder sehen am Gesprächspartner vorbei. Anderen direkt in die Augen zu schauen macht ihnen Angst. Nun muss der tiefe Blick eines anderen Menschen nicht unbedingt etwas Beunruhigendes ausstrahlen – es könnte sich ja auch um Interesse oder Zuneigung handeln. Menschen mit einer Sozialen Phobie jedoch finden jede Art von Augenkontakt bedrohlich, selbst bei einem ganz neutralen Gesichtsausdruck. (36) Am liebsten unterhalten sie sich mit einem Beifahrer im Auto – denn dann haben sie einen triftigen Grund, ihn nicht ansehen zu müssen.

Forscher in einem Londoner Institut wollten herausfinden, wo im Gehirn das Licht angeht, wenn wir einen attraktiven Mann oder eine wunderschöne Frau sehen. Zunächst ließen sie von den Versuchspersonen Bilder mit Menschen des anderen Geschlechts nach Attraktivität sortieren. Dann legten sie die Probanden in die Röhre eines Kernspintomographen und zeigten ihnen die Aufnahmen, um herauszufinden, in welchen Gehirngebieten es zu einer Aktivierung kommt. Das Ergebnis war enttäuschend: Keine Stelle im Gehirn zeigte irgendeine Reaktion auf das Phänomen «Schönheit» an sich. Daraufhin änderten die Neurowissenschaftler ihren Versuch: Die Fotos wurden computertechnisch so verändert, dass die abgebildeten Personen mal den Betrachter anschauten, mal wegsahen. Jetzt zeigte sich überraschenderweise: Schönheit bewirkte nur dann eine Aktivierung im Gehirn, wenn die dargestellte Person den Betrachter direkt ansah, nicht aber, wenn sie zur Seite blickte. Die Aktivierung zeigte sich im ventralen Striatum, also in einem Gebiet des Gehirns, das zum Belohnungssystem gehört. (37) Das Belohnungssystem reagiert besonders dann, wenn eine Belohnung vorhergesehen wird, nicht etwa, wenn sie eingetreten ist. Mit anderen Worten: Ein Mann kann attraktiv sein, aber das führt bei einer Frau zu keiner sonderlichen Reaktion. Erst wenn er sie ansieht, wird eine Belohnung versprochen und die gewünschte Reaktion im Gehirn ausgelöst.

Was können schüchterne Menschen aus diesem Versuch lernen? Ihr bloßer Anblick allein lässt keine Glocken klingen – erst wenn sie einer angebeteten Person direkt in die Augen schauen, geht die Sonne auf.

Jemand, der seinen Gesprächspartner nicht ansieht, wirkt auch desinteressiert. Menschen, die keine soziale Angst haben, fühlen sich unwohl, wenn der andere während einer Unterredung keinen Augenkontakt aufrechterhält. Aber auch in einer Auseinandersetzung können Sie sich besser einbringen, wenn Sie dem Gegner direkt in die Augen sehen.

Es wurde sogar untersucht, was Menschen mit einer Sozialen Phobie beim Anschauen nicht richtig machen. Mit einer Kamera, die die Blickrichtung registrierte, fand man heraus, dass Normalpersonen, die keine Kontaktschwierigkeiten haben, immer ihre Augen über drei wichtige Teile des Gesichts schweifen lassen: Augen, Nase und Mund. Bei Sozialphobikern dagegen kreist der Blick überall im Gesicht herum, um dann ganz aus dem Antlitz abzubiegen. (38) Daher sollten Sie die folgenden kleinen Tipps beachten, mit denen Sie Ihre Augenkontakt-Performance verbessern können. Also gilt für Sie ab jetzt: Augen auf und durch!

/// Sie sollten den Blickkontakt am besten mit jemandem üben, bei dem Sie nicht so nervös werden – also jemandem, den Sie zwar sympathisch finden, mit dem Sie aber nicht unbedingt eine Liebesbeziehung planen.

/// Augenkontakt nicht als Erster unterbrechen, sondern warten, bis der andere wegschaut.

/// Den Blick mindestens so lange aufrechterhalten, wie Sie brauchen würden, um «Arbeitsunfähigkeitsbescheinigung» zu sagen.

/// Die Augen sind nicht zu weit aufgerissen, sondern eher auf halbmast. Sieht selbstsicherer aus.

%% Beim Anschauen das Gesicht des anderen bewundern, vor allem Augen, Nase und Mund.

%% Auf keinen Fall aus Angst vor einem Augenkontakt den Blick in die Ferne schweifen lassen, um den Straßenverkehr interessiert verfolgen zu können.

%% Augen nicht zu Boden richten, als ob Sie die gewagten Applikationen auf den italienischen Tretern Ihres Gegenübers bewundern oder den Laminatfußboden inspizieren.

%% Aber Achtung: Wenn Sie eine Frau anstarren wie ein kurzsichtiger Oktopus, achten Sie darauf, ob nicht der Gatte dieser Dame plötzlich wie ein Panzernashorn in Ihre Richtung Anlauf nimmt.

Body Language

Manche Schüchterne haben ein imaginäres Brett vor der Stirn, auf dem steht: «Privatgelände, betreten verboten!» Dieser Effekt entsteht durch eine bestimmte Körperhaltung: Der Kopf ist gesenkt, die Schultern eingefallen, die Arme sind verschränkt. Die «Body Language» verrät schon den Unterwürfigen. Üben Sie eine selbstsichere Körperhaltung:

%% Verdrücken Sie sich nicht immer in eine Ecke, sondern stellen Sie sich mitten in das Geschehen.

%% Kopf hoch, Schultern zurück, Brust raus.

%% Beim Nicken nicht von der Horizontallage nach unten gehen, sondern von oben bis zur Horizontallage.

%% Trockenübungen vor dem Spiegel sind nicht verkehrt.

%% Vermeiden Sie Verlegenheitsgesten mit den Händen (in den Haaren zupfen, Hände in die Hosentaschen stecken, am Kinn kratzen, Finger in den Mund stecken).

%% Ein schlaffer Händedruck kommt nicht gut an. Drücken Sie aber auch nicht so fest zu, dass der andere ein Fall für die chirurgische Handsprechstunde wird.

Gehemmte Menschen sprechen oft sehr leise – aus der imaginären Angst heraus, andere durch lautes und krachiges Reden zu belästigen. Natürlich finden wir es peinlich und distanzlos, wenn jemand in der Bahn mit seinem Nachbarn mit volltönender Stimme über Dinge wie Bandscheibenvorfälle und Hautekzeme plaudert, die die anderen Reisenden gar nicht hören wollen. Aber zu leises Sprechen wird oft auch als anstrengend oder sogar als aggressiv empfunden. Als Zuhörer muss man sich nämlich anstrengen, genau hinzuhören – oder öfters mal nachfragen.

Nehmen Sie sich ein Beispiel an dem großen griechischen Redner Demosthenes, der ein Problem mit Stottern hatte. Er stopfte sich zur Übung seiner Aussprache Kieselsteine in den Mund und versuchte trotzdem deutlich zu sprechen. Er rannte einen Berg hinauf und zitierte dabei laut Gedichte, oder er ging bei Sturm ans Meer und schrie in die tosende Brandung. Für seine Rednerkarriere war es auch nicht gerade förderlich, dass er an einem nervösen Tic litt – seine Schulter zuckte unkontrolliert nach oben. Um sich diesen Tic abzutrainieren, hängte er sich ein Schwert so über die Schulter, dass es ihn jedes Mal stach, wenn er zuckte.

Es genügt, wenn Sie versuchen, laut zu sprechen.

Das Pferd frisst keinen Gurkensalat

Als Philipp Reis am 16. Oktober 1861 in Frankfurt sein neu erfundenes Telefon vorführte, war sein erster Satz, den er in den Trichter sprach: «Das Pferd frisst keinen Gurkensalat.» Seither hat sich in einer Hinsicht nicht viel geändert: Das meiste, was am Telefon gesagt wird, ist unsinnig. Aber nicht deswegen sind Schüchterne am Telefon äußerst sparsam mit Worten. Sie haben eine unerklärliche Angst vor dem Fernsprecher, selbst wenn sie mit gut bekannten Leuten reden, in deren Gegenwart sie sonst keine Scheu hätten. Sie fassen sich extrem kurz und sind froh, wenn sie wieder den Hörer auflegen oder das Handy ausmachen können. Jeder Austausch von Belanglosigkeiten ist ihnen zuwider.

Ein junger Mann erschien auf Partys stets mit einem T-Shirt, auf das er sich die wichtigsten floskelhaften Fragen, die im Small Talk auf ihn zukommen könnten, hatte drucken lassen:

«Lange nicht mehr gesehen.»
«Ich heiße Stefan und studiere im zweiten klinischen Semester Medizin.»
«Ich habe keine feste Freundin.»
«Man schlägt sich so durch.»
«Muss ja.»
«Bis denn. Und mach's gut.»
«Und grüß deine Freundin.»

Angeblich trug er das Hemd, um Small Talker abzuwimmeln, aber er wurde immer in nette Gespräche verwickelt – meist über die Wertlosigkeit von Small Talk.

Gehören Sie auch zu den Leuten, die nichts mehr hassen als Small Talk? Wenn Sie Leute sehen, die Sie nur flüchtig kennen, wechseln Sie die Straßenseite, um dem unweigerlich drohenden Plausch auszuweichen? Putzen Sie demonstrativ Ihre Brille, um so zu tun, als ob Sie gerade niemanden erkennen können? Haben Sie ganz zufällig eine Schaufensterauslage bewundert, um mit bestimmten Leuten nicht reden zu müssen?

Zurückhaltende Menschen wollen in einer Konversation nur das sagen, was ihnen wichtig erscheint. Sie haben große Angst vor den Belanglosigkeiten einer normalen Unterhaltung. Fällt ihnen gar nichts ein, reden sie auch nicht. Will ihnen jemand ein Gespräch aufzwingen, merkt man es ihnen förmlich an, wie sie nach Worten ringen, um das Gespräch möglichst zu einem eleganten, aber raschen Ende zu bringen.

Und dennoch: Small Talk ist eine Art der Kommunikation, deren sozialen Wert Sie nicht unterschätzen sollten. Es geht gar nicht um den Sinn des Gesagten, sondern um das Gemeinschaftsgefühl an sich. Nicht dass man Nonsens-Gespräche fördern sollte. Nichtssagende, überflüssige Plaudereien sind nicht wirklich erstrebenswert. Der Informationsgehalt von Sätzen wie «Heute Morgen war es doch etwas frisch, da habe ich mir schon mal die Strickjacke angezogen» hält sich in Grenzen. Aber Leute, die reden, wie ihnen der Schnabel gewachsen ist, kommen oft besser durch das Leben als solche, die jedes Wort wie einen Golddukaten umdrehen.

Zehn Tipps für gelungenen Small Talk:

𝕸 Versuchen Sie, jemanden in ein längeres, intensives Gespräch zu verwickeln, mit dem Sie normalerweise nur einige Phrasen wechseln würden – nur zu therapeutischen Zwecken.

𝕸 Man muss nicht immer etwas Amüsantes, Intelligentes, politisch Korrektes, Wohlreflektiertes oder Aufregendes sagen. Plappern Sie einfach mal unüberlegt drauflos wie alle anderen.

𝕸 Lassen Sie Ihren Gesprächspartner einfach langatmige Geschichten erzählen, auch wenn das Gesagte Sie gar nicht sonderlich fasziniert, aber lächeln Sie ihn dabei begreifend an. Heucheln Sie Interesse, indem Sie Rückmeldungen geben wie «Verstehe» oder «Ist das wirklich wahr?» oder «Das ist ja ein dolles Ding».

𝕸 Die Kontrolle über ein Gespräch übt nicht unbedingt derjenige aus, der die ganze Zeit redet, sondern derjenige, der den anderen durch interessiertes Zuhören fesselt.

𝕸 Wenn ein Gespräch mal nicht so gut läuft, ist das nicht unbedingt Ihr Fehler.

𝕸 Denken Sie daran: Auch Ihr Gesprächspartner kann schüchtern sein! Es besteht statistisch sogar eine 13-prozentige Chance. Wenn der andere genauso nervös ist wie Sie, versuchen Sie, ihn in Sicherheit zu wiegen.

𝕸 Schüchterne – wenn sie denn reden – reden manchmal wie ein Buch. Sie merken nicht mehr, wenn der Zuhörer auf Durchlauf gestellt hat. Sie wollen, wenn einmal der Bann gebrochen ist, alles loswerden, was sich in mehreren Wochen Schweigen angesammelt hat. Bedenken Sie, dass auch Ihr Gegenüber sein Quäntchen Aufmerksamkeit bekommen sollte. Wenn jemand Sie fragt, wie es Ihnen geht, will er nichts über Gebissprobleme, Impotenz oder Hämorrhoiden hören.

//. In einem Small Talk gibt es Sieger und Verlierer. Der Gewinner ist derjenige, der entscheidet, dass man auf der Straße nicht aneinander vorbeigeht, sondern ein paar Floskeln wechselt.

//. Manche Menschen hören am liebsten eine ganz bestimmte Art von Musik: die eigene Stimme.

//. Vielleicht gelingt es Ihnen ja, die Wende vom Small Talk zur gehaltvollen Diskussion zu schaffen.

Warum reden Menschen die ganze Zeit belangloses Zeug? Warum rufen Frauen eine Freundin an und telefonieren mit ihr eine geschlagene Stunde, obwohl sie kurz vorher mit ihr einen Nachmittag lang in einem Café waren? Nicht etwa, weil sie Informationen austauschen wollen, sondern weil allein das Reden und Angehörtwerden eine Aktivierung unseres Belohnungssystems hervorruft. Jede Art von Aufmerksamkeit – ob man jemandem etwas erzählt oder ob man jemandem zuhört – führt zu einer kleinen Ausschüttung von Glückshormonen. Diese Belohnung könnte natürlich durch gewisse Gesprächsinhalte getrübt werden, wenn zum Beispiel der andere Schlechtes über Sie erzählt, schwierige Themen aufgreift oder abweichende politische Meinungen vertritt. Daher hat man den Small Talk erfunden, der ein wichtiges Kriterium erfüllen muss: Es muss sich um bedeutungsloses Gefasel handeln, das niemandem zu nahe tritt, niemanden beleidigt und keine negativen Emotionen erzeugt, sodass die Endorphine freie Bahn haben.

Manche Menschen haben eine weitschweifige Art der Unterhaltung: Wenn man sie etwas Konkretes fragt, etwa, welchen Beruf sie ausüben, holen sie erst einmal weit aus. Sie beginnen in der Vorschule, hangeln sich weiter über die mittlere Reife, erlauben sich einen Umweg über ihre erste gescheiterte Ehe, dann folgt ein Exkurs über einen nicht ausheilen wollenden Harnwegsinfekt. Schließlich erfahren Sie eine Menge vom vorletzten Job in einer Lottoannahmestelle, sodass Sie befürchten, der Tag könne sich dem Ende neigen, bevor Sie erfahren, was Ihr Gegenüber eigentlich beruflich macht. Diese Menschen lassen keine Gnade walten, selbst wenn sich der andere die Ohren zutackern möchte, um das Geschwätz nicht mehr zu hören. Dahinter steckt ein System: Sie wollen den wohltuenden Zuhöreffekt möglichst lange ausnutzen und befürchten ein plötzliches Ausbleiben der Belohnung, wenn sie eine präzise Antwort geben.

Wenn Sie in ein Gespräch mit solchen Menschen verwickelt werden, sollten Sie das zu therapeutischen Zwecken ausnutzen. Ihre Beliebtheit steigt in dem gleichen Maße, wie Sie sich die detailreiche Erzählung ohne Murren anhören.

Legen Sie Ihre Vorurteile gegen Small Talk ab und werden Sie ein Meister in der belanglosen Kommunikation. Verwickeln Sie Wildfremde in der U-Bahn oder in einer Warteschlange in nichtssagende Gespräche, nur zum Üben, auch wenn Ihnen gar nicht nach einem Plausch zumute ist. Die meisten werden die Unterhaltung freudig aufnehmen, manche werden durch einsilbiges Antworten ihr Desinteresse bezeugen, aber kaum einer wird Ihnen mit den Worten «Was quatschen Sie mir ungefragt eine Kante ans Knie?» die Zähne ausschlagen. Hier einige Übungen, mit denen Sie Ihre Small-Talk-Fähigkeiten ausbauen können:

% Fragen Sie drei Leute nach dem katholischen Postamt.

% Gehen Sie in einen Juwelierladen, mit der festen Absicht, nichts erstehen zu wollen, und verwickeln Sie den Verkäufer in ein Gespräch über Schmuckstücke, die fünfstellige Summen kosten.

% Sprechen Sie im Bus die Menschen an, die neben Ihnen sitzen. Erzählen Sie ihnen eine falsche Geschichte, was Sie beruflich machen («Ich klebe in der U-Bahn die Reklameschildchen über den Sitzen an» oder «Ich bin Kabelträgerin beim Fernsehen»).

% Fragen Sie andere Gäste im Lokal – und zwar so laut, dass

der Koch es in der Küche hört –, welche Gerichte ihnen gemundet haben und welche man besser nicht bestellen sollte.

Zustimmendes Nicken oder ab und zu ein beipflichtendes «Hmhm» hält das Gespräch am Laufen und zeigt, dass Sie Interesse haben. Die nonverbale Kommunikation ist ebenso wichtig wie das gesprochene Wort. Ein Hausarzt gab mir einmal einen Tipp, wie man allzu gesprächige Arzneimittel-Vertreter abwürgt, die nicht von selbst merken, dass ihre Redezeit abgelaufen ist: «Sage gar nichts mehr, nicke nicht, lächle nicht, auch kein ‹hm›, absolut keine Kommunikation, dann hören sie von selbst auf zu reden.»

Die Kunst des stilvollen Danebenbenehmens

Schüchterne Menschen haben meist gar nicht viele Fehler, denn aus Angst, anzuecken, haben sie über viele Jahre versucht, nach und nach all ihre Schwächen auszumerzen. Mit gewissem Neid beobachten sie andere Menschen, die keine Hemmungen haben und sich ständig auch aus einer schwächeren Position heraus durchboxen.

Selbstunsichere Persönlichkeiten wollen sich in Konfliktsituationen stets anpassen. Sie wollen sogar zu Menschen nett sein, die es nicht verdient haben. Sie wollen zu Leuten freundlich sein, die es gar nicht unbedingt erwarten, weil sie es aufgrund ihres Kommunikationsstils gewöhnt sind, sich unbeliebt zu machen.

Um Ihre Durchsetzungsfähigkeit zu verbessern, sollten Sie kleinere Übungen durchführen, die Sie im Ernstfall einer zwischenmenschlichen Problemsituation in die Lage versetzen, rasch zu reagieren. So können Sie sicherstellen, dass Sie nicht als Verlierer aus Auseinandersetzungen herausgehen. Üben Sie «Psychokarate»:

✺ Üben Sie zuerst mit Leuten, die es aufgrund eines Fehlverhaltens verdient haben, ordentlich zusammengestaucht zu werden.

%% Üben Sie mit Menschen, die Ihnen keinen unmittelbaren Schaden zufügen können.

%% Üben Sie mit Personen, denen es aufgrund ihrer Stellung nicht erlaubt ist, unhöflich zu werden.

Fangen Sie zunächst mit Situationen an, in denen andere ein kleines Fehlverhalten gezeigt haben. Führen Sie sich auf wie ein aggressiver Frührentner, dessen selbsterteilter Auftrag es ist, als Amateurpolizist unterwegs zu sein. Tun Sie Dinge, die Sie sich bislang nie getraut haben:

%% Halten Sie einem Radfahrer, der ohne Licht fährt, eine Standpauke.

%% Nehmen Sie sich einen Autofahrer vor, der auf einem Radweg parken will.

%% Legen Sie sich mit einem Hundebesitzer an, dessen Vierbeiner im öffentlichen Park seine Notdurft verrichtet hat.

%% Fangen Sie an einer Autobahnraststätte eine Diskussion über Preiswucher an, wenn die Portion Pommes mit Majo fünf Euro kosten soll.

%% Schnauzen Sie einen Raucher an, der ausgerechnet im Nichtraucherabteil seiner Sucht frönen will.

%% Beschweren Sie sich über ein Bierglas, das nicht exakt bis zum Eichstrich gefüllt ist.

%% Weisen Sie einen Taxifahrer darauf hin, dass die Rechts-vor-links-Regel auch bei Radfahrern zu beachten ist.

%% Verlangen Sie Ersatz, wenn man Ihnen statt des versprochenen ruhigen Feriendomizils eine Bruchbude zwischen einer Nachtbaustelle und einer Bar mit 24-Stunden-Sangría-Eimer-Ausschank angedreht hat.

Schüchterne geben im Restaurant selbst dann ein Trinkgeld, wenn das Essen grenzwertig und die Bedienung langsam, vergesslich oder pampig war. Ab jetzt ist Schluss mit lustig: Geben Sie das Bedienungsgeld nur, wenn die Leistung entsprechend war. Sie könnten natürlich stumm den Betrag auf den Cent genau hinlegen. Besser ist es, die Lage maximal auszukosten. Bezahlen Sie mit einem großen Schein, sodass der Kellner erst wieder zur Kasse laufen muss, um Kleingeld zu holen. Dann sammeln Sie das Hartgeld fein säuberlich ein. Schauen Sie dem Kellner direkt ins Gesicht und erklären Sie: «Ein Trinkgeld kriegen Sie nicht. Dazu müssten Sie erheblich freundlicher sein. Und das Essen war bei diesem Preis auch nur suboptimal.» Die mit Sicherheit folgende patzige Antwort warten Sie mit dem coolsten Pokerface ab, um noch das letzte Wort haben zu können: «Vielleicht suchen Sie sich einen Job ohne Publikumsverkehr?»

Wenn Sie also das nächste Mal ein verbranntes Filet angeboten bekommen, lassen Sie es zurückgehen. Sonst passiert es Ihnen wie mir einmal in Berlin: Nachdem ich ein solches Brikettsteak aus Hunger heruntergewürgt hatte und mich nachträglich über den Garzustand beschwerte, konterte die kesse Kellnerin: «Aber allet uffjefressn, wa?»

Es gibt aber auch Situationen im Leben, in denen man – ohne andere Menschen offensichtlich zu benachteiligen – Durchsetzungsfähigkeit üben kann:

҉ Gehen Sie zum Beispiel durch eine Menschenmenge nicht, wie üblich, seitlich an der Wand entlang oder im Zickzack allen anderen ausweichend. Wenn sich in einem Gedränge zwei Menschen begegnen, gibt es immer einen, der Platz macht, und einen, der seinen Weg ungehindert fortsetzt. Bisher gehörten Sie vielleicht zu denjenigen, die stets geflissentlich zur Seite sprangen, um einen Zusammenprall zu vermeiden. Drehen Sie den Spieß um: Stolzieren Sie wie ein Kampfhahn durch die Menge und lassen Sie die anderen einen Bogen machen. Wenn Sie mit sicherem Schritt und festem Blick in gerader Linie auf die Menschen zulaufen, werden die anderen schon automatisch abschwenken.

҉ Versuchen Sie nicht, in Benimmfragen immer päpstlicher als der Papst zu sein. Was soll schon passieren? Glauben Sie, dass die Knigge-Polizei kommt und Sie inhaftiert, weil Sie den Salat mit dem Messer geschnitten haben oder die Soße vom Teller trinken?

※ In größeren Runden ist es allgemein üblich, erst mit dem Essen anzufangen, wenn alle Teller aufgetragen sind. Meist wird aber noch eine Weile gewartet, bis das Startsignal kommt. Seien Sie der Erste, der mit einem beherzten «So, das wollen wir jetzt nicht kalt werden lassen» zu speisen anfängt.

※ In noblen Restaurants versucht man die Gäste dadurch einzuschüchtern, indem man eine Vielzahl von Gläsern, Bestecken oder Werkzeugen mit unklarer Bestimmung listenreich um den Teller herum anordnet. Scheren Sie sich nicht um diese Konventionen. Fragen Sie nicht Ihre Nachbarn, welche die richtige Gabel ist – nehmen Sie einfach irgendein Instrument. (Übrigens: Man arbeitet die Bestecke von außen nach innen ab.) Trinken Sie das Wasser absichtlich aus dem Weinglas und umgekehrt, sodass der beflissene Kellner oder die Serviererin Ihnen neue Gläser bringen muss. Benutzen Sie den Brotteller, der eigentlich Ihrem Nachbarn gehört. Kleckern Sie absichtlich mit der «Grundsoße braun» auf der weißen Tischdecke herum.

Beim nächsten Schritt schießen Sie über das Ziel hinaus. Jetzt nehmen Sie sich zu Übungszwecken als Opfer Leute vor, die es nicht unbedingt verdient haben, falsch behandelt zu werden. Sehen Sie nicht mehr hilflos zu, wie andere sich wie eine ausgemachte Rundsau benehmen, sondern nehmen Sie sich auch mal was heraus:

※ Wenn Sie schon 1,99 Euro pro Minute für eine Hotline ausgeben müssen, um Ihren defekten Computer zum Laufen zu bringen, machen Sie den Herrn am anderen Ende der Leitung, der versucht, mit einem schweren osteuropäischen Akzent Ihren Rechner zu erklären, nach Strich und Faden fertig. Machen Sie ihn für alle Unzulänglichkeiten des Computerherstellers, des Betriebssystems und überhaupt verantwortlich. Beschweren Sie sich über Hotlines im Allgemeinen.

※ Verhandeln Sie mit einem Lamborghini-Händler ausführlich über die Details Ihres zukünftigen gelben Rennwagens und heben Sie ungeniert die Vorzüge der Mitbewerber hervor, wobei Sie verschweigen, dass Sie sich nur einen Polo leisten können.

※ Probieren Sie im Schuhgeschäft mindestens vierundzwanzig Paar Schuhe aus, ohne welche zu kaufen. (In einem kleinen Ort im norddeutschen Flachland gab es eine Klinik für Verhaltenstherapie. Dort kam es übrigens zu einem Zerwürfnis mit dem örtlichen Einzelhandel. Die Therapeuten dieser Klinik hatten zu oft ihre Klienten zu Übungen in die kleinen Geschäfte geschickt, sodass die Verkäufer schließlich entnervt waren.)

※ Sie sind eingeladen. Auf dem Beistelltisch liegt eine Packung Pralinen. Alle schielen hin, aber keiner traut sich, sie aufzumachen, auch die Gastgeberin macht keine Anstalten. Seien Sie derjenige, der den Bann bricht.

※ Versuchen Sie, wenn ein Büfett eröffnet wird, sich als Erster die Teller vollzuladen, anstatt lange in der Schlange zu hungern. Oder drängeln Sie sich vor, behaupten Sie, Sie hätten schon vorher dort gestanden; Sie seien nur wegen der Datteln im Speckmantel eben mal kurz zurückgegangen. Vermeiden Sie, ein zweites Mal anzustehen, indem Sie sich gleich zwei Teller vollschaufeln, bis die Mozzarellascheiben rechts und links herunterfallen. Wenn in der Schüssel noch zwei Riesengarnelen liegen und hinter Ihnen noch jemand wartet, nehmen Sie beide. Drehen Sie sich um, sagen Sie bedauernd: «Leider alle.»

※ Bei Einladungen zum Essen: Setzen Sie sich sofort neben Leute, mit denen Sie den Rest des Abends reden wollen. Wenn Sie aus Höflichkeit zu lange warten, bleibt nur noch ein Platz am äußersten Ende, neben der schwerhörigen Mutter des Gastgebers, die Ihnen ohne Punkt und Komma von ihrem letzten Krankenhausaufenthalt mit Darmverschluss und Druckgeschwür erzählen will.

※ Bringen Sie einen überforderten Kellner zum Wahnsinn, der in dem überfüllten und personell unterbesetzten Lokal offensichtlich unter Zeitdruck steht, indem Sie umständlich Sonderwünsche anbringen. «Bitte als Vorspeise nur eine halbe Portion Linguine, und geht das, mit Trüffeln – was würde das extra kosten? Oder halt, ich glaube, ich nehme doch lieber Penne all'arrabiata. Ist das sehr scharf? Zugegeben, die Definition von scharf ist natürlich unterschiedlich, ich meine, so ein bisschen scharf darf es schon sein, aber auch nicht zu scharf, Sie verstehen, was ich meine ... Ach was, ich glaube, bringen Sie mir einfach eine Pizza mit Ruccola ...»

Aber Achtung: Diese kleinen Frechheiten dienen nur zu Therapiezwecken. Wenn Sie auf diese Weise genügend Selbstsicherheit gewonnen haben, sollten Sie Ihr egoistisches Verhalten wieder ablegen und zum korrekten Benehmen zurückkehren. Und hüten Sie sich vor riskanten Selbstsicherheitstrainings, etwa ohne orangefarbenes T-Shirt in der holländischen Fankurve zu sitzen oder in einer Düsseldorfer Kneipe ein Kölsch zu bestellen.

Die Münchner Reeperbahn

Wenn Sie die bisherigen Übungen erfolgreich absolviert haben, könnten Sie sich an die hohe Schule der Frechheit machen. Testen Sie Ihr neuerworbenes Talent mit folgenden Mutproben:

※ Tippen Sie einfach wahllos eine beliebige Nummer ins Telefon und verwickeln Sie denjenigen, der den Hörer abnimmt, in ein sinnloses Gespräch.

※ Kommen Sie im Kino erst während des Hauptfilms und quetschen Sie sich umständlich durch die Reihen.

※ Versuchen Sie, in einem Drogeriemarkt den Preis für eine Tube Zahnpasta herunterzuhandeln.

※ Lassen Sie sich von Anhängern ausgefallener Sekten in der Fußgängerzone ansprechen und machen Sie sich lauthals lustig über sie.

※ Lassen Sie sich beim Käsekauf absichtlich unglaublich viel Zeit, indem Sie den Reifungsgrad des Camemberts lange mit dem Finger prüfen und eine Diskussion über mittelalten Gouda anfangen. Sagen Sie dann, dass Sie sowieso das Geld vergessen haben und den Käse gar nicht mehr wollen.

※ Tun Sie bei einer Fahrkartenkontrolle so, als ob Sie kein Ticket haben, wobei Sie dennoch umständlich in allen Taschen und im Koffer suchen. Erst wenn Sie kurz vor der Verhaftung wegen Beförderungserschleichung stehen, ziehen Sie triumphierend das gültige Billett hervor.

※ Fragen Sie in München nach der Reeperbahn, in Hamburg nach dem Viktualienmarkt.

Eine wunderbare Art, Selbstbewusstsein zu trainieren, ist das Feilschen um einen Preis. In manchen Ländern würde man immer den doppelten Betrag zahlen, wenn man nicht handelt. Auch hierzulande kann man in bestimmten Geschäften den Preis drücken, so zum Beispiel bei Fernsehern, Möbeln oder Musikinstrumenten. Eine schöne Feilscherei folgt einer unausgesprochenen Choreographie und ist eine hohe Kunst – und in vielen Fällen ist am Ende nicht nur der Kunde, sondern auch der Händler zufrieden.

Käufer: «Können Sie mir einen guten Preis machen?»

Verkäufer: «Sie sind mir ja einer. Bei uns feilscht man doch nicht wie bei einem Teppichhändler!»

Käufer: «Ich könnte es ja im Internet kaufen.»

Verkäufer: «Tja, da können wir wirklich nicht mithalten.» Kramt den Taschenrechner raus. «Also, zwei Prozent kann ich Ihnen geben.»

Käufer: «Ich weiß, dass in der Branche bis zu 30 Prozent drin sind.»

Verkäufer: «Sie belieben zu scherzen. Zehn Prozent sind das höchste der Gefühle.»

Käufer: «Okay, dann 25 Prozent.»

Verkäufer: «Haha! Dann wäre ich ja unter meinem Einkaufspreis! Mein letztes Angebot: 15 Prozent.»

Käufer: «20 Prozent.»

Verkäufer: «Tut mir leid, das ist nicht drin.»

Käufer: «Ja, schade, dann auf Wiedersehen.» Wendet sich zum Gehen.

Verkäufer: «Okay, okay ... 20 Prozent. Einverstanden?»

Lernen Sie von Menschen, die Sie hassen

Sie sollten von Personen lernen, die ganz das Gegenteil von Ihnen sind. Es müssen nicht unbedingt Menschen sein, die Sie bewundern. Versuchen Sie auch, sich Kommunikationstechniken von Leuten anzueignen, die Sie abgrundtief hassen. Aus der Beobachtung von Individuen, die Ihnen in Beziehung auf soziale Interaktionen diametral entgegengesetzt sind, können Sie ermessen, wo der gesunde Mittelweg liegt.

Es gibt Menschen, die ungepflegt herumlaufen, Körpergeruch haben, sich einer proletarischen Sprache bedienen, übermäßig trinken, ihr Geld verspielen, selten arbeiten, von der Wohlfahrt leben, keine Rücksicht auf ihre Mitmenschen nehmen, sich keinerlei Gedanken über ihre Wirkung auf andere machen und trotzdem unbeschwert durchs Leben kommen. Auf der anderen Seite gibt es die scheuen, zurückhaltenden und pflichtbewussten Menschen, deren Leben aus Rücksichtnehmen besteht und die oft deutlich weniger Spaß haben. Versuchen Sie, ein Stück Unbeschwertheit für sich in Anspruch zu nehmen.

«Meine Kollegin Marietta ist genau das Gegenteil von mir», berichtet die vierunddreißigjährige Sekretärin Carla S., «wir arbeiten als Schreibkräfte in einem Büro. Sie ist laut, hemmungslos und leicht übergewichtig. Aber das ficht sie überhaupt nicht an. Sie schminkt sich grell, trägt einen leuchtend roten Lippenstift auf, zieht unmögliche Klamotten an, Hauptsache auffällig, geschmacklos, schrill und aufdringlich. Besonders liebe ich es, wenn sie mit einem Plundergebäck im Mund durch das Büro läuft und sich nicht um die auf den Teppichboden fliegenden Zuckergussstückchen kümmert. Mit hoher, einschneidender Stimme, sodass man sie bis zum Parkplatz hören kann, unterhält sie alle Mitarbeiter im Büro, ob sie es wollen oder nicht. Sie klatscht und tratscht. Wenn eine von unseren Kolleginnen den Raum verlassen hat, zieht sie über sie her. Ständig hat Marietta Verabredungen mit Männern aus der Firma, zumindest behauptet sie das.

Sie geht mit unserem Chef respektlos um, nennt ihn Doktorchen. Er verzeiht ihr alles. Bei mir lässt er dagegen nicht den kleinsten Fehler durchgehen. Marietta kommt fast jeden Tag zu spät und lässt nicht erkennen, dass ihr das peinlich ist. Ihre Arbeitsmoral strebt gegen null. Aber sie bekommt alles, was sie will; sie setzt zum Beispiel ihren Urlaub durch, obwohl der Chef eine Sperre verkündet hat. Unangenehme Arbeiten verteilt sie an ihre Kolleginnen.

Trotzdem glaube ich, dass sie viel beliebter ist als ich. Sie ist spritzig und hält die ganze Belegschaft bei Laune. Ich bin dagegen ruhig, ich streite mich nicht, ich sitze still in der Ecke und mache unermüdlich meine Arbeit – ohne stundenlange Zigaretten- und Tratschpausen. Durch ihre lockere Art hat Marietta deutlich mehr Spaß als ich.»

Das Gegenteil eines schüchternen Menschen sind die «histrionischen» Persönlichkeiten. «Histrio» kommt aus dem Lateinischen und heißt Schauspieler. Diese Bezeichnung basiert auf der Neigung der histrionischen Menschen, ihre Gefühle theatralisch überzogen darzustellen. Während selbstunsichere Personen mit ihren Gefühlen hinter dem Berg halten, übertreiben die histrionischen Menschen ihre Emotionen – ob es jetzt positive oder negative sind. Ein kleines

Erfolgserlebnis wird zu einem «Triumph», eine minimale Frustration zum «Nervenzusammenbruch». Wenn es ihnen schlechtgeht, zerfließen sie vor Selbstmitleid. Unter dem Leitgedanken «Lerne klagen, ohne zu leiden» dramatisieren sie detailreich banale Befindlichkeitsstörungen. Sie neigen zu extremen Äußerungen wie «Das ist meine beste Freundin» oder «Sie ist die unerträglichste Schlampe der nördlichen Halbkugel», die nicht selten – je nach Kontext – auf ein oder dieselbe Person angewendet werden. Meist hat das keine Bedeutung. Einen Menschen, dem sie heute gesagt haben: «Es ist toll, dass es Menschen wie dich auf dieser Welt gibt», kennen sie kurz darauf nicht mehr beim Namen, und jemanden, mit dem sie einen schrecklichen Streit hatten, grüßen sie am nächsten Tag gönnerhaft, als ob nichts gewesen wäre.

Während Schüchterne Situationen meiden, in denen sie im Mittelpunkt stehen könnten, suchen Histrioniker förmlich solche Gelegenheiten, um Aufmerksamkeit zu bekommen. Von mangelndem Selbstbewusstsein sind sie nicht geplagt. Sie halten sich für wichtiger, als sie sind. Ihr Auftritt ist penetrant bis rücksichtslos, ihr Erscheinungsbild auffallend bis schrill, ihre Kleidung aufdringlich bis ordinär. Sie platzen distanzlos in eine Party und machen von der ersten Minute ihrer Ankunft klar, wer die wichtigste Person des Abends ist.

In manchen TV-Shows machen sich die extremen Vertreter der histrionischen Gattung vor laufender Kamera zum Affen. Sie erzählen ihre dunkelsten Geheimnisse, outen sich als grenzdebile Randgruppenmitglieder, lassen sich von Exfreundinnen unflätig als Lügner und Fremdgänger beschimpfen oder eröffnen bizarre sexuelle Vorlieben. Bei solchen Ausstrahlungen möchten manche Zuschauer vor dem Fernseher vor Scham in den Boden versinken.

Histrioniker kennen kein Schuldbewusstsein, keine Reue, keinen Anstand. Anders als die Schüchternen sind sie nicht ständig darauf bedacht, gesellschaftliche Vorgaben einzuhalten, sondern machen ihre Regeln selbst. So verzeiht eine histrionische Frau ihrem Mann nicht einen kleinen Seitensprung, während sie selbst hemmungslos mehrere Affären gleichzeitig hat.

Sie suchen den Fehler nie bei sich selbst. Kritik geht zum einen Ohr hinein und zum anderen wieder heraus. Sie greifen sogar respektlos Menschen an, die gesellschaftlich höher stehen als sie, und machen sich dadurch manchmal bei anderen Mituntergebenen beliebt.

Unter konsequenter Ellbogenbenutzung und Dummdreistigkeit erreichen sie im Beruf oft Positionen, die sie wegen ihres Mangels an Fleiß und Kompetenz gar nicht verdient hätten. Wenn sie ihre Absichten durchsetzen wollen, bitten sie einen anderen Menschen nicht um einen Gefallen, sondern drohen gleich Konsequenzen für den Fall an, wenn man es ihnen nicht recht macht. Sie stellen Ansprüche, die ihnen gar nicht zustehen, und bekommen dennoch, was sie wollen. Sie versuchen, Dinge durch Unverschämtheit zu erreichen, während der Sozialphobiker sich aufs Bitten und Schmeicheln verlegt. Ein Schüchterner macht sich lieber die zehnfache Arbeit, bevor er einen anderen um Hilfe bittet, während histrionische Menschen andere ungeniert für sich einspannen.

Aber sie haben natürlich auch positive Seiten. Mit ihrer zur Schau gestellten Fröhlichkeit stecken sie andere an. Aufgrund ihrer Respektlosigkeit gegenüber den Oberen machen sie sich beliebt. Sie bringen frischen Wind in unser langweiliges Leben. Wenn es nur Schüchterne geben würde und keine histrionischen Menschen, würde keiner Partys organisieren, Witze erzählen, die Chefin gekonnt parodieren oder plötzlich bei der Arbeit singen.

Was können wir von ihnen lernen? Auf jeden Fall ihre unbeschwerte Art, auf andere Menschen zuzugehen, ohne gleich Kritik zu erwarten. Die zwanglose Einstellung, nach der sie allzu strenge Konventionen des mitmenschlichen Zusammenlebens mal beachten, mal nicht. Während der Schüchterne zunächst überlegt: «Darf ich diesen Menschen überhaupt um einen Gefallen bitten? Wird er mich nicht abweisen?», setzen histrionische Menschen immer voraus, dass sie jeder mag. Auch den Umgang mit Kritik sollten Sie von ihnen übernehmen. Während sozialphobische Menschen durch eine kleine Missbilligung in ihren seelischen Grundfesten erschüttert werden, prallt an den histrionischen Menschen selbst eine volle Breitseite ab.

Spieglein, Spieglein an der Wand

Es gibt noch eine weitere Gruppe von Menschen, von denen selbstunsichere Persönlichkeiten lernen könnten: die Narzissten. Unter Narzissten versteht man Menschen mit einem ausgeprägten Geltungsdrang. Sie sind eitel und verbringen extrem viel Zeit damit, sich vor dem Spiegel zu stylen. Sie wollen verehrt und gerühmt werden und sind der Meinung, etwas ganz Besonderes zu sein. Daher erwarten sie stets eine Sonderbehandlung. Auf ihre Umgebung wirken Narzissten überheblich und angeberisch. Die Schicksale anderer Menschen sind für sie zweitrangig.

In der Liebe wollen Narzissten im Vordergrund stehen. Sie sehnen sich nach Wärme und Geborgenheit, können sie aber selbst nicht geben. Manchmal gehen sie in rascher Folge Beziehungen ein, um sich immer wieder ihre Attraktivität bestätigen zu lassen.

Aber Narzissmus kann durchaus auch positive Seiten haben. Diese Menschen bemühen sich ständig, kreativ zu sein und Großes zu erschaffen. Sie streben Berufe wie Schauspieler, Sänger, Showmaster, Maler, Architekt oder Sportler an. Viele Errungenschaften in den schönen Künsten, der Technik oder der Wissenschaft gehen auf positive Narzissten zurück. Ihr Engagement dient zwar gleichzeitig der Selbstdarstellung, hat aber auch für andere angenehme Folgen – solange sie nicht Politiker werden.

Man sollte meinen, Narzissmus und Schüchternheit sind gegensätzliche Charakterzüge. Aber Vertreter beider Persönlichkeitsstile haben auch etwas gemeinsam: Sie nehmen sich zu wichtig. Gehen sie auf eine Party, vermuten beide, dass sie ständig von allen angestarrt werden: die Narzissten, weil sie denken, dass sie so toll aussehen, und die Schüchternen, weil sie voraussetzen, dass alle sie furchtbar finden. Auch Schüchterne wollen Erfolg und Anerkennung, Sex und Liebe, und sie wollen es stärker als jeder andere. Bei den Narzissten wie bei den Schüchternen versteckt sich hinter einem arroganten Verhalten oft ein Mensch, der unsicher ist und Angst vor der kleinsten Kritik hat. Die schüchternen wie die narzisstischen Menschen nehmen sich einen Tadel oder eine Missbilligung sehr zu Herzen – ganz im Gegensatz zu der histrionischen Gattung. Es ist also nicht ganz abwegig, dass ein und dieselbe Person gleichzeitig schüchtern und narzisstisch ist.

Aus der Beobachtung eines Narzissten kann man als Schüchterner lernen: Narzissten schaffen es oft, zwischen ihren Phantasien und ihrer tatsächlichen Stellung in der Gesellschaft eine Kongruenz herzustellen, während bei Schüchternen eine Diskrepanz zwischen ihren Wünschen und der Realität besteht.

King of Vorstrafenregister

Ein weiterer Gegenpart der sozial ängstlichen Menschen sind die sogenannten antisozialen Persönlichkeiten. Dabei handelt es sich um Menschen, die gnadenlos über die Bedürfnisse und Rechte anderer hinweggehen. Sie respektieren nur eine Person – sich selbst. Sie können ihre Emotionen nicht kontrollieren. Passt ihnen etwas nicht, rasten sie aus. Ihren Aggressionen lassen sie ungehemmt freien Lauf. Wenn ihnen einer querkommt, wird er schnell mal aus dem Anzug gestoßen. Vom Sachschaden bis zur Körperverletzung mit Todesfolge ist alles drin. Regeln und Gesetze kennen sie nicht; die gelten nur für die anderen. Die Berufsziele dieser unerquicklichen Personen umfasst Professionen wie Zuhälter, Türsteher, Drogenkurier oder Fremdenlegionär. Was eine selbstkritische Einschätzung angeht, sind sie das krasse Gegenteil der sozialphobischen Menschen. Während sich Letztere jede Andeutung einer Kritik zu Herzen nehmen, kann man bei antisozialen Menschen schwerste Geschütze auffahren – alles prallt an ihnen ab: Schlimmste Beleidigungen, die nicht einmal norddeutschen Musikproduzenten einfallen würden, körperliche Züchtigungen und selbst langjährige Haftstrafen würden sie nicht bewegen, ihr unsoziales Verhalten zu überdenken. Aus Fehlern lernen sie nicht. Schuld haben immer die anderen. Obwohl sie aufgrund ihrer Missetaten oft Grund haben, vor Scham in den Boden zu versinken, sind solche Menschen nicht von mangelnder Selbstzufriedenheit geplagt. Mit einem Blick wie «King of Vorstrafenregister» gehen sie selbstbewusst durch die Welt. Ist der Ruf erst ruiniert, lebt sich's völlig ungeniert. Und trotz alledem: Jemand, der solche Charaktere durchschaut, wundert sich oft, warum es immer wieder Menschen gibt, die antisoziale Persönlichkeiten faszinierend finden. Der übelste Drogendealer und Nachtclubbesitzer, der wegen Körperverletzung und Vergewaltigung vorbestraft ist, findet immer wieder Frauen, die ihn bewundern. Ein Mann mit der Moral eines Schakals und einem Gesicht zum Eierabschrecken beeindruckt junge, unschuldige Mädchen. Die antisozialen Persönlichkeiten schaffen es, andere Menschen zu faszinieren und zu manipulieren. Gerade das Unberechenbare fesselt dann oft die Partner. Auf magische Weise machen sie andere in sich verliebt und können sexuelle Hörigkeit auslösen.

Was kann man daraus als Schüchterner lernen? Die Regel Nr. 1, die sich selbstunsichere Menschen zurechtgelegt haben, gilt leider nicht durchgehend: «Ich muss nur nett, unterwürfig, zurückhaltend, bescheiden sein, damit werde ich maximal gut bei meinen Mitmenschen ankommen.» Merkwürdigerweise dankt es Ihnen niemand, wenn Sie immer rücksichtvoll sind. Ihre Mitmenschen nehmen den Weg des geringsten Widerstandes – und dabei könnten Sie auf der Strecke bleiben.

Was sollte man aber auf keinen Fall von diesen unsozialen Menschen lernen? Dass man sich wie ein Schwein benehmen sollte, um sich durchzusetzen. Abgrundtief fies zu sein muss ohnehin von innen heraus kommen. Das kann man nicht lernen. Sowieso gewinnt das Böse nicht auf Dauer.

Aber man darf sich nicht der Illusion hingeben, dass man mit allen Menschen gleichzeitig auskommen kann. Man kann sogar das Nachsehen haben, wenn man sich diese Strategie zugrunde legt. Ein Beispiel: In einem Betrieb gibt es einen Mitarbeiter, Herrn Miesling, der sich mit allen anlegt, und einen verzagten Kollegen, Herrn Scheu, der es sich mit keinem verderben will. Also verkehrt er auch freundlich mit Miesling. Das nehmen ihm die anderen übel, und sie wenden sich von ihm ab. So hat Herr Scheu das Gegenteil von dem erreicht, was er eigentlich wollte – er hat sich maximal viele Feinde gemacht.

Man kann es nicht allen recht machen. Versuchen Sie trotzdem, Sie selbst zu sein. Versuchen Sie, Ihr Recht zu bekommen, aber nicht mehr. Verkaufen Sie sich nicht unter Wert, aber schießen Sie auch nicht über das Ziel hinaus.

Umgang mit Zurückweisung

Die größte Angst, die schüchterne Menschen haben, ist die, von anderen zurückgewiesen zu werden.

Wenn jemand Sie ablehnt oder kritisiert, sollten Sie sich drei Fragen stellen:

1. Ist die Kritik vielleicht berechtigt, und gibt es Möglichkeiten, mich zu ändern?

2. Ist diese Kritik vielleicht im Prinzip gerechtfertigt, aber in der Form überzogen?

3. Was bildet der Kerl sich eigentlich ein?

Hinter einer übertriebenen Angst vor Kritik steht oft eine tiefgreifende Angst vor dem Verlassenwerden oder dem Alleinsein. Wenn jemand wegen eines winzigen Details an Ihnen herumkrittelt, generalisieren Sie die Rüge nicht auf Ihre ganze Person. Nicht die Missbilligung ist vernichtend, sondern das, was Sie aus ihr machen. Sorgen Sie sich weniger über einen Tadel als vielmehr über Ihre eventuell übertriebene Reaktion darauf. Wenn Ihnen ein Bekannter sagt: «Ich kann gar nicht mit ansehen, wie umständlich du diese Knoblauchzehe schälst und akribisch in winzige Scheibchen schneidest», dann sollten Sie genau überlegen – was kann er mit dieser Kritik gemeint haben? Dass Sie eine unerfahrene Knoblauchschälerin sind? Dass Sie allgemein eine schlechte Köchin sind? Oder dass er Sie als Person ganz und gar ablehnt? Oder wollte er nur die Gelegenheit wahrnehmen, Ihnen seinen tollen Trick zu demonstrieren, wie man völlig ohne Messer mit einem kräftigen Daumendruck die anrüchige Zehe gleichzeitig von ihrer Schale befreit und kochgerecht zerquetscht?

Bei selbstunsicheren Personen besteht ein Ungleichgewicht, was den Umgang mit Lob und Kritik angeht. Wenn etwas schiefgeht, lasten sie es sich selbst an. Werden sie gelobt, so nehmen sie es hin, als ob sie keine besondere Leistung erbracht hätten.

Menschen mit einer Sozialphobie schätzen ihr Verhalten immer schlechter ein, als es tatsächlich ist. In einem Versuch mussten die Probanden eine Rede halten; dabei wurden sie gefilmt. Bevor sie das Video gesehen hatten, beurteilten sie ihre Leistung meistens als schlecht. Diejenigen, die ihr Video schon gesehen hatten, bevor sie ihre eigene Leistung bewerteten, fällten ein weniger strenges Urteil. (39) Dieser Versuch unterstreicht die Neigung von Sozialphobikern, ihr Abschneiden durchweg als minderwertig einzuordnen. Mit einer selbstkritischen Haltung versucht man vorzubeugen: «Bevor ich von anderen getadelt werde, bin ich selbst mein strengster Kritiker.»

Wie geht man aber mit der Neigung um, sich selbst übertrieben kritisch zu sehen?

✎ Die Ablehnung oder Zurückweisung, die Sie verspüren, ist manchmal gar nicht vorhanden oder geringer, als Sie vermuten. Oft

machen sich andere Leute über Sie keine negativen oder positiven Gedanken, sondern schlicht gar keine über Sie.

※ Eine wichtige Regel ist, dass Zurückweisung selten ist. Menschen haben eigentlich eine positive Grundstimmung, und nicht jeder nörgelt gleich über alles, was nicht perfekt ist.

※ Sie sind selbst Ihr energischster Widersacher. Stellen Sie sich Ihren «inneren Feind» als Person vor, die Sie ständig kritisiert und abwertet. Identifizieren Sie die Methoden, mit denen dieser Gegner arbeitet. Bekämpfen Sie ihn, bringen Sie ihn zum Schweigen, machen Sie sich lustig über ihn.

※ Schreiben Sie sich die Situationen auf, in denen Sie eine Zurückweisung befürchtet haben, und machen Sie später ein Häkchen dahinter, wenn die Ablehnung tatsächlich eingetreten ist. Sie werden feststellen, dass Sie die wenigen Momente, in denen es tatsächlich zu einer negativen Reaktion gekommen ist, in der Häufigkeit völlig überbewertet haben.

Anstrengend kann es ebenso werden, wenn jemand, der Kritik nicht vertragen kann, für einen Fehler gerügt wurde und sich dann wiederholt zu rechtfertigen versucht, indem er fadenscheinige Gründe für sein Versagen herauskramt oder die Schuld auf andere abwälzt. Auch selbstbewusste Menschen machen immer wieder Fehler, schätzen Situationen falsch ein, werden angegriffen oder müssen Niederlagen einstecken. Aber das ist am nächsten Tag vergessen, weil sie wissen, dass sie bei der nächsten Gelegenheit in einer Auseinandersetzung gewinnen.

Wenn eine Begegnung mit anderen Menschen schiefgelaufen ist – zum Beispiel hat sich jemand in einem Streitgespräch nicht durchsetzen können oder ist ungerechtfertigt angegriffen worden, ohne dass er sich gewehrt hat –, kann man das Ereignis vergessen, oder man kann sich schwere Vorwürfe machen und stundenlang analysieren, was man hätte besser machen können. Schüchterne neigen zu solchen «Leichenreden» oder «post-mortem-Analysen»:

«Hätte ich doch, wäre ich doch ...» Sie werfen sich vor, dass sie im entscheidenden Moment nicht schlagfertig, selbstbewusst, souverän oder mutig genug gewesen waren.

Bestimmte Radiosendungen wurden für solche Menschen erfunden, denen im entscheidenden Moment nicht die richtigen Worte eingefallen sind. «Ich suche das Mädchen mit dem Herz-Tattoo am linken Handgelenk, das mich auf dem Schützenfest von Eltville gefragt hat, wo ich die Zuckerwatte gekauft hätte ...»

Die Neigung, nicht am richtigen Ort und zur richtigen Zeit das Richtige zu sagen, entsteht dadurch, dass man jedes Wort dreimal überlegen will, bevor man es ausspricht. Wagen Sie es, öfter mal Ihre Meinung geradeheraus zu sagen.

Wie komme ich am besten allein klar?

Die amerikanische Psychologin Laura M. Horsch setzte schüchterne und normale Studenten in einen Raum und erzählte ihnen, sie sollten einen Bewerber für einen Job beurteilen. Dazu sollten sie eine Tonbandkassette abhören. (40) Sollte ein Problem auftauchen, wurden sie instruiert, sitze der Assistent im nächsten Zimmer, man brauche ihn nur zu fragen. Was den Versuchsteilnehmern nicht gesagt wurde: Der Kassettenrecorder war gar nicht funktionsfähig. Wenn die Probanden den Knopf am Recorder drückten, passierte gar nichts. Dr. Horsch stoppte einfach nur die Zeit, bis die Versuchspersonen beim Assistenten anklopften, um Hilfe zu erbitten. Die schüchternen Studenten hackten fast doppelt so lange auf dem defekten Recorder herum, bis sie sich entschließen konnten, den Assistenten aufzusuchen.

Schüchterne Menschen wollen immer alles allein durchziehen. Sie machen sich das Leben unnötig schwer, weil sie andere nicht um Unterstützung bitten. «Wie komme ich am besten allein klar?», ist ihre Lieblingsfrage. «Ich könnte meinen Freund Kai fragen, ob er dieses Computerprogramm zum Laufen bringt», räsonieren sie. «Dann müsste ich ihn aber anrufen, vielleicht hat er keine Zeit, vielleicht hat er keine Lust, mir zu helfen, vielleicht wimmelt er mich genervt ab, und ich komme mir komisch vor, immer andere Leute um einen Gefallen zu bitten.» Dann wird abgewägt: «Wenn ich versuche, dieses Problem zu lösen, sitze ich vielleicht drei Tage daran, während Kai das Problem in drei Minuten beseitigen könnte.» Letztendlich entscheidet man sich aber dann doch oft, die Aufgabe ohne die Hilfe von anderen zu lösen. Der Tipp: Überlegen Sie nicht so lange, bis Sie Ihre Freunde um Unterstützung bitten. Ziehen Sie die Gemeinschaftskarte.

Was ist ein ALP?

Erik G., achtundvierzig, ist Feinmechaniker in einer Waagenfirma. Obwohl er seit neunundzwanzig Jahren in seinem Betrieb arbeitet, sich nie jemand über die Qualität seiner Arbeit beklagt hat und er eigentlich im Gegenteil wegen seiner ruhigen Art und seiner Erfahrung geschätzt wird, denkt er immer, dass er demnächst entlassen werden könnte, weil man mit ihm unzufrieden ist. Vor allem, wenn ihm jemand bei der Arbeit über die Schulter schaut, hat er das Gefühl, alles zu verpatzen.

Wie Erik G. gibt es unglaublich viele Menschen, die unter Angst am Arbeitsplatz leiden. Aufgrund der momentan herrschenden hohen Arbeitslosigkeit schwebt eine mögliche Entlassung wie ein Damoklesschwert über ihnen. Aber oft ist diese Angst übertrieben, wenn jemand trotz guter Leistung immer denkt, dass er bei einer betriebsbedingten Kündigung ganz oben auf der Liste steht. Oft denken sie, dass ihr Vorgesetzter sie als weniger verlässlich als andere Arbeitnehmer einschätzt. (41)

Ein selbstunsicherer Mensch ist ein idealer Arbeitnehmer. Auf der Arbeitgeberseite ist er beliebt. Er traut sich nicht, seine Rechte durchzusetzen, und er verlangt trotz guter Leistungen keine Beförderung oder Gehaltserhöhung. Ohne Aufbegehren verrichtet er seinen Job und steht beim Streik nicht in der ersten Reihe. Er ist in jeder Beziehung pflegeleicht.

In der Zusammenarbeit mit Kollegen ist er vorbildlich. Er will es jedem recht machen – und kommt dabei selbst zu kurz. Wenn ein höherer Posten frei wird, ist er derjenige, der sich als Letzter meldet, auch wenn er eigentlich als Nächster dran wäre und die höchste Kompetenz bewiesen hat. Also muss er sich in der Folge möglicherweise Leuten unterordnen, die jünger, unerfahrener oder weniger fachkundig sind.

Im Vergleich zu Normalpersonen mit gleichem Bildungsstand verdienen Menschen mit einer Sozialen Phobie durchschnittlich weniger und haben nicht selten eine Anstellung, die nicht ihren tatsächlichen Fähigkeiten entspricht. (41) Geht es um Führungspositionen, trauen sie sich nichts zu, aus Angst, sich nicht durchsetzen zu können, soziale Kompetenz zeigen oder in der Öffentlichkeit repräsentieren zu müssen. Und: je höher die Position, desto größer wird die Chance, kritisiert werden zu können.

In der Geschäftswelt spielt soziale Angst eine große Rolle. In den Chefetagen macht man sich viele Gedanken, wie man Furcht bei Mitarbeitern bekämpfen kann – denn sie wirkt sich oft in einem direkten Verlust von Geld aus. In der Wirtschaft gibt es zahlreiche Situationen, in denen man selbstbewusst auftreten muss, und oft geschieht dies unter massivem Druck. Verkäufer bekommen oft Provisionen für ihre Abschlüsse. Manche von ihnen laufen unter der Erwartung einer direkten Belohnung zu Höchstform auf, gehen psychologisch geschickt auf die Kunden ein und scheuen vor Frechheiten und Lügen nicht zurück. («Dieses Zertifikat sollten Sie noch diese Woche zeichnen, sonst ist es weg.») Schüchterne Verkäufer haben dagegen größte Bedenken, ihre Kunden zu beschwindeln und die Mitbewerber herabzuwürdigen – mit dem Erfolg, dass sie zwar ehrlich bleiben, aber nichts verkaufen. Während der Selbstbewusste schon seinen Preis als bester Verkäufer der Region abholt, sitzt der Schüchterne noch da und formuliert seine Gedanken.

Gibt man im Berufsleben seiner Schüchternheit nach, ist man ganz schnell auf der Verliererstraße. Man findet sich im Lager einer Firma wieder, sitzt einsam vor dem Computer, zieht nachts mit einem Schäferhund die Runden um ein Werksgebäude.

Hier einige Tipps für Schwierigkeiten im Beruf:

Ⅲ Wählen Sie mit Absicht einen Beruf, bei dem Sie Kontakte mit Menschen haben, etwa Kassiererin, Pizzabote, Skilehrer, Platzanweiser, Empfangsdame, Friseurin, Pförtner, Vermögensberater oder Ärztin.

Ⅲ Verkaufen Sie sich nicht unter Wert.

Ⅲ Werden Sie nicht ein Opfer Ihres Harmoniestrebens. Unsichere Menschen werden oft ausgenutzt, weil sie nicht «nein» sagen können.

Ⅲ Wenn man Sie zu Höherem beruft, sagen Sie auf jeden Fall «ja», auch wenn Sie denken, dass Sie sich der neuen Aufgabe nicht gewachsen fühlen.

Ⅲ Menschen mit Mangel an Selbstbewusstsein fühlen sich oft für alles verantwortlich und machen so die Arbeit für die anderen mit. Erkennen Sie im beruflichen Alltag, was ein ALP ist (ein Anderer-Leute-Problem).

Was ist Ihr Lieblingsbuch?

Schüchterne erhalten oft gar keinen Job. In einer Untersuchung waren elf Prozent der Menschen mit einer Sozialen Phobie arbeitslos, dagegen nur drei Prozent bei vergleichbaren Kontrollpersonen. (32) Der Grund mag sein, dass sie sich in Bewerbungsgesprächen schlecht verkaufen. Schüchterne gehen oft mit der festen Überzeugung in ein Bewerbungsgespräch, dass sie die Arbeitsstelle nicht bekommen, selbst wenn sie aufgrund ihrer bisherigen Leistungen hochqualifiziert sind. Hier folgen einige Tipps für Schüchterne auf Arbeitssuche. Zunächst ein paar allgemeine Vorschläge für die Bewerbungsunterlagen:

⫸ Halten Sie die Bewerbung kurz und knapp, denn der Arbeitgeber hat oft nicht die Zeit, ausführliches Material zu lesen.

⫸ Richten Sie die Unterlagen individuell auf das Profil der ausgeschriebenen Stelle aus.

⫸ Versuchen Sie, vor der Bewerbung durch Befragung anderer Mitarbeiter auszuloten, welche Ansprüche oder Vorlieben der Arbeitgeber hat.

⫸ Üben Sie die Bewerbung mit einer vertrauten Person im Rollenspiel.

⫸ Eigenlob stinkt – aber nicht in einer Bewerbung. Die Kunst besteht darin, sich über den grünen Klee anzupreisen, ohne dass die Selbstbeweihräucherung offen zutage tritt.

Schaffen Sie es, eingeladen zu werden, ist das oft schon die halbe Miete. Hier einige Hinweise für ein gelungenes Bewerbungsgespräch:

⫸ Schätzen Sie Ihre Chancen realistisch ein. Werfen Sie Ihr übliches Understatement in die Tonne und gehen Sie mit Mut in das Auswahlgespräch.

⫸ Der persönliche Eindruck ist zwar extrem wichtig, aber er bedeutet nicht alles, denn Ihre Qualifikationen und Ihre Zeugnisse spielen auch eine Rolle.

⫸ Den schicksten Dress sollten nicht Sie anhaben, sondern der Chef. Aber Sie sollten auch nicht grottenschlecht oder situationsinadäquat gekleidet sein.

⫸ Nehmen Sie eine Sitzhaltung ein, die dem Spiegelbild des Gegenübers entspricht. Dadurch erwecken Sie beim anderen den Eindruck, dass er Ihnen sympathisch ist.

⫸ Von dieser Regel gibt es unter Umständen Ausnahmen: Nicht

mit breit ausgestreckten Beinen lässig hinlümmeln, aber auch nicht verkrampft auf einer Ecke des Stuhles sitzen.

%. Bescheidenheit an sich wäre kein Grund, einen Bewerber nicht zu nehmen – abgesehen von ein paar Berufen wie Ausbilder bei der Bundeswehr oder Chef einer Drückerkolonne. Im Gegenteil: Allzu selbstsicher auftretende Kandidaten haben auch nicht die besten Chancen, vor allem, wenn die bisherigen Leistungen erkennen lassen, dass das Selbstbewusstsein nicht begründet ist. Als selbstunsicherer Mensch werden Sie kaum in die Verlegenheit geraten, selbstherrlich zu wirken – das kommt überhaupt nicht an.

%. Werden Sie gefragt, wie Sie mit problematischen Mitarbeitern oder Untergebenen verfahren würden, wäre es ein Fehler, damit zu protzen, wie gnadenlos Sie mit diesen umspringen würden – Sie könnten einen unkooperativen und nicht teamfähigen Eindruck machen.

%. Arbeitgeber haben nie Zeit. Weitschweifigkeit und Detailverliebtheit sind daher fehl am Platze. Aber Sie sollten auch nicht so kurz angebunden daherkommen, dass man Sie als desinteressiert einschätzen könnte.

%. Manche Personalchefs hören sich am liebsten selbst reden. Wundern und grämen Sie sich dann nicht, wenn Sie so gut wie gar nichts sagen können. Hören Sie ihm zu wie ein Pfarrer bei der Beichte.

%. Wenn Sie Schwachpunkte in Ihrer bisherigen Karriere haben, müssen Sie eine schlüssige, ehrliche Erklärung parat halten. Versuche, Personalchefs zu täuschen, sind tödlich.

%. Wenn Sie nach Ihren Schwächen gefragt werden, nennen Sie am besten solche, die von Arbeitgeberseite eher als Stärken gesehen werden: «Wenn ich ein Problem sehe, beiße ich mich so lange darin fest, bis es gelöst ist.» Oder: «Manchmal bin ich zu ungeduldig, wenn ich ein Ziel erreichen will.»

%. Unverzeihlich ist es, zuzugeben, dass man Probleme hat, Termine einzuhalten oder Ordnung zu wahren.

※ Wenn Sie Fragen stellen, dann solche, die ein Interesse an der neuen Arbeit vortäuschen. Es kommt vielleicht nicht so gut an, wenn man sich als Erstes über Prämien, Freizeitausgleich und Bildungsurlaub erkundigt.

※ Verblüffen Sie den potenziellen Arbeitgeber mit genauen Kenntnissen über dessen Unternehmen, die Sie sich wie ein Detektiv zusammengesucht haben.

※ Legen Sie sich knappe, aber plausible Antworten auf Fragen zurecht, die garantiert gestellt werden: «Warum denken Sie, dass ausgerechnet Sie diesen Job am besten machen können?», «Wo sehen Sie sich in fünf Jahren?», «Warum wollen Sie bei Ihrer bisherigen Stelle aufhören?», «Warum waren Sie so lange arbeitslos?» oder «Was ist Ihr Lieblingsbuch?» Wenn Sie bei solchen Fragen lange überlegen, gibt es Punktabzug.

※ Wird das Gespräch mit dem Satz «Rufen Sie uns nicht an, wir rufen Sie an» beendet, bedeutet das noch lange keine Absage.

Und was, wenn es dann doch nicht mit dem Job klappt?

※ Schüchterne neigen zu «Saure-Trauben-Reaktionen». Bekommen sie eine Stelle nicht, tun sie so, als hätten sie den Job wegen dieser oder jener Nachteile gar nicht haben wollen («Ich hätte sowieso nicht so weit zur Arbeit fahren wollen»).

※ Schüchterne neigen dazu, schnell aufzugeben. Werden Sie abgelehnt, sollten Sie nachhaken und nach den Gründen fragen. Hartnäckigkeit hat schon oft in Situationen geholfen, in denen man nichts zu verlieren hat. Zumindest können Sie vielleicht erfahren, was Sie bei der nächsten Bewerbung besser machen können.

※ Schüchterne neigen dazu, eine Ablehnung nicht auf einzelne ihrer Eigenschaften zurückzuführen, sondern auf den ganzen Menschen zu generalisieren. Vielleicht haben Sie den Job nicht erhalten, weil Sie eine einzige Voraussetzung nicht erfüllt haben. Das heißt nicht, dass man Sie in Gänze als Person abgelehnt hat.

Das Hausmeistersyndrom

Ich mache mir manchmal schon tagelang vorher Gedanken über einen Gang zu einer Behörde. Auch bei kleineren Dingen, wie einen neuen Reisepass abholen, ein Auto anmelden oder einen Dauerauftrag in der Bank ändern, habe ich eine unerfindliche Angst vor den Menschen hinter dem Schalter.

Elke B. (47), Hausfrau

In größeren Betrieben gibt es immer Leute mit einem sogenannten Hausmeistersyndrom. Das muss nicht notwendigerweise der Hausmeister sein. Es handelt sich um Personen, die nicht unbedingt die wichtigste Position in der Firma einnehmen, aber denen man ein Amt mit einer gewissen Monopolstellung verliehen hat – wie zum Beispiel die Verwaltung von Schlüsseln. Fragt man einen solchen Mann zum Beispiel freundlich, ob man einen Schlüssel für diesen oder jenen Raum haben könne, so sagt er, ohne rot zu werden, er habe keinen – obwohl er vor ihm in der Schublade liegt. Aber man könne in zwei, drei Tagen einen solchen Schlüssel besorgen, versprechen könne man das aber nicht, fügt er dann noch hinzu. Es geht diesen Menschen darum, die seltenen und kurzen Augenblicke auszunutzen, in denen sie eine gewisse Macht haben, da sie sonst keine Gelegenheit dazu haben. Selbstunsichere Persönlichkeiten sind immer wieder willfährige Opfer von Leuten mit dem Hausmeistersyndrom, denn diese haben ein untrügliches Gespür dafür, mit wem sie dieses Spiel treiben können.

Es ist das Schicksal der Schüchternen dieser Welt, dass sie sich ohne Not Menschen unterordnen, die ihnen das Wasser nicht reichen können. Ein dekorierter Akademiker lässt sich von einem muffeligen Pförtner von oben herab behandeln, ein Jurist mit Prädikatsexamen gibt bei einer Auszubildenden im Bauordnungsamt klein bei, ein Student lässt sich von einem Türsteher mit einem IQ, der der jeweiligen Außentemperatur entspricht, wegen seines unmöglichen Outfits am Eingang einer Diskothek abwimmeln. Sozialphobische Menschen geraten selten in Verkehrskontrollen, weil sie immer alle Vorschriften beachten – sie haben eine so große Angst vor der Obrigkeit, dass ihnen eine Maßregelung durch einen Verkehrspolizisten den letzten Stolz rauben würde.

Behörden und Ämter stellen eine Herausforderung für Menschen mit einer Sozialen Phobie dar. Sie zittern mit der Hand, wenn sie ein offizielles Formular unterschreiben müssen; sie befürchten, dass man nur ihnen einen Bauantrag aus nichtigen Gründen ablehnen könnte oder dass alle anderen den Auszug aus dem Katasteramt bekommen, nur sie nicht.

Auch wenn sie eigentlich wissen, dass sie eine bessere Ausbildung haben oder mehr Geld verdienen als der Mann hinter dem Schalter, haben sie einen Respekt vor ihm, als ob er der Oberbürgermeister oder der Bankchef persönlich wäre. Das Herz klopft, als wenn der Bedienstete sie mit kleinen Elektroschocks quälen möchte, obwohl Sie nur ein Paket aufgeben wollen.

Haben Sie auch Angst vor Autoritätspersonen? Das können Sie dagegen tun:

🖋 Ein deutscher Schalterbeamter hat in der Regel die Angewohnheit, Sie anzusehen, als ob Sie gerade seinen Lieblingspudel vergiftet haben. Lassen Sie sich nicht einschüchtern, sondern versuchen Sie Ihrerseits, ihn durch Freundlichkeit aufzumuntern.

🖋 Wenn Sie jemand ungerechtfertigt abwimmeln will, geben Sie nicht sofort klein bei. Vielleicht bekommen Sie Ihren Willen, wenn Sie oft genug Ihre Forderungen gleichförmig wiederholen, bis der Angestellte entnervt aufgibt und Ihrem Antrag stattgibt.

🖋 Wenn gar nichts geht, drohen Sie damit, den Vorgesetzten sprechen zu wollen oder eine schriftliche Beschwerde einzureichen.

Kein Alkohol ist auch keine Lösung

O hne Alkohol fühle ich mich klein, schwach, hässlich und uninter-
essant. Ab zwei Litern Bier schwinge ich die großen Sprüche, ich
fühle mich als der Größte, und all meine Minderwertigkeitskomplexe
sind weg. Dabei ist es der Alkohol, der einen völligen Versager aus
mir gemacht hat.

Jochen K. (34), arbeitsloser Orgelbauer

Vier Freunde sitzen zusammen und trinken Bier. Jochen K. fühlt
sich von allen vier Anwesenden als der Schwächste, Uninteressan-
teste, Minderwertigste. Als die Kellnerin ihm das dritte Pils bringt,
haben die anderen noch nicht einmal ihr erstes ausgetrunken. Erst
nach dem sechsten Glas sagt Jochen etwas. Vorher hatte er das Gefühl, seine Ideen und Gedanken seien es nicht wert, den Freunden
mitgeteilt zu werden. Gegen Ende des Abends lallt Jochen. Sein
Selbstbewusstsein hat jetzt ungeahnte Ausmaße angenommen. Er
hält längere Vorträge über die Fehler der derzeitigen Regierung und
des Trainers von Bayern München.

«Kein Alkohol ist auch keine Lösung» – Dieser bedenkliche
Sinnspruch aus einem Lied der Punk-Band Die Toten Hosen trifft
leider für viele Menschen mit einer Sozialen Phobie zu.

Nach wissenschaftlichen Untersuchungen versuchen sich bis
zu 19 Prozent der Menschen mit einer sozialen Angst mit der in
Flaschen abgefüllten Extrovertiertheit zu behandeln. Aber auch
andere Drogen spielen bei 13 Prozent der Patienten eine Rolle. (42)
Den starken Zusammenhang zwischen Sozialer Phobie und Alkohol könnte man natürlich auch umgekehrt so erklären, dass erst die
Alkoholabhängigkeit bestand und sich dann der soziale Rückzug
einstellte. Auch das trifft sicher in manchen Fällen zu, aber in den
meisten, nämlich 85 Prozent, geht die Soziale Phobie der Alkohol-
krankheit voraus. (43)

Alkohol, ein kleines Molekül namens C_2H_5OH, fördert das GABA-System im menschlichen Gehirn. Dabei handelt es sich um ein natürliches Bremssystem für alle möglichen Aufregungen und Ängste. Der Apfelkorn und seine Artverwandten dienen in diesem System als eine Art Bremskraftverstärker.

Natürlich löst Alkohol die Ängste bei (fast) allen Menschen, aber diejenigen mit einer Sozialen Phobie sind besonders gefährdet, da gerade bei geselligen Zusammenkünften in hemmungslosem Maße Alkohol ausgeschenkt wird. Ganz legitim und gesellschaftlich akzeptiert, kann man sich während eines Geschäftsessens erst einen trockenen Sherry zum Amuse-Gueule einschenken lassen, dann einen Riesling zum Zander, den Chianti zum Lammrücken, den Vino Santo zum Dessert, den Portwein zur Käseplatte und ganz zum Schluss noch den Marc de Champagne nach dem Kaffee. Unter dem Einfluss von Branntwein wird aus einem gehemmten, unsicheren, zaghaften Menschen plötzlich ein gutgelaunter, geselliger, mitteilsamer und kontaktfreudiger Mitbürger. Dieses Verhalten wird positiv verstärkt: Von den Mittrinkern erhält man Zustimmung, da man ja plötzlich aus sich herausgeht, fröhlich ist, auch mal in euphorischer Weise mit Freundlichkeiten um sich wirft.

Natürlich läuft mithin das Flirten geschmeidiger unter dem Einfluss enthemmender Drinks wie «Alabama Slammer» oder «Sex on the Beach».

Doch die dunklen Seiten kommen ebenso zum Vorschein. Menschen, die sich sonst nicht durchsetzen können, werden nach dem Genuss einer halben Flasche Wodka plötzlich zu frechen, überheblichen, hochmütigen oder wütenden Zeitgenossen. Für ihr lange geübtes schaumgebremstes Verhalten wollen sie sich nun durch besonders dreistes entschädigen. Alle angesammelten Aggressionen, Frustrationen und Demütigungen müssen neutralisiert werden.

Nach dem Alkoholexzess folgen allerdings Zerknirschtheit und Schuldgefühle. Und jetzt sind die Ängste vor einem sozialen Abstieg vielleicht sogar begründet, und die Reue ist noch viel stärker als bei Menschen ohne Sozialphobie.

Stellen Sie sich die folgenden Fragen, wenn Sie vermuten, dass Sie wegen sozialer Ängste zu viel trinken:

- Haben Sie das Gefühl, erst frei mit anderen Menschen reden zu können, wenn Sie ein paar Gläser getrunken haben?
- Haben Sie schon versucht, Ihren Alkoholkonsum zu reduzieren – und sind Sie dabei mehr oder weniger erfolglos geblieben?
- Brauchen Sie morgens schon Alkohol, um richtig leistungsfähig zu werden?
- Machen Sie sich häufig Vorwürfe wegen Ihres Trinkens?
- Haben Ihre Verwandten, Freunde oder Ihre Partner Sie schon wegen Ihres übermäßigen Trinkens kritisiert, und haben Sie sich darüber geärgert?
- Haben Sie unter Alkoholeinfluss öfter Dinge gesagt oder getan, die Sie nachher sehr bereuten?
- Ist es Ihnen häufiger passiert, dass Ihnen nach einem heftigen Trinken der «Film gerissen» ist?

Wenn Sie bei sich erkennen, dass Sie alkoholgefährdet sind, sollten Sie Folgendes beherzigen:

- Eine Soziale Phobie ist ein kleines Übel, eine Alkoholsucht ein Riesenproblem. Treiben Sie nicht den Teufel mit dem Beelzebub aus.
- Eine voll ausgebildete Alkoholabhängigkeit muss stationär in der Psychiatrie behandelt werden. Die meisten Süchtigen überschätzen ihre Fähigkeiten, aus freien Stücken von dieser Droge loszukommen.
- Vermeiden Sie den «kleinen-Cognac-Effekt» in sozialen Situationen, die Sie besonders fürchten. Das gleiche Ergebnis können Sie erreichen, wenn Sie zwanzig Minuten in der Angst auslösenden Situation bleiben, bis sich Ihr vegetatives Nervensystem wieder beruhigt hat.

✻ Meiden Sie Freunde, bei denen jede Zusammenkunft erst einmal mit einem Flatrate-Trinkritual beginnt.

Ohrfeige oder Orgasmus

«Was ist denn aus dir geworden? Wir haben uns ja ewig nicht mehr gesehen!»

«Mir geht's gut. Ich habe oft an dich gedacht. Jetzt kann ich es dir ja gestehen.»

«Wieso gestehen? Was gestehen? Wie meinst du das?»

«Na ja, ich mochte dich eigentlich ganz gerne.»

«Du mochtest mich gerne?»

«Ehrlich gesagt, ich war so ziemlich verknallt in dich.»

«Das glaube ich nicht.»

«Wie, das hast du nicht gewusst? Jetzt kann es ja raus. Ich war nie wieder in jemanden so verliebt wie in dich, auch nicht in meinen jetzigen Mann.»

«Sag, dass das nicht wahr ist.»

«Na, du hast dich ja nie für mich interessiert.»

«Würdest du mir glauben, wenn ich dir sage, dass ich auch in dich verliebt war?»

«Nein, ehrlich? Du hast mich doch nie eines Blickes gewürdigt.»

«Ich weiß, das war damals mein Problem. Für mich warst du das schönste Mädchen im romanistischen Seminar. Ich hätte mich nie getraut, dich anzusprechen. Du warst einfach eine Nummer zu schön für mich.»

«Ist das dein Ernst? Du warst wirklich auch in mich verliebt?»

«So schlimm, dass ich jahrelang an nichts anderes denken konnte.»

«Dumm gelaufen, kann man da nur sagen. Jetzt, nach dreißig Jahren.»

Eine solche Geschichte ist typisch für Schüchterne. In Liebesdingen verpassen sie sehr oft die Gelegenheit. Sogar selbstsichere Personen würden es nicht unbedingt als einfach empfinden, einen Partner kennenzulernen. Jeder versucht, mit Personen des anderen Geschlechts in Kontakt zu kommen, erhält vielleicht einen Korb – und probiert es dann wieder. Die Chance, jemanden zu finden, bei dem alles passt, ist ja sehr gering. Die zaghaften Menschen haben es aber doppelt schwer. Selbst wenn sie eine Gelegenheit haben, den Traumpartner zu finden, nutzen sie kaum die Gunst des Augenblicks.

Wissenschaftliche Untersuchungen ergaben, dass Menschen mit einer Sozialen Phobie weniger häufig einen Partner haben, seltener verheiratet sind oder später heiraten als Normalpersonen.

Wenn man wegen der eigenen Scheu niemanden kennenlernt und das Liebesleben auf diese Weise unbefriedigend ist, entwickelt sich ein Teufelskreis: Man fühlt sich von anderen nicht ausreichend beachtet und zieht sich zurück, und somit sinkt weiter die Chance, jemandem zu begegnen.

Sozialpsychologen teilen die Menschen etwas prosaisch nach ihrem Wert auf dem «Hochzeitsmarkt» ein. Um das Partnersuchverhalten wissenschaftlich zu erforschen, stellt man das Experiment an, den Wert eines Menschen auf einer Skala abzubilden. Hier gehen die landläufigen Kriterien mit ein, die Menschen anlegen, wenn sie sich mit jemandem verbinden wollen. Charme, Höflichkeit, sympathische Ausstrahlung, eine angenehme Stimme, eine gewinnende Körpersprache, Mutterwitz, Intelligenz, ein gut dotierter Job, Macht und nicht zuletzt ein knackiges männliches Hinterteil werden von Frauen geschätzt. Männer dagegen haben manchmal etwas weniger komplexe Präferenzen.

Für selbstunsichere Personen gelten diese Gesetze nicht. Sie bekommen oft nicht die Partner, die ihrem Wert auf dem «Hochzeitsmarkt» entsprechen. Dabei sind Schüchterne gar nicht mal so schlechte Gefährten. So beschrieben Ehefrauen ihre schüchternen

Männer als bescheiden, würdevoll, sensibel, anständig und ehrlich. (44) Außerdem hätte man mit zurückhaltenden Lebensgefährten viele partnerschaftliche Probleme erst gar nicht. Sie beharren nicht ständig auf ihrem Recht und sind nicht gleich auf Krawall gebürstet, wenn irgendetwas nicht in ihrem Sinn läuft.

Wenn Schüchterne doch einmal eine Verabredung haben, beginnen sie vielleicht eine Selbstüberlistungstechnik: Die alleinstehende Krankengymnastin Andrea K. hatte es ein paarmal geschafft, zu einem Date eingeladen zu werden. Dann setzte sie unbewusst alles daran, diese Treffen zu verhindern. Aus Angst, das nächste Date könnte zu einer Blamage werden, fand sie immer wieder Ausflüchte, warum sie es platzenließ. Mal bekam sie plötzlich Migräne, dann musste sie den Geburtstag ihrer Mutter am nächsten Tag vorbereiten, dann wieder war sie einfach unpässlich oder hatte den Termin schlichtweg vergessen. Die ausgeladenen Männer fanden eine ganz simple Interpretation ihres Verhaltens: mangelndes Interesse.

Wenn sie gewusst hätten, dass Andrea sich auf diese Rendezvous tagelang vorbereitete und sich endlose Gedanken über passende Kleidung machte, über das Make-up, das sie auftragen wollte, und das Parfüm, nach dem sie duften würde ... Sie zermarterte sich das Gehirn, welche Worte sie bei der Begrüßung wählen könnte, welche Themen sie im weiteren Verlauf des Abends anschneiden wollte und welche auf keinen Fall. Sie machte sich genaue Pläne, wie sie das Timing gestalten würde: Wie viele Sekunden lang würde sie zum Beispiel warten, bis sie nach dem Klingeln an die Tür gehen würde? Nach jedem abgesagten Termin bereute sie ihren mangelnden Mut wochenlang.

Vielen Schüchternen geht es ähnlich wie Andrea K. Sie stehen sich selbst im Weg.

Am häufigsten wird eine Beziehung verhindert, wenn auch der andere verlegen und zaghaft ist. Unglaublich viele Partner, die zusammenpassen könnten, verpassen sich. Der Devise folgend «Wer sich zuerst bewegt, hat verloren», warten sie darauf, dass der andere den ersten Schritt tut. Dabei könnte es so einfach sein.

Wenn zwei Menschen sich kennenlernen, gibt es einmal den ersten Moment, in dem noch nicht klar ist, ob es gefunkt hat oder nicht. Das Reizvolle an diesem Augenblick ist die Verheißung, nicht die Erfüllung. Gerade weil bislang nichts passiert ist, wird die Phantasie angeregt. Stellen Sie sich eine Engtanzparty vor: Ein junger Mann zieht ein Mädchen immer näher zu sich heran. Wird sie jetzt auf Distanz gehen? Wird sie den Tanz plötzlich abbrechen und vorschützen, dringend mal mit einer Freundin sprechen zu müssen? Wird sie durch eine angespannte Körperhaltung Distanz demonstrieren wollen – «bis hierher und nicht weiter»? Oder wird sie es zulassen, dass sich die Körper sanft anschmiegen? Wird sie zurückweichen, wenn die Wangen sich berühren? Oder wird sie es geschehen lassen, wenn er ihren Mund zum Kuss sucht?

Ein solcher Moment ist ambivalent, denn er ist eine Mischung aus wohliger Erwartung und Furcht: Im nächsten Moment könnte alles vorbei sein, oder ein ungeahntes Glück könnte seinen Anfang nehmen. Alles ist drin: Ablehnung oder Anlehnung, Korb oder Kuscheln, Ohrfeige oder Orgasmus. Und das macht solche prickelnden Momente so unvergleichlich und unwiederholbar. Sie können schöner sein als das Liebesspiel eines lang verheirateten Paares. Das hängt wiederum mit unserem Belohnungssystem im Gehirn zusammen: Wenn der Eintritt einer Belohnung nicht exakt vorausberechenbar ist, ist die Endorphinausschüttung umso größer.

Für schüchterne Menschen gibt es in solchen Situationen oft nicht das gewünschte Happy End: Bevor es spannend wird, wird bei ihnen die Angst immer unermesslicher, sodass sie plötzlich die Kehrtwende machen und sich zurückziehen.

Eine der häufigsten Verhinderungstechniken ist, allen gesellschaftlichen Ereignissen aus dem Weg zu gehen. Das Programm heißt «Enttäuschungsvorbeugung». Vorausschauend werden alle möglichen Szenarien in negativer Weise erwartet: Ich könnte ja auf diese Party gehen, könnte mich dort in jemanden verlieben, der dann wahrscheinlich nichts von mir wissen will, und dann gehe ich einsam und allein nach Hause. Ich erfinde viele Gründe, warum es nicht klappen kann:

«Es ist heute nicht die richtige Tageszeit und der richtige Ort, jemanden anzusprechen.»
«Mich will sowieso keiner.»
«Ich habe so bittere Erfahrungen mit Liebesbeziehungen, das muss ich mir nicht noch einmal antun.»

Wenn Sie sich dabei ertappen, dass Sie sich selbst immer wieder ein Bein stellen, wenn es um die Aufnahme einer Beziehung geht, sollten Sie einmal über Ihren Schatten springen und Ihre Bedenken beiseitelegen.

Niedere Beweggründe

Warum haben selbstsichere Menschen mehr Erfolg in der Liebe?

Bei der Wahl des Partners legen Menschen immer zwei verschiedene Maßstäbe an: Vernunftaspekte und niedere Beweggründe. Vernunftgründe, die Frauen überzeugen, könnten folgende sein: «Wird er für meinen Lebensunterhalt sorgen, wird er treu sein, kann ich mich mit ihm über interessante Dinge unterhalten, oder wird er am Wochenende immer nur Fußball schauen wollen, wird er mir zum Geburtstag eine Goldkette schenken?» Auch Männer folgen in dieser Hinsicht rationalen Argumenten wie: «Wird sie meiner Mutter gefallen, was werden meine Freunde sagen, wird sie für mein leibliches Wohl sorgen, wird sie nicht zu viel Geld ausgeben, wird sie die Kinder pünktlich in den Kindergarten bringen, wird sie noch immer da sein, wenn ich alt und krank bin?»

Auf der anderen Seite denken primitive Anteile des Gehirns immer nur an das Eine. Männer fixieren sich testosterongesteuert einzig auf die primären weiblichen Geschlechtsmerkmale, und Frauen lassen sich von einem wohlgeformten Hinterteil und einem Waschbrettbauch verführen. Wenn es zum Showdown zwischen den vernünftigen Teilen des Gehirns und den hormonell betriebenen Primitivfunktionen kommt, gewinnen oft die niedrigen Beweggründe. Dabei haben nicht alle emotionsgesteuerten Vorlieben etwas mit Sex zu tun. Emotionen können auch durch das Gefühl des gegenseitigen Verstehens, Humor, Geborgenheit oder aber den Reiz des Andersartigen angesprochen werden. Diese Vorlieben für einen Partner werden oft vom Unbewussten gelenkt und sind manchmal den vernünftigeren Anteilen des Gehirns diametral entgegengesetzt. «Meine Mutter wird ihn nicht mögen, mein Vater hält ihn für einen spielsüchtigen, unhöflichen und losen Vogel, aber ich liebe ihn einfach.» Oder umgekehrt: «Sie ist schlampig, faul, schwatzhaft, unzuverlässig, flirtet ständig mit anderen Männern, fährt leicht aus der Haut, kaut Kaugummi, raucht Kette und denkt, dass das Geld aus einem Schlitz in der Wand kommt. Aber sie ist sooo sexy!»

Diese unbewusst ablaufenden Partnerwahlpräferenzen, die unzweifelhaft weit verbreitet sind, sind wohl von der Natur so gewollt, denn sie sollen letztendlich der Arterhaltung dienen. Auch in der Tierwelt bevorzugen weibliche Tiere ein Männchen, das sich durchsetzen kann – damit das Überleben der Nachkommen gesichert ist. «Wird er ein guter Vater für meine Kinder sein?», fragt sich das unbewusste Gehirn. Ist ein männliches Wesen muskulös gebaut, suggeriert es dem Primitivgehirn, dass dieser Mann die Kinder gegen «wilde Tiere» verteidigen kann – auch wenn der vernunftbegabte Teil des Gehirns längst spitzgekriegt hat, dass ein überdimensionaler Bizeps oder Deltoideus heutzutage so gut wie überflüssig und oft lediglich ein Produkt langer Übungen in der Muckibude und der Anwendung von Anabolika sind. Die verborgenen Teile des weiblichen Gehirns sind daher von angriffslustigen Machos eher fasziniert als von introvertierten Softies.

Umgekehrt denken Männerhirne in ihren stammhirnnahen Anteilen, dass eine selbstbewusste Frau mit großen Brüsten und einem gebärfreudigen Becken am ehesten in der Lage sei, gesunde Kinder zu gebären. Eine zurückhaltende, bescheidene, kopfbetonte Frau hat es dagegen schwerer, diesen schlichten Gehirnregionen zu vermitteln, dass sie die geeignete Partnerin ist.

Da der Mensch in Liebesdingen oft ein Opfer seiner animalischen Strukturen ist, wundert es einen nicht, dass unzuverlässige, unmoralische oder promiskuitive Frauen Männer verführen und zum Wahnsinn treiben können und dass Männer, die weder anständig, ehrlich noch sensibel sind, sondern lügen, betrügen oder schlagen, paradoxerweise sehr erfolgreich beim anderen Geschlecht sein können. Man muss sich immer darüber im Klaren sein, dass die rationalen und die lustbetonten Aspekte der Partnerwahl stets nebeneinander existieren und dass der letztere Anteil oft stärker ist. Das ist damit gemeint, wenn wir davon reden, dass wir «aus dem Bauch heraus» handeln.

Dieses Bauch-Prinzip ist eigentlich ein Auslaufmodell, denn eines Tages könnte unsere Art von dieser Welt verschwinden, wenn nur starke und aggressive Männer die Oberhand behalten. Es bleibt zu hoffen, dass sich vielleicht irgendwann einmal Intelligenz und soziales Denken als Ausleseprinzipien durchsetzen. Bis dahin ist es allerdings ratsam, sich bis zu einem gewissen Grad auf die derzeit gegebenen Verhältnisse einzustellen. Das Problem der Schüchternen ist oft, dass sie zwar die vernunftmäßigen Anteile des Gehirns zufriedenstellen, aber vielleicht nicht unbedingt die minimalistische Denkweise des Reptiliengehirns. Ein Grund mehr, sich mehr Selbstbewusstsein zuzulegen.

Auch umgekehrt suchen Gehemmte ihre Partner eher nach Vernunftgründen aus, anstatt sich von ihrem Herzen leiten zu lassen. Das ist eine Maßnahme, die das «Ministerium für absurde Angst» beschwichtigen soll, das ihnen einreden will, dass sie doch lieber allein bleiben sollten.

Machen Sie es nicht wie Charles Darwin, der auch von zahlreichen Ängsten geplagt wurde. Er ging jedes Problem analytisch-wissenschaftlich an, so auch seine Heirat. Der britische Naturforscher legte sich dafür eine Pro-und-Contra-Liste an. Unter «Heiraten» stand: «Ständige Begleiterin und Freundin im Alter» und «auf jeden Fall besser als ein Hund». Unter «Nicht heiraten» hatte er notiert: «Man wird zu Verwandtenbesuchen gezwungen», «weniger Geld für Bücher» und «schrecklicher Zeitverlust». Darwin ehelichte dennoch seine Cousine und bekam mit ihr zehn Kinder.

Die Kuscheldrogen und die Liebe

Die amerikanische Anthropologin Helen Fisher von der Universität Stony Brook wollte wissen, wo im Gehirn die romantische Liebe ihren Ausgang nimmt. Sie untersuchte siebzehn total verknallte junge Frauen und Männer in der Kernspintomographie. Wenn man den Versuchspersonen Fotos des jeweiligen Partners zeigte, leuchteten im Gehirn Teile auf, die dem Belohnungssystem zugeordnet werden: die Area tegmentalis ventralis und der Nucleus caudatus – beides dopaminreiche Gebiete, die dem Belohnungssystem zugeordnet werden. (45) Das ist kein verwunderlicher Befund, denn dadurch, dass die Natur uns für Verliebtsein mit einer Ausschüttung von Botenstoffen belohnt, sorgt sie dafür, dass wir unsere Art erhalten.

Verliebtheit ist aus der Sicht eines Neurobiologen eine ziemlich banale Angelegenheit. Simple kleine Moleküle sind schuld, wenn unsere Vernunft aussetzt und wir «blind vor Liebe» werden. Nicht nur Dopamin, sondern auch einige andere Hormone schlagen in unserer Blutbahn Blasen, wenn wird Feuer fangen. Auch ein Orgasmus ist nichts anderes als eine Explosion verschiedenster Hormone, darunter Vasopressin, Oxytocin oder Endorphine. (46)

Ein ganz spezieller Stoff, der im Zusammenhang mit Liebe und Sex wichtig ist, ist das Knuddelhormon Oxytocin. Es wird im Gehirn im Hypothalamus ausgeschüttet und zum Hypophysenhinterlappen weitergeleitet. Diese opiumartige Wirkung auf das Belohnungssystem ist wahrscheinlich dafür zuständig, dass ein Mann und eine Frau ein Leben lang zusammenbleiben. Die Kuscheldroge sorgt dafür, dass der Orgasmus unglaubliche Wohlgefühle auslöst. Wenn wir anderen vertrauen, spielt diese Chemikalie eine entscheidende Rolle. Manche Forscher postulieren sogar, dass Oxytocin dafür verantwortlich ist, wenn Partner, die ein einziges Mal Sex miteinander hatten, daraufhin eine langjährige Bindung eingehen. (47) Das würde bedeuten, dass die Regel «Kein Sex vor der Ehe» nicht sinnvoll wäre.

Sind Liebe und Sex überhaupt das Gleiche? Psychologen versuchten zu erforschen, ob Verliebtheit und Lust auf Sex nicht zwei völlig verschiedene Dinge sind. Sie fanden heraus, dass diese beiden emotionalen Zustände in mancher Sicht unterschiedlich sind – was das Verhalten, die Ausschüttung chemischer Substanzen oder die Aktivierung bestimmter Gehirnregionen angeht. Aber eine genaue Trennung gelang den Forschern nicht, da diese jeweiligen Gefühlsqualitäten eng miteinander zusammenhängen. (47) Wahrscheinlich trifft zu, was Woody Allen sagte: «Liebe ist die Antwort. Aber während wir auf die Antwort warten, stellt Sex einige ziemlich interessante Fragen.»

Was bedeutet das für Schüchterne? Wenn es wirklich so ist, dass Verliebtheit durch zwei, drei Hormone gesteuert wird, dann wundert es einen nicht, wenn die Partnerwahl oft durch sehr emotionale Vorlieben gesteuert wird. Selbstunsichere Persönlichkeiten vertrauen wenig auf ihre Attraktivität oder auf ihre sexuelle Ausstrahlung. Daher versuchen sie, ihr vermeintliches Defizit wettzumachen, indem sie auf ihre anderen Vorzüge bauen. Beim Werben um einen Partner betonen sie ihre objektiven, nicht hormonabhängigen Vorzüge – seien es herausragende berufliche Leistungen, materielle Errungenschaften, Hilfsbereitschaft, Fleiß, sportliche Trophäen oder exzellente Zeugnisse. Aber diese Strategie geht oft an der Zielgruppe vorbei.

Es ist zwar nicht ganz leicht, über den eigenen Schatten zu springen. Aber Schüchternen kann man in Liebesdingen nur raten, dass sie die Macht der Gefühle und Emotionen nicht unterschätzen sollten.

Wenn Sie jemand liebt, begehen Sie nicht den Fehler, zu denken, dass derjenige Sie nur wegen Ihres Bankkontos, Ihres achtbaren Handwerks oder Ihrer sportlichen Leistungen schätzt – das sind nur sekundäre Vorzüge. «Die Chemie muss stimmen», sagt man. Und die beruht auf körperlichen Dingen, dem «gewissen Etwas», das man nicht in Worte fassen kann, aber auch auf Vertrauen und gegenseitiger Wertschätzung.

Der kleine Flirt-Manager

Eines der größten Probleme von schüchternen Menschen ist, dass sie große Schwierigkeiten haben, einen Partner zu finden. Dabei sind sie sich selbst die mächtigsten Gegner. Sie finden nicht den Mut, ihr Leben aktiv zum Positiven zu verändern. Gehemmt von ihrer Angst vor Ablehnung, blockieren sie sich selbst. Wenn ein Flirt mal nicht klappt, sollte man sich nicht gleich erschießen wie Goethes Werther. Zurückweisung ist ein Teil des Lebens. Selbst der größte Anmachprofi erhält ab und zu mal einen Korb.

Haben Sie auch das Problem, dass Sie bisher noch nicht den richtigen Partner gefunden haben?

Es ist nett, dass Sie dieses Buch lesen. Aber wenn Sie immer nur die Abende mit Büchern verbringen oder *Wetten, dass ...?* im Fernsehen schauen, wird sich möglicherweise keine Veränderung einstellen.

Ewald flehte jeden Samstag: «Lieber Gott, bitte mach, dass ich im Lotto gewinne.» Nachdem er ein Jahr lang Woche für Woche gebetet hatte, ohne dass er irgendwas gewann, tat sich plötzlich eine riesige dunkle Wolke am Himmel auf, und eine donnernde Stimme rief: «Ewald, tu mir einen Gefallen und gib deinen Lottoschein auch ab.» Dieser Kalauer soll eins deutlich machen: Wenn man einen Partner kennenlernen will, muss man die statistische Chance, jemanden zu treffen, erhöhen:

% Mit Lethargie kommt man nicht weiter. Bleiben Sie nicht zu Hause. Sorgen Sie dafür, dass Sie pro Woche zwei bis drei Gelegenheiten haben, jemandem zu begegnen. Das kostet oft Energie und Überwindung, besonders dann, wenn man sich nicht sehr gesellig fühlt. Wer stets von der Arbeit direkt nach Hause fährt, kann sich selbst ausrechnen, wie hoch die Chance ist, zufällig in der U-Bahn von einer von Heidi Klums Top-Models angesprochen zu werden.

% Warten Sie nicht ein halbes Jahr, bis jemand Sie zu einer Party einlädt. Organisieren Sie selbst eine.

% Gehen Sie nicht ausschließlich auf Feten, bei denen sich nur Pärchen treffen, sondern auch auf solche, die von Singles besucht werden. Lassen Sie sich von Leuten einladen, die Sie kaum kennen.

% Suchen Sie sich einen Job mit Publikumsverkehr, bei dem Sie sich die Gehemmtheit automatisch abtrainieren müssen und Gelegenheit haben, nette Leute zu treffen (wie Bedienung an der Theke, Buchhändlerin, Empfangsdame im Hotel oder Verkaufsrepräsentant).

% Die typischen Anmachplätze wie Diskotheken, Kneipen oder Ü-30-Partys sind oft ungeeignet. Zwar gehen viele Menschen mit dem dezidierten Wunsch in eine Disco oder Bar, um «aufzureißen» oder «aufgerissen» zu werden. Dennoch sind hier die Voraussetzungen wegen der Unpersönlichkeit und Unverbindlichkeit der Zusammenkunft nicht besonders günstig. Besser sind: Tennisclub, einen Golden-Retriever-Welpen spazieren führen, private Feten, Tanzschule, Streichquartett (nein, besser ein Sextett, um die Chance zu erhöhen!), Wohltätigkeitsbasar, Cluburlaub oder einer

der zahlreichen Vereine. Vielleicht hatten Sie schon Jahre darauf gewartet, jemanden zu finden, dem Sie all Ihr Wissen über Modelleisenbahnen oder Dressurreiten offenbaren können.

※ Haben Sie eine Zielperson identifiziert, ist es schlauer, erst beim dritten oder vierten Mal den Kontakt aufzunehmen, denn dann wirkt man vertrauter. Geeignet sind daher Momente, in denen man die Betreffenden mehr als einmal sieht: im Pädagogikseminar, im Schwimmverein oder im Spanischkurs der Volkshochschule.

※ Außerdem sollten Sie sich in Situationen begeben, in denen die möglichen Partner «vorsortiert» sind. Sind Sie eine Leseratte, werden Sie Gleichgesinnte eher in einer Buchhandlung oder Bibliothek finden als in der Gewichtheberecke des Fitnessstudios. Geeignet sind in dieser Hinsicht auch der Reitverein, die Semesterparty oder der Literaturzirkel.

※ Am Arbeitsplatz, sagt man, solle man keinesfalls einen Flirt anfangen – dieser Warnung zum Trotz finden sich sehr häufig Partner, die sich vom Job her kennen. Wo denn sonst sind die Aussichten höher, dass Sie in einem ähnlichen Umfeld einen Gefährten finden?

※ Eine Möglichkeit, die sicher von vielen schüchternen Menschen genutzt wird, ist die Partnersuche im Internet. Laut einer Emnid-Studie ist das Internet die am dritthäufigsten genutzte Form, um eine Beziehung zu finden. Wie eine Frauenzeitschrift berichtete, suchen pro Jahr dreizehn Millionen Deutsche einen Partner im Internet. Der Suche nach der großen Liebe sind über 2500 Websites gewidmet. Studien zufolge nutzten überdurchschnittlich viele Akademikerinnen das Internet zur Partnersuche.

Manchmal sollte man erfinderisch sein, um überhaupt eine Chance zu erhalten. In Saudi-Arabien müssen junge Frauen ganz besonders einfallsreich sein. Sie dürfen sich nicht in der Öffentlichkeit zeigen und haben so praktisch keine Möglichkeit, überhaupt jemals junge Männer zu Gesicht zu bekommen. Aber sie dürfen in Autos fahren.

Natürlich dürfen sie nicht selbst hinter dem Steuer sitzen, das erlaubt die strenge Religionsauslegung nicht, aber es nicht verboten, sich von einem Chauffeur oder einem Bruder herumkutschieren zu lassen. Also verbringen sie ihre Zeit damit, stundenlang auf belebten Straßen klimatisiert herumzucruisen, um ab und zu einmal einen tiefen Blick durch getönte Scheiben zu erhaschen. Die jungen Scheichs haben das natürlich mitgekriegt und sind demzufolge auch massenhaft in ihren Fahrzeugen unterwegs – und liefern so ihren Beitrag zur Erderwärmung.

Tausend Tipps, um haufenweise Mädels aufzureißen ...

... werden Sie in diesem Buch nicht finden. Solch ein Kapitel sollte besser von jemandem geschrieben werden, der über einen weitreichenden Erfahrungsschatz auf diesem Gebiet verfügt. Wenn Sie ein Mann sind, der das Gefühl hat, in dieser Hinsicht noch etwas lernen zu müssen, besorgen Sie sich vielleicht das *Ultimative Flirtbuch*, den *Großen Bagger-Führer* oder die Standardwerke *Anmachen für Amateure, Schäkern für Schüchterne* oder *Wie werde ich ein Frauenflüsterer – in zehn Lektionen*. Loggen Sie sich in Internetseiten ein, die mit preiswerten Angeboten wie «Jetzt in die Verführung attraktiver Frauen eingeweiht werden!» locken.

Scherz beiseite: Solche Tipps würden im Einzelfall auch nicht funktionieren. Aber trotzdem wollen wir hier einige Dinge besprechen, die speziell für schüchterne Männer ein Problem darstellen könnten (umgekehrt gibt es später auch Tipps für Frauen). Gehen Sie den kleinen Flirt-Manager Schritt für Schritt durch: Es beginnt mit dem Augenkontakt, dann folgt die Ansprechphase, dann der Erstkontakt, die Prüfung auf gegenseitiges Interesse und dann der eigentliche Flirt.

Tipp 1: Blickkontakt

Vor dem Ansprechen sollte man vorher zunächst einmal mit Blickkontakt beginnen. (Beachten Sie dazu auch die Tipps auf Seite 106.) Die Dame sollte durch das Ansprechen nicht völlig überrascht werden. Also sollte man zunächst zwei- bis dreimal neutral hinschauen, bis sie Sie zumindest wahrgenommen hat.

Jetzt lächeln Sie sie zunächst einmal an. Wenn die begehrte Person nicht zurücklächelt, ist das noch kein Zeichen der Ablehnung, sondern eher ein Hinweis darauf, dass sie gut erzogen ist. Aber der Mann sollte, wenn sie keine Reaktion zeigt, sein Lächeln trotzdem weiter aufrechterhalten, anstatt erschrocken zu Boden zu sehen. Wenn sie interessiert ist, wird sie erst zu Boden blicken, dann aber innerhalb von fünfundvierzig Sekunden zurückschauen. Das haben Psychologen in Versuchen herausgefunden. (48) Wenn der Mann aber just in diesem Moment niederblickt, um das Linoleum nach festgeklebten Kaugummis abzusuchen, hat er seine Chance verpasst. Hat er dagegen sein freundliches Lächeln beibehalten, wird sie es (vielleicht) erwidern.

Wenn Fremde miteinander kommunizieren, sehen sie einander nur etwa 30 bis 60 Prozent der Zeit in die Augen. Verliebte dagegen erhöhen diesen Wert auf 75 Prozent. (49) Aber man macht einen anderen Menschen nicht in sich verliebt, indem man ihn anstarrt wie eine Kaulquappe mit Leseschwäche. Wenn also eine Dame nach mehrfachem penetrantem Grinsen außer einem vernichtenden Blick keine Reaktion zeigt, muss die Erfolgsaussicht des Unternehmens auf Stufe 1 zurückgeschraubt werden. Jede missglückte Anmache demoliert das unsichere Ego weiter. Daher sollte jeder Versuch mit einer Chance von 25 Prozent oder mehr begonnen werden.

Wenn Sie aber Glück haben und die Frau das Lächeln erwidert hat, geht es weiter.

Tipp 2: Ansprechen

*D*as letzte Mal habe ich in einer Kneipe eine Frau angesprochen.
Sie bestellte daraufhin ein Jägerschnitzel und ein großes Bier
bei mir, weil sie dachte, dass ich der Kellner sei.

Mario B. (23), Sportstudent

Elvis Presley sang in dem Lied «Can't Help Falling In Love» die Zeile «Only fools rush in» – «Nur Narren fallen mit der Tür ins Haus». Schüchterne gehen bei einer Begegnung manchmal zu forsch vor. Wenn man sehr lange einsam war oder wenig Gelegenheiten für einen Flirt hatte, besteht die Gefahr, zu schnell vorzupreschen. Zudem merkt man den gehemmten Menschen oft an, wie verzweifelt sie nach Anerkennung verlangen. Sie wollen gleich die ganze Hand, wenn man ihnen den kleinen Finger anbietet. Wenn sie abgewiesen werden, nehmen sie es sich viel zu sehr zu Herzen, da ja ihre Theorie, dass sie unzulänglich sind, bestätigt wird.

Lassen Sie sich Zeit. Nur wenn diese drängt – zum Beispiel, weil das Ganze in der Eisenbahn passiert und einer von beiden bald aussteigen muss –, sollten Sie sich beeilen. Ansonsten ist es besser, sich stunden-, tage- oder wochenlang in Geduld zu üben.

Es muss nicht unbedingt die Frage nach der Uhrzeit oder einem Feuerzeug sein – ein bisschen Phantasie kommt beim ersten Ansprechen gut an. «Das ist aber eine interessante Brille, wo haben Sie die gekauft?» – da ist schon ein kleines Kompliment eingearbeitet. Oder: «Haben Sie vielleicht eine Hundertfünfundzwanzigstelsekunde für mich Zeit?» – so schlich sich ein Hobbyfotograf erfolgreich an Frauen heran.

Auch die Freundin-Methode kann sehr erfolgreich sein: Das direkte Ansprechen ist ja bei Schüchternheit erheblich erschwert. Besser ist es, wenn man jemanden kennt, der das Vertrauen der angepeilten Dame besitzt. So kommt man ganz beiläufig in Kontakt. Nehmen wir mal an, Ihre unnahbare Angebetete hätte eine Freundin, mit der sie häufig im Doppelpack auftritt. Wenn das der Fall ist, schleichen Sie sich zunächst an diese Frau an. Heucheln Sie Interesse und reden Sie zunächst erst einmal mit ihr. Brechen Sie aber nicht das Herz der falschen Frau.

Tipp 3: Der Erstkontakt

Ich warte immer irgendwie auf den absoluten Megatipp mit möglichst wenig Risiko, um damit ziemlich sicher bei einem Mädchen landen zu können.

Michael T. (18), Schüler

Wenn erst mal das Eis gebrochen und der Erstkontakt zustande gekommen ist, sollte man zunächst einmal sehr lange über vollkommen neutrale Dinge reden. Je länger sie das Gespräch aufrechterhält, desto eher kann man davon ausgehen, dass sie zumindest ein minimales Interesse hat.

Eine Frau anzusprechen ist mit einem Wagnis verbunden. Aber wie groß ist es wirklich? Wenn ein Schüchterner einen Flirt beginnt, redet er sich zunächst einmal ein, dass das Unternehmen von vornherein nicht von Erfolg gekrönt sein wird. Seine Erwartung ist: «Du hast nur einen Versuch pro Jahr, eine Frau anzuquatschen. Wehe, wenn der danebengeht.» Man muss damit rechnen, dass ein Flirt missglückt. Aber es gibt verschiedene Möglichkeiten, mit einem Flop umzugehen. Ein zaghafter Flirter malt sich die maximale Katastrophe aus. Nachdem er auf einer Party eine Stunde lang nett mit einer Frau geplaudert hat und ihr nun sagen möchte, dass er sie gern wiedersehen würde, überfällt ihn die Phantasie, dass die Dame ihre Freundlichkeit plötzlich verlieren und ihn giftig anraunzen könnte: «Ihr Männer seid doch alle gleich. Bloß weil ich dir jetzt etwas länger zugehört habe, denkst du gleich, ich spring mit dir ins

Bett!» Oder dass sie laut ruft, sodass die anderen es auch erfahren: «Hört mal alle zu, dieser unmögliche Typ hier quatscht mir stundenlang die Ohren voll, und jetzt wird er auch noch aufdringlich!»

Dass die Frau vielleicht auch einen Gewinn aus dem Gespräch gezogen haben könnte, will ihm nicht in den Sinn kommen. Vielleicht ist sie durchaus an einer Fortsetzung der Bekanntschaft interessiert. Möglicherweise hat sie jedoch nur die angeregte Konversation genossen, will aber weiter nichts von ihm. Na und? Kann ja sein, dass die Dame, mit der man sich gut verstanden hat, keine weitergehenden Interessen als die intellektuelle Plauderei hat. Sie wird ausweichend antworten und sich dann freundlich verabschieden, oder sie wird Sie mit der «Lass uns einfach gute Freunde bleiben»-Nummer abwimmeln. Das ist wirklich das Schlimmste, was passieren kann.

Schüchtern zu sein ist nicht unbedingt ein Nachteil beim Flirten, denn viele Frauen lieben gehemmte Männer. Sie sind Sympathieträger. Sie werden von der Umgebung abgespeichert unter: «Macht keine Schwierigkeiten.» Das aber zu betonen und den Devoten zu spielen kommt auch nicht immer an. Selbstunsichere Personen sollten nicht den Bedauernswerten geben. Der Ritter der traurigen Gestalt ist nicht gefragt. Damit stellen Sie allenfalls eine Herausforderung für idealistische Menschen mit einem Helfersyndrom dar. «Bescheidenheit ist eine Eigenschaft, die die Frauen an einem Liebhaber mehr loben als lieben», sagte der irische Dramatiker Richard Brinsley Sheridan.

Ist es eine gute Idee, einem neuen Gesprächspartner zu erzählen, dass man gehemmt ist? Was für eine Antwort erwarten Sie? Eine nicht sehr wahrscheinliche Reaktion wäre: «Schüchterne Männer törnen mich unheimlich an – lass uns doch mal 'n Caipi in der Brazil-Bar trinken!» Oder: «Oh, du tust mir aber leid. Lass mich dir helfen, damit fertig zu werden!»

Eher reagiert Ihr Gegenüber mit den Worten: «Du und schüchtern – dass ich nicht lache!» – und dann haben Sie ein Problem. Wenn Sie es jemandem erzählen wollen, dann nur sehr vertrauten Menschen. Den anderen nur mit einem herunterspielenden Grinsen.

Verwechseln Sie auf keinen Fall das Erstgespräch mit einer Frau, bei der Sie punkten wollen, mit einer Psychotherapiestunde, auch wenn Ihnen die Dame so verständnisvoll erscheint wie eine promovierte Diplompsychologin. Zwar wirken sensible Menschen häufig interessant. Aber von Depressionen, Antriebsmangel und niedrigem Selbstwertgefühl in der ersten Flirtsituation anzufangen wird das Gegenteil des gewünschten Effekts erzielen. Eine Beziehung auf Mitleid aufzubauen klappt selten. Der absolute Flirtkiller ist der Versuch, in irgendeiner Form einen Zwang aufzubauen: «Ich bin so schrecklich verliebt in dich, und wegen meiner Sozialen Phobie finde ich nie eine Frau! Du musst mich erhören, sonst entwickle ich Suizidphantasien!»

Schüchterne sollten aber auch nicht so tun, als wären sie der Baggerkönig oder ein vor Selbstsicherheit strotzender Womanizer. Versuchen Sie, ganz natürlich zu bleiben.

Tipp 4: Hat sie Interesse?

Wenn Sie es nun geschafft haben, ein längeres neutrales Gespräch zu führen, wie geht es weiter?

Scheue Männer sind oft unsicher, ob die Frau, die sie erobern wollen, überhaupt an ihnen interessiert ist. Auf keinen Fall wollen sie ein Wagnis eingehen. Irgendwann hoffen sie im tiefsten Inneren, dass die Angebetete mit einem eindeutigen Angebot auf sie zukommt. Sie haben aber irgendwie gelernt, dass das recht unwahrscheinlich ist. Eine Frau ergreift meist nicht die Initiative – also bedeutet ein passives Verhalten erst mal gar nichts. Und wenn man selbst auf sie zugeht und sie sich ziert – was sagt das schon aus? Man weiß ja, dass viele Frauen am Anfang zögerlich reagieren. Wie viele Versuche, fragt man sich weiter, habe ich, bis sie entweder anbeißt oder mich eindeutig abweist? Wie deutlich muss ich werden, damit ich nicht zu aufdringlich wirke, aber auch nicht so uneindeutig, dass sie gar nicht merkt, dass ich an ihr interessiert bin?

Natürlich haben auch selbstbewusste Menschen dieses Problem, aber die Schüchternen sind besonders unsicher in der Interpretation der geheimen Signale, die das andere Geschlecht aussendet, um Zustimmung oder Ablehnung zu demonstrieren. Haben Sie eine Dame erfolgreich in ein Gespräch verwickelt, müssen Sie auf Zeichen achten, an denen Sie erkennen können, wie engagiert sie ist.

Was, wenn die Frau das Gespräch ziemlich rasch beendet hat? Katastrophe? Muss man dann gleich aufgeben? Nein, denn es gibt verschiedene Möglichkeiten, damit umzugehen. Sie bricht die Kommunikation ab …

※ … weil sie absolut kein Interesse hat. Erkennbar ist dies daran, dass sie Ihnen zwar brav zuhört, aber nur aus Höflichkeit, obschon sie eigentlich lieber etwas anderes machen würde. Sie lehnt sich am Tisch weit zurück, sie redet selbst wenig und verteilt nur sparsame nonverbale Gebärden der Zustimmung wie eine gelegentliches Nicken oder ein «Hm-hm». Sie schaut Ihnen nicht in die Augen, kommt nicht näher, sieht anderen Personen hinterher, holt kurz ihr Mobiltelefon heraus, um nach einer eingegangenen SMS zu schauen, reagiert mit keiner Miene auf Ihre Witze und muss plötzlich dringend mal auf die Toilette. Ihre Maßnahme in diesem Fall: Aufgeben und sich nicht zu sehr grämen.

※ … weil sie selbst schüchtern ist und Angst hat, im Gespräch irgendetwas Falsches zu sagen, obwohl sie eigentlich interessiert ist. Erkennbares Zeichen: Sie errötet, spricht leise, wirkt unsicher, reibt sich nervös die Hände und überlegt lange, was sie sagen könnte. Ihre Maßnahme: Nehmen Sie selbst die Kommunikation zu einem späteren Zeitpunkt wieder auf, wobei die Aktivität von Ihnen ausgehen muss. Versuchen Sie, das Gespräch zu übernehmen, bis das Eis gebrochen ist. Wiegen Sie sie in Sicherheit.

※ … weil sie raffiniert ist. Sie ist auch interessiert, will es Ihnen aber nicht zu leicht machen. Erkennbar daran: Sie spielt die Coole,

lächelt aber häufig. Sie unterbricht das Gespräch plötzlich, um mit einer Freundin zu reden, oder prostet mal zwischendurch einem anderen Herrn zu. Sie gibt zwar ihre Handynummer heraus, macht aber keine Anstalten, Ihre zu erhalten. Maßnahme: auf einen späteren Versuch hoffen.

Wenn Sie Glück haben, kommt es später zu einem erneuten Kontakt. Nur weil sie mit Ihnen redet, ist die Eroberung noch nicht gemacht. Aber manchmal ist mehr drin, als man denkt. Hier gibt es auch wieder mehrere Möglichkeiten:

✻ Die Frau reagiert wieder uninteressiert. Gehen Sie auf Los! zurück. Ziehen Sie keine 4000 Euro ein.

✻ Sie ist noch unentschieden, zeigt aber ein Teilinteresse. Erkennbares Zeichen: Ihr ganzer Körper ist Ihnen zugewandt. Es kommt zu kurzen Berührungen, die wie zufällig erscheinen. Sie fragt nach Ihrem Vornamen. Sie wird nach Möglichkeiten suchen, sich wieder zu treffen, indem sie Ihre Kontaktdaten aufnimmt.

✻ Sie zeigt ein gesteigertes Interesse: Sie hat ihr strahlendstes Lächeln aufgelegt und klimpert gar mit den Wimpern. Sie blickt Ihnen in die Augen und schweigt dabei auch mal einen Moment lang. Sie bietet das vertrauliche «Du» an. Beim Sprechen kommt sie ganz nah ans Ohr heran, obwohl die Musik gar nicht so laut ist. Sie versucht herauszufinden, ob Sie gebunden sind. Auch verbal signalisiert sie, dass Sie ihr etwas bedeuten: «Ich gehe kurz mal einen Wein holen, bist du auch ganz bestimmt noch hier, wenn ich wiederkomme?» Sie zwingt Ihnen ihre E-Mail-Adresse auf.

Ein zusätzlicher Tipp: Wenn Sie an jemandem interessiert sind, der in einer Partnerschaft gebunden ist, achten Sie darauf, welche Musik sie hört. Menschen, die mit ihrer Liebesbeziehung zufrieden sind, lieben Songs, in denen die Liebe verherrlicht wird, während diejenigen, die mit ihrer derzeitigen Partnerschaft unzufrieden sind, eher Lieder bevorzugen, in denen eine unglückliche Liebe das

Thema ist – am besten gesungen von einem Vertreter des eigenen Geschlechts. Wenn Ihre Angebetete also ständig «Yesterday» oder «Nothing Compares 2 U» hören will, lohnt es sich, weiterzubaggern. (50)

Tipp 5: Lieber nett als brillant

Nehmen wir einmal an, Sie haben es geschafft, das Interesse einer Frau zu wecken. Wie geht es nun weiter mit der Kommunikation?

Es gibt in der Sozialpsychologie die «Self-esteem»-(Selbstwertschätzungs-)Theorie, die eine ziemlich einfache Kernaussage hat: Jeder Mensch will immer nur Gutes über sich hören. Selbst wenn jemand seine eigenen Fehler klar erkennt, so will er doch von anderen Menschen nicht die Wahrheit erfahren, sondern stattdessen mit einer wohltuenden, wenn auch unrealistischen Lobhudelei konfrontiert werden; ansonsten sinkt seine Wertschätzung für sein Gegenüber.

Sogar wenn jemand explizit um eine konstruktive, nichts beschönigende Kritik bittet, will er eigentlich Anerkennung. Es ist besser, nett zu sein als brillant. Viele Menschen hören sich lieber belanglose Schmeicheleien an als nüchterne, präzise und wirklichkeitsnahe Einschätzungen ihrer Charaktereigenschaften. Diese banale Erkenntnis sollten Sie in Ihrer Kommunikation ausnutzen, wenn Sie sich beliebt machen wollen. Man sollte also huldigen, schöntun und hofieren, wenn man sich einschmeicheln will. Komplimente sind also nie verkehrt. Dabei sollte man natürlich nicht zu dick auftragen.

Frauen lieben es nicht, wenn man sie nur wegen ihrer körperlichen Vorzüge anziehend findet, sondern wollen auch ihre geistigen Fähigkeiten in angemessener Weise gewürdigt wissen. Man könnte es mit einem solchen Satz möglicherweise auf den Punkt bringen: «Die bei Ihnen vorhandene Kombination von anmutiger Schönheit und brillanter Intelligenz in einer Person findet man selten.» Vielleicht schaffen Sie es aber, dies in mehreren Sätzen etwas dezenter unterzubringen.

Einerseits fokussieren Männer in einer Flirtsituation oft in eindimensionaler Weise auf weibliche Geschlechtsmerkmale. Aber nur unter recht seltenen Bedingungen und beschränkt auf einen begrenzten Personenkreis wäre es schicklich, Komplimente und Koseworte allein auf die erstaunliche Größe der weiblichen Brust auszurichten und im gleichen Atemzug einen Antrag auf sofortigen Geschlechtsverkehr zu formulieren. Beim Herausstellen körperlicher Vorzüge ist es geschickter, ein Lob der Augenform oder anderer Teile des Gesichts der Huldigung einer hormonell anregenden Gesäßform zeitlich voranzustellen. Überhaupt angemessener ist es, wenn auch vielleicht zunächst vordergründig, andere positive Eigenschaften der Frau vorrangig zu rühmen, wie etwa eine intelligente Gesprächsführung, bestimmte charakterliche Eigenschaften oder ein liebenswürdiges Wesen.

Auch ist zu berücksichtigen, dass die Dame durch zu dick aufgetragene Schmeicheleien ja auch in Verlegenheit gebracht werden kann und Sie für einen Westentaschencasanova halten könnte. Was soll sie antworten – «Danke, das ist aber nett»? Danach wird zwangsläufig eine Kunstpause eintreten, auf die der Komplimentierende vorbereitet sein sollte. Man sollte auch nicht gleich eine weitere Huldigung nachschieben, dafür ist vielleicht später noch Gelegenheit.

Eine Eigenschaft, die Frauen immer wieder als wichtig bei Männern betonen, ist Höflichkeit. Der Charmeur alter Schule besitzt nahezu die besten Chancen. Hier können bescheidene Menschen wieder mit einem Vorteil aufwarten: Sie haben sich angewöhnt, Türen aufzuhalten, die Dame vorangehen zu lassen und ihr in die Jacke zu helfen. So altmodisch das klingt, so wirksam ist es, selbst bei Frauen, die meistens kaugummikauend angetroffen werden und über ein Steißbein-Tattoo in Form eines stilisierten Hirschgeweihs verfügen.

Tipp 6: Schenken Sie Aufmerksamkeit

Aufmerksamkeit durch andere, so haben wir gesehen, erhöht unser Endorphin-Niveau. Ein großer Teil der Wirkung einer professionellen Psychotherapie besteht darin, dass man dem Patienten teilnahmsvoll zuhört. Sie müssen also gar nicht viel sagen, damit Ihre Auserwählte das Gespräch als angenehm empfindet. Drehen Sie den Spieß um: Nicht Sie befinden sich gerade in der Therapie Ihrer Sozialen Phobie, sondern therapieren Sie Ihre Gesprächspartnerin, indem Sie ihr zuhören. Dabei muss man allerdings immer Interesse zeigen, indem man sie ansieht. Lassen Sie die Frau anfangs im Mittelpunkt stehen. Versuchen Sie herauszubekommen, worauf sie besonders stolz ist. Insgesamt reden Männer weniger als Frauen. Das sollte auch beim Flirten nicht anders gehalten werden. Lassen Sie sie reden. Vor allem: Halten Sie nicht selbst Monologe.

Auch Rechthaberei ist jetzt nicht gerade angebracht. Dafür haben Sie noch eine ganze Ehe lang Zeit. Erst einmal muss es zu einem Date kommen. Aber man darf in ruhiger Form seine eigene Meinung vertreten – das macht das Gespräch lebendiger.

Benjamin Disraeli, zweifacher britischer Premierminister im 19. Jahrhundert, war nicht nur ein geschickter Politiker, sondern auch ein bekannter Romanschriftsteller und Frauenversteher. Eine Dame der Gesellschaft beschrieb den Unterschied zwischen ihm und einem anderen Premierminister, William Ewart Gladstone: «Als ich einmal neben Gladstone beim Dinner saß, war ich überzeugt, er sei der intelligenteste Mann in England. Als ich aber neben Disraeli saß, war ich überzeugt, ich sei die intelligenteste Frau in England.»

Tipp 7: Meine Yacht, mein Haus, mein Auto, mein Pferd

«Hatte gerade eine riesige Steuernachzahlung – aber, na ja, wer viel verdient, muss auch viele Steuern zahlen.» Meine Yacht, mein Haus, mein Auto, mein Pferd – das sind alles keine Themen für das Erstgespräch. Sozial gehemmte Männer, die beruflich erfolgreich sind, versuchen oft, das Gespräch auf ihre professionellen Meriten oder Bankguthaben zu lenken, weil sie von ihrem Charme, ihrem Aussehen oder ihrer Wirkung nicht überzeugt sind und daher um jeden Preis mit objektiv messbaren Zeichen des Erfolgs punkten wollen. Vielleicht haben Sie mal gehört, dass manche Frauen Männer mit beruflicher Fortune bevorzugen. Da ist etwas Wahres dran. Aber es wäre einfach zu platt, ihnen sofort unterstellen zu wollen, dass es das ist, was sie anstreben. Viel schlauer ist es, Understatement zu üben, indem man zum Beispiel sagt: «Ich arbeite in einem Innenarchitekturbüro» – und die Frau hintenherum herausfinden zu lassen, dass man der Inhaber der Firma ist.

Schüchterne misstrauen ja ihren körperlichen und menschlichen Vorzügen und verlassen sich nicht darauf, dass jemand sie nur einfach so lieben könnte, ohne dass sie von einem Elefanten-Polospiel in Thailand oder Kitesurfen auf Hawaii prahlen.

Aber Achtung: Geben Sie zu erkennen, dass Ihre Hobbys «Fußball schauen» oder «Angeln» sind, wird das miserable Auswirkungen haben, wie eine Analyse des Internet-Partnersuchverhaltens ergeben hat. Versuchen Sie, Schwachstellen nicht gleich preiszugeben mit Aussagen wie: «Meine letzte Beziehung ist daran gescheitert, dass ich voll in meinem Beruf aufgegangen bin», oder: «Ich habe es nie länger als sechs Wochen mit einer Frau ausgehalten.»

Stellen Sie sich bei der Themenwahl auf die Frau ein. Vermeiden Sie langweilige Unterhaltungen über Urlaubsanträge, Pendlerpauschalen und Freistellungsaufträge. Verschonen Sie Frauen mit technischen Problemen, auch wenn es das ist, was Sie im Moment am meisten beschäftigt. Typische Konversationskiller sind Computerschwierigkeiten wie Ausnahmefehler und allgemeine Schutzverletzungen. Bessere Gesprächsinhalte sind Liebesbeziehungen anderer Leute, Literatur, Modetrends, gesunde Ernährung, Philosophie, Yogalehrer und vor allem psychologische Themen.

Tipp 8: Haarige Unterschenkel

Selbstunsichere Menschen machen sich sehr viele Gedanken darüber, was sie zu einem Date anziehen – und am Ende entschließen sie sich oft für etwas Fades. Weil sie nicht auf ihre natürliche Schönheit vertrauen, denken sie, dass sie mit der perfekten Wahl des Outfits das Ei vom Teller ziehen könnten. Die Folge ist aber vielfach, dass sie zwar ordentlich, aber nicht besonders ausdrucksstark gekleidet sind. Das heißt, dass sie unter keinen Umständen mit der neuesten Mode gehen wollen, denn das könnte ja aufdringlich oder lächerlich erscheinen. «Bloß keine Aufmerksamkeit auf sich lenken» lautet ihre Devise.

Insgesamt ist aber die Entscheidung über die Auswahl des Strickpullis oder der Cordhose viel weniger bedeutsam, als schüchterne Menschen denken. Natürlich gibt es auch hier gewisse Grenzen. Tipps wie «Keine haarigen Unterschenkel zeigen» lesen Sie am besten in einem Ratgeber für den perfekten Gentleman nach. Shorts kombiniert mit Sandalen und dunklen Socken kann die wohlwollendste Frau abschrecken.

Menschen mit einem geschmälerten Selbstbewusstsein legen manchmal eine Antihaltung an den Tag. «Jetzt habe ich alles versucht, habe sehr viel Wert auf ein tolles Outfit gelegt, aber Erfolg hatte ich trotzdem keinen. Also laufe ich ab jetzt unterirdisch schlecht gekleidet herum, wasche mich nicht und lasse meine Haare aussehen wie mit einer Harke gekämmt. Man muss mich eben nehmen, wie ich bin ...»

Wenn eine Frau sexy aussieht, dann ist es einem Mann eigentlich so ziemlich egal, was sie anhat – dieses Vorurteil wurde durch wissenschaftliche Untersuchungen bestätigt. Daraus folgern Männer, dass es umgekehrt auch so sein müsste. Wie die Psychologen dieser Studien herausfanden, achten Frauen jedoch mehr auf die Kleidung eines Mannes als umgekehrt. Dabei bevorzugen sie übrigens ordentliche Qualitätskleidung, die gut sitzt und deren

Farben abgestimmt sind. (51) Dennoch hat noch nie eine Frau ihren Traummann nur allein deswegen abgelehnt, weil er Hochwasserhosen trug. Wenn Sie sich unsicher über das ideale Outfit sind, könnte es helfen, sich von einer vertrauten Freundin modemäßig beraten zu lassen.

Tipp 9: Marmor, Stein und Eisen schmilzt ...

... wenn du deinen Body buildst» – so dichtete die österreichische Band Erste Allgemeine Verunsicherung. Selbstunsichere Männer sind oft mit ihrem Körper unzufrieden. Sie bewundern die Modellathleten, die im Fitnesscenter den Stepper links liegenlassen und sich gleich den 120-Kilogramm-Gewichten zuwenden. Aber wenn Sie glauben, dass diese Menschen mit dem im Vergleich zum Oberarm unterdimensionierten Schädel besonders viel Glück bei Frauen haben, dann seien Sie beruhigt. Wenn auch Frauen sich in Gesprächen untereinander vorwiegend über wohlgeformte Hinterteile und profilreiche Bauchmuskeln austauschen, so hört man immer wieder, dass sie Männer mit monströsen Muskeln als hässlich oder geradezu abstoßend empfinden. Wenn Sie statt eines Waschbrettbauches eher einen Waschbärbauch haben, weil Ihr Workout-Trainer irgendetwas falsch gemacht hat, dann grämen Sie sich also nicht.

Andererseits: Menschen, die außer der Benutzung von Adidas-Duschgel keinerlei sportliche Ambitionen pflegen, haben natürlich geringere Chancen, zum Sexsymbol des Jahrzehnts gewählt zu werden. Daher sollten Sie Ihren Körper durch regelmäßige Übungen fit halten, allein weil es das Selbstbewusstsein stärkt. Aber ein platzendes T-Shirt und ein Anabolika-Deltoideus überzeugen nur ganz bestimmte Frauen, mit denen Sie vielleicht nichts zu tun haben wollen.

Schüchterne Männer halten sich oft für eine Art Bewegungslegastheniker und Grobmotoriker. Beim Sport haben sie das Gefühl, dass andere ihre Bewegungsabläufe als plump, ungeschickt oder unsportlich ansehen könnten. Sie tanzen ungern, denn ihre Mitmenschen könnten sich über ihre ungelenken Bewegungen lustig machen – auch wenn diese Wahrnehmung nichts mit der Realität zu tun hat. Wenn man aber mit einer solchen Selbsteinschätzung versucht, locker zu sein, kann es am Ende jedoch so aussehen, als würde man total steif und schwerfällig über die Tanzfläche stolpern.

Wenn Sie unter dem Problem leiden, dass Sie sich als ungelenk oder ungeschickt empfinden – Sie können sich sicher schon denken, dass auch hier die Flucht nach vorn am besten hilft. Setzen Sie sich Situationen aus, in denen Sie Ihren Luxuskörper den Blicken anderer aussetzen müssen:

- Tanzen Sie allein in einer Diskothek
- Belegen Sie einen Tangokurs
- Nehmen Sie an einem Skigymnastikkurs teil
- Gehen Sie in die Sauna
- Treiben Sie eine Gruppensportart wie Volleyball
- Melden Sie sich zu einem Luftgitarrenwettbewerb

Es gibt zwei Milliarden Männer auf dieser Welt ...

Sie können nicht alle schaffen, aber Sie sollten es wenigstens versuchen!

Nach den Tipps für Männer folgen nun Hinweise für schüchterne Frauen, wie sie selbstbewusster in Flirtsituationen auftreten können. Natürlich gilt das meiste, was bisher in den Tipps für Männer gesagt wurde, auch umgekehrt für Frauen.

«Gleich und gleich gesellt sich gern», sagt der Volksmund. Allerdings hat der Volksmund für jedes Sprichwort auch das Gegenteil parat: «Gegensätze ziehen sich an.» So ist es auch in den Liebesbeziehungen von introvertierten Frauen: Manche wählen sich einen Partner, der in vielen Dingen das Gegenteil von ihnen ist und der es genießt, wenn er die Hosen anhat und in puncto Aufmerksamkeit anderer Menschen keine Konkurrenz von seiner Frau befürchten muss. Genauso oft kommt es aber auch vor, dass eine schüchterne Frau sich einen ebenso zurückhaltenden Mann sucht. Aber noch viel häufiger werden solche Ehen verhindert, weil die beiden gar nicht erst zusammenkommen – jeder wartet darauf, dass der andere ihn anspricht.

Und schafft man es zu einem Gespräch, so treten unweigerlich Probleme auf. Während die Schüchternen selbst ständig damit beschäftigt sind, ihre soziale Performance zu verbessern, vergessen sie oft, dass ihr Gesprächspartner möglicherweise auch Schwierigkeiten in der Kommunikation haben könnte.

Tipp 1: Wer macht den ersten Schritt?

«Die Initiative muss vom Mann ausgehen» – diese eherne Regel scheint in unserer Kultur noch immer zu gelten. Wenn das aber so wäre, dürfte eine scheue Frau nicht mehr Probleme als andere haben, jemanden kennenzulernen. Sie müsste sich ja nur an eine Bar setzen und warten, bis Mr. Right aufkreuzt. In Wirklichkeit haben selbstunsichere Frauen doch mehr Schwierigkeiten. Sozialpsychologische Untersuchungen ergaben, dass Männer zwar fast immer die Initiative ergreifen, aber meist erst, nachdem sie ein nonverbales Signal erhalten haben. Und dieses Signal ist banal: ein Lächeln. (52) Sie können also sehr, sehr lange an der Theke sitzen und Bionade trinken – wenn Sie einem Mann nicht diese kleine Hilfestellung geben, wird es nie zu einem Flirt kommen.

Aber wer sagt denn, dass Männer es nicht angenehm finden, wenn sie nicht die Initiative ergreifen müssen? Ganz im Gegenteil: Nicht nur gehemmte Männer würden es ab und zu ganz erleichternd finden, wenn sie nicht den Aufwand betreiben müssten, immer den ersten Schritt zu tun.

Frauen finden es sehr stressig, wenn sie in aufdringlicher Weise von Männern angemacht werden, mit denen sie nichts zu tun haben wollen. Also denken sie, dass Männer es umgekehrt auch unglaublich anstrengend finden, dauernd von Frauen umlagert zu werden. Dem ist nicht so, denn selbst die attraktivsten Männer werden wegen der natürlichen Hemmung, die den weiblichen Wesen eher eigen ist, eben nicht ständig belästigt. Und ein Mann würde auch höchstens amüsiert oder gelangweilt, nicht aber peinlich berührt oder aggressiv reagieren, wenn er von einer Frau angesprochen wird, die nicht seinen Vorlieben entspricht. Das Risiko, dass ein Mann Sie wegen sexueller Belästigung anzeigt, weil Sie ihn nach der Uhrzeit gefragt haben, ist also nicht groß.

Tipp 2: Eine anständige Frau geht nicht in eine Bar

*M*eine Freundin Annika will mir ständig dabei helfen, jemanden kennenzulernen. Sie schlägt mir vor, auf eine öffentliche Hip-Hop-Party zu gehen, will mich zu einem Basketballturnier mitnehmen, weil sie Zugang zu der Aftershow-Party in der VIP-Lounge hat, zu unserem Altstadtfest, zu einer Kunstausstellung ... Es tut mir leid, dass ich ihr immer absagen muss, aber meist fühle ich mich überhaupt nicht in der Lage, mit anderen Menschen zusammenzukommen. Allein vor dem Fernseher kann es doch auch ganz amüsant sein.

Laura M. (25), Friseurin

Man kann natürlich zu Hause sitzen und warten, bis es an der Tür klingelt und ein strahlend schöner Mann vor der Tür steht, der sagt: «Guten Tag, mein Name ist Prince Charming, wie wär's mit uns beiden Hübschen?» Das wird nicht passieren.

Schüchterne Frauen, die Single sind und jemanden kennenlernen wollen, sind oft in einem Teufelskreis verstrickt: «Wenn ich solo auf eine Party gehe, könnten die Leute ja denken, dass ich keinen Mann abgekriegt habe» – als ob es etwas Anrüchiges wäre, eine alleinstehende Frau zu sein. Was glauben Sie, wie viele Männer davon träumen, in einem Restaurant oder in einer Hotelbar auf eine einsame Frau zu treffen?

Tipp 3: Ein Tintenfisch könnte sich in eine Möwe verlieben, aber wo würden die beiden leben?

Versuchen Sie beim ersten Mal nicht gleich, in eine völlig fremde Welt einzudringen, wie der Professor Unrat in dem Film *Der Blaue Engel*, der sich in die «Barfußtänzerin» Rosa Fröhlich verliebte. Eine häufige Verhinderungstechnik von Frauen mit einem niedrigen Selbstbewusstsein besteht darin, sich in einen absolut unerreichbaren Mann zu verlieben. Man hält sich mit Schwärmerei bei Laune und beruhigt dadurch das Angstsystem. Schüchterne Frauen fangen nicht selten Feuer für Menschen, an die sie nicht herankommen können: Sie begehren einen katholischen Priester, einen glücklich verheirateten Familienvater oder einen Studenten, der maximal weit entfernt in Neuseeland lebt. Dahinter steckt, so paradox es klingt, eine Angstvermeidungsstrategie: Da die Verbindung ohnehin keine Chance hat, realisiert zu werden, kann auch keine Zurückweisung eintreten.

Diese Maßnahme, zukünftige Angst zu vermeiden, beruht auf der notorischen Fehleinschätzung des eigenen Werts. Wenn ich mich sowieso immer nur unglücklich verliebe, warum dann nicht gleich in Mister Universum? Das Ergebnis ist ja das Gleiche: Ich werde abgewiesen und lebe von meinen Träumen. Lieber werde ich von einem schönen Mann abgelehnt, als die Schmach zu ertragen, von einem nur mittelmäßigen Mann abgewimmelt zu werden.

Die sozialen Ängste beschränken sich ja nicht nur auf das Kennenlernen, sondern betreffen auch die Zeit danach. Was ist, wenn der Mann, mit dem ich nach vielen Anläufen endlich ins Gespräch gekommen bin, sich noch ein zweites Mal mit mir treffen will? Was ist, wenn wir öfter miteinander ausgehen? Was, wenn er intim werden will? Und mich am Ende heiraten möchte?

Während all dieser Phasen kann es zu Enttäuschungen kommen – und sozialphobische Menschen erwarten diese Schwierigkeiten förmlich. Ihr Angstsystem ist überempfindlich, und es warnt sie mit herbeigeholten Argumenten:

- «Wer geht schon mit fremden Männern aus?!»
- «Männer sind wie Toiletten, besetzt oder beschissen.»
- «Er wird sich am Ende doch nicht von seiner Frau trennen.»
- «Ich bin beruflich gerade an einem Punkt angelangt, an dem ich es mir zeitlich gar nicht leisten kann, einen Freund zu haben.»
- «Er ist fünf Zentimeter zu klein, drei Jahre zu alt, seine Kleidung ist zu konservativ, er ist zu schwer, hat zu viele Haare auf der Brust ...»

Wenn man bei jeder sich anbahnenden Beziehung gleich Panik bekommt, muss man schließlich das Angstsystem mit der wehmütigen Feststellung besänftigen: «Ich habe eben noch nicht den Richtigen gefunden.»

Fürchten Sie auch nach so vielen Jahren der Suche den Tag, an dem Sie Ihren Traummann finden könnten? Hören Sie nicht auf Ihr Angstsystem, sondern verlassen Sie sich auf Ihr Herz. Zwar heißt es: «Drum prüfe, wer sich ewig bindet, ob sich nicht was Bess'res findet.» Sie können aber Ihren Partner nicht bei eBay ersteigern oder im Internet konfigurieren wie ein neues Auto. Perfekte Liebhaber gibt es nur in Hollywood. Wenn Sie die große Bedenkenträgerin sind und Menschen von vornherein ausschließen, weil sie auf Currywurst oder Modelleisenbahnen stehen, Fahrradklammern benutzen, in der Verwaltung arbeiten oder Helmut heißen, könnte es sein, dass Dornröschen hundert Jahre warten muss.

Tipp 4: Wie halte ich einen Mann bei Laune?

Hier einige Tipps, die schüchterne Frauen bei der Konversation mit einem Mann beachten sollten, wenn es elegant laufen soll:

※ Eine scheue Frau, die einen Mann mit großen Augen anschaut und sogar rot wird, wenn sie angesprochen wird, muss nicht notwendigerweise schlecht ankommen. Sie weckt den Beschützerinstinkt und stärkt das Ego des Mannes. Wenn sie den Mann aber wie ein Mondfossil anstarrt und nichts zum Gespräch beiträgt, wird das nach einer Weile als Desinteresse ausgelegt.

※ Es gibt kein Gesetz, das vorschreibt, ein Mann habe die Frau zuerst anzusprechen.

※ Der Mann muss die ganze Zeit den Eindruck haben, er sei derjenige, der die Fäden in der Hand hält. Auch wenn Sie das Gefühl haben, die Verführung selbst zu übernehmen, sollte das so dezent geschehen, dass der Mann es nicht merkt.

※ Frauen reden mehr als Männer, aber wenn Sie ein ernsthaftes Interesse an Ihrem Gegenüber haben, lassen Sie ihn auch ab und zu einmal einen Satz einflechten.

※ Der bereits erwähnte Benjamin Disraeli gab den Tipp: «Bring das Gespräch mit einem Mann auf seine eigene Person, und er wird dir stundenlang zuhören.»

※ Männer reden gern über ihre Erfolge im Beruf.

※ Männer wollen nicht, dass man es ihnen zu einfach macht. Manche fühlen sich sogar erdrückt, wenn man zu offensiv auf sie zugeht. Lassen Sie den Typen erst einmal zappeln.

※ Frauen, die leicht durchschaubar sind, sind weniger interessant als solche, die Rätsel aufgeben. Lassen Sie manche Dinge offen.

※ Betonen Sie im ersten Stadium eher die Gemeinsamkeiten, bewahren Sie sich die Gegensätze für später auf. Erzählt er Ihnen etwas von einem tollen Entenrezept, binden Sie ihm nicht gleich auf die Nase, dass Sie Vegetarierin sind.

※ Männer fühlen sich im Gegensatz zu vielen Frauen nicht

unangenehm berührt, wenn ihre körperlichen Vorzüge gepriesen werden. Auch wenn ein Mann keine Beziehung mit Ihnen anstrebt, wird er Komplimente Ihrerseits nicht unbedingt als peinliche Anmache empfinden.

Vielleicht kennen Sie einen Mann, der stark an Ihnen interessiert ist und den Sie sehr nett finden, mit dem Sie aber nichts anfangen wollen. Warum lassen Sie sie sich nicht einmal von ihm zum Dinner einladen, nur zu therapeutischen Übungszwecken? Solange Sie nicht zu weit gehen und seine Gefühle verletzen, haben Sie ihm vielleicht den Abend seines Lebens gewährt und sich selbst eine preiswerte Übungsstunde genehmigt. Übrigens ein guter Plot für eine romantische Komödie: Schüchterne Frau geht mit einem Mann aus, den sie gar nicht mag, nur um mit ihm Umgang in Flirtsituationen zu üben, die beiden lernen sich dann aber richtig gut kennen und werden am Ende ein Paar ...

Tipp 5: Tarnumhänge und Kampfsandalen

Überschätzen Sie nicht die Wirkung der Kleidung. Eine attraktive Frau kann in einem Kartoffelsack auflaufen, während die teuersten Outfits aus Pariser Modenshows aus einer unattraktiven Frau noch lange keine Grande Dame machen. Wenn eine Frau anziehend ist, ist die Kleidung, die sie trägt, praktisch bedeutungslos, wie Psychologen herausfanden. (51) Umgekehrt achten Frauen schon eher auf Kleidung bei Männern.

Schüchterne Frauen ziehen sich meist wie ein Chamäleon an. Je nach Umgebung suchen sie sich ein Gewand aus, das dafür sorgt, dass sie sich nicht vom Hintergrund abheben. Verschiedene Grautöne wechseln sich ab. Weibliche Formen werden unter weiten Kutten verborgen. Nackte Haut ist nirgendwo zu entdecken. Eine praktische Kurzhaarfrisur lässt Zweifel aufkommen, ob es sich um ein weibliches Wesen handelt. Gäbe es Tarnumhänge, würden sie diese tragen.

Manche selbstunsichere Frauen muss man jedoch nicht beraten, was Kleidung angeht, denn sie treffen den richtigen Geschmack ganz gut, da sie auf den Rat anderer Menschen hören.

Was Kleidung angeht, sind die histrionischen das Gegenteil der selbstunsicheren Menschen, nämlich überhaupt nicht gehemmt. Mit einem knallroten Lippenstift, schwarzen Domina-Stiefeln, aufdringlichen Farben und viel Glitzerkram wollen sie Aufmerksamkeit erringen. Dabei versuchen sie, ihre erotische Ausstrahlung so fein zu dosieren wie eine osteuropäische Königin der Nacht. So etwas zieht nur eine ganz bestimmte Art von Männern an. Es gibt aber auch histrionische Frauen, die kaum ein Gespür dafür haben, welche Kleidung bei anderen Menschen gut ankommt. Zerzaustes Haar, Kampfsandalen, wallende indische Gewänder, handgewirkte Strickwaren in erdigen Tönen, multikulturelle Glasperlenspiele oder eine Bluse, die aussieht, als sei sie in einen Unfall mit Fingerfarben verwickelt worden, treffen sicherlich den Geschmack von gewissen Leuten, denen hauptsächlich an inneren Werten gelegen ist. Wenn jemand bei der Kleidung einen grässlichen Geschmack an den Tag legt, ist das oft ein Zeichen, dass alle Warnungen wohlmeinender Freunde an ihm abprallen. Histrionische Frauen sollte man sich also nicht zum Vorbild nehmen, was das Styling angeht.

Man sollte bei der Kleidung das gesunde Mittelmaß einhalten: nicht zu aufdringlich, aber auch nicht zu zurückhaltend. Dezente Arten, ein wenig Sex auszustrahlen, kommen allemal besser an. Sie müssen aber auch nicht so subtil sein, dass sie die Abstraktionsfähigkeit der Männer maximal strapazieren.

Männer und Frauen passen nicht zusammen

... so brachte Loriot ein grundlegendes gesellschaftliches Problem auf den Punkt.

Es gibt Unterschiede zwischen Männern und Frauen. Wenn

jemand mit dem anderen Geschlecht ein Problem hat, kann das daran liegen, dass er versucht, diese Unterschiede zu ignorieren. Männer, die nicht verstehen, warum weibliche Wesen in manchen Situationen ganz anders reagieren als sie selbst und dass Frauen stundenlang mit Freundinnen telefonieren wollen, sind der Einsamkeit ausgeliefert, genauso wie Frauen, die nicht akzeptieren wollen, dass Männer mal in Ruhe Zeitung lesen oder Sport im Fernsehen anschauen wollen, anstatt tiefschürfende Beziehungsanalysen zu pflegen.

Bestimmte Unterschiede zwischen Männern und Frauen sind sogar wissenschaftlich nachgewiesen. Psychologische Untersuchungen bestätigten die allgemein üblichen Vorurteile: Männer lassen sich mehr als Frauen von optischen Stimuli anregen, beispielsweise durch Bilder entkleideter Frauen. In dieser Hinsicht unterscheiden sie sich nicht von Affen: Stellt man Affen in Experimenten vor die Wahl, mit einer großen Menge Fruchtsaft belohnt zu werden oder stattdessen Fotografien von weiblichen Affenhinterteilen ansehen zu dürfen, zahlen sie mit ziemlich viel Kirschsaft für die Sexbilder. (10)

Nicht nur, wenn sie einen Partner für das Bett, sondern auch langfristig für eine Ehe suchen, lassen sich Männer durch eine körperliche Attraktivität stark beeinflussen. Männer suchen auch häufig nach sexuellen Beziehungen mit wechselnden Partnern – nur der Abwechslung wegen. Frauen dagegen lassen sich oft durch den sozioökonomischen Status des Mannes beeindrucken. Der amerikanische Anthropologe John Townsend und sein Kollege Gary Levy sammelten hundert Fotografien von Männern und Frauen aus dem Jahrbuch eines Colleges. (51) Von einer Gruppe von Studenten ließen die beiden Wissenschaftler diese Bilder zunächst nach körperlicher Attraktivität sortieren. Dann stellten sie einer Gruppe von anderen Studenten sechs Fragen, die zunehmend intimer wurden. Diese gingen von «Ich würde mit einer solchen Person einen Kaffee trinken und plaudern» über «Ich würde mit einer solchen Person ausgehen», «Ich würde mit dieser Person Sex haben wollen» bis hin zu «Ich würde eine solche Person heiraten». Dann erhielten die Versuchspersonen noch Informationen zu den Fotos wie: «Dieser junge Mann studiert mit Erfolg Medizin. Wenn er ins Berufsleben einsteigt, wird er 80 000 Dollar im Jahr verdienen.» Dabei aber wurde ein und dasselbe Foto abwechselnd mal mit der Geschichte vom gutverdienenden Doktor, mal mit einer deutlich schlechter dotierten Kellnerkarriere unterlegt.

Wie nicht anders zu erwarten, ließen sich Männer wie Frauen bei allen sechs Fragen durch das reizvolle Äußere der Abgebildeten beeinflussen. Besonders für die Männer war bei der Frage, ob sie mit der betreffenden Person gern Sex haben würden, hauptsächlich die Schönheit der Frau entscheidend. Die Frauen dagegen wollten es überraschenderweise bei einem attraktiven Mann häufiger bei nur einem Date bewenden lassen; für eine längere Beziehung kamen die Schönlinge meist nicht in Betracht. Brachte man jetzt den sozialen Status mit ins Spiel, dann legten die Männer kaum gesteigerten Wert darauf, ob die mögliche Partnerin nun Ärztin oder Kneipenbedienung werden wollte. Dem weiblichen Geschlecht dagegen waren die Dollars des virtuellen Zukünftigen wichtiger als geschlechtliche Anziehung.

Diese Unterschiede zwischen Männern und Frauen mögen damit zusammenhängen, dass sich unser Paarungsverhalten nur unwesentlich von dem anderer Säugetiere unterscheidet, auch wenn wir es manchmal nicht wahrhaben wollen. Im Tierreich wenden weibliche Wesen ebenfalls wesentlich mehr Zeit, Energie oder Risiko auf, um ihre Nachkommen zu ernähren und zu schützen, als die Väter. Männliche Tiere dagegen können mehr Nachkommen zeugen, indem sie mit mehreren Weibchen verkehren. Monogamie ist unter Säugetierarten mit etwa drei Prozent nicht sonderlich verbreitet. (Bei höheren Säugetieren, den Affen, sind es immerhin sieben Prozent.) Weibliche Tiere haben nichts zu gewinnen, aber viel zu verlieren, wenn sie mit mehreren Partnern Sex haben, aber sie können sich einen Vorteil sichern, wenn sie sich den Partner sorgfältig aussuchen. Daher sind vielleicht Menschenfrauen vorsichtiger als Männer in der Wahl ihrer Sexualpartner.

Es ist sicher grob vereinfachend, jede Verhaltensweise des anderen Geschlechts mit einem Durchbruch tierischer Instinkte abzutun. In Liebesbeziehungen von humanen Primaten spielen auch Vernunftgründe eine Rolle. Allerdings sollte man sich immer dann, wenn man das Verhalten des anderen Geschlechts mal wieder gerade nicht versteht, überlegen, ob nicht die animalischen Anteile des Gehirns daran schuld sind. Gerade Schüchterne haben in Liebesdingen manchmal Probleme, weil sie emotionale Aspekte einer Beziehung rational zu erfassen versuchen und nicht an die Macht der Gefühle glauben.

Süßholzraspeln und Schmeicheleien

Mein neuer Freund ist sehr schüchtern. Eigentlich liebe ich ihn deswegen, denn bei all seinen Fähigkeiten ist er immer so bescheiden und zurückhaltend. Aber ich wünschte, er wäre weniger gehemmt, wenn es darum geht, Gefühle zu zeigen. Er kommt mir so vor, als ob er seine Emotionen in einem Panzerschrank verschlossen hält und den Schlüssel weggeworfen hat.

Nachdem wir nun seit einem halben Jahr zusammen sind, gestand er mir, dass es ihm unendlich schwerfalle, jegliche Art von Gemütsbewegungen zu äußern. Er liebe mich von ganzem Herzen, aber es sei ihm nahezu unmöglich, diesen Gedanken in Worte zu fassen.

Ich habe ihm diese Erklärung abgenommen, aber zufrieden bin ich damit nicht. Welche Frau will nicht ab und zu das L-Wort hören, auch wenn es nur eine Floskel ist?

Sibylle A. (39), Apothekerin

Es ist nicht so, dass Schüchterne keine Gefühle haben – sie schaffen es nur nicht, sie auszudrücken. Sie finden es unglaublich schwer, jemandem zu sagen, dass sie ihn gern haben oder dass sie sich von ihm schlecht behandelt fühlen. Lob und Tadel kosten sie große Überwindung. «Wenn ich Sie nicht hätte, wäre ich aufgeschmissen» oder «Ich fand das so lieb von dir, dass du an meinen Geburtstag gedacht hast» – solche Floskeln des Dankes, die im tagtäglichen Umgang mit unseren Mitmenschen immer wieder fallen, gehen einem Schüchternen nur sehr schwer von den Lippen.

Wenn jemand Gefühle äußert, muss er ein Stück von sich preisgeben. Selbstunsichere Menschen kostet es oft eine unglaubliche Überwindung, sich zu öffnen und positive Gefühle anderer Menschen gegenüber auszudrücken – seien es Zuneigung, Verliebtheit, Leidenschaft, Dankbarkeit, Verbundenheit, Wertschätzung, Lob, Bewunderung, Respekt oder Hochachtung. Nicht dass sie diese Gefühle nicht empfinden. Eine rätselhafte Blockade hindert sie, diese Emotionen zu verbalisieren. Sie befürchten, sich dadurch lächerlich zu machen, als unverbesserlicher Romantiker oder als uncooles Weichei angesehen zu werden. Sie haben einen Hang dazu, überschwängliche Liebesäußerungen als sentimentalen Kitsch abzutun. Sarkasmus heißt ihre Antwort auf Gefühlsduselei. Zyniker sind also nicht nur, wie Nietzsche sagte, enttäuschte Idealisten, sondern oft selbstunsichere Gefühlsanalphabeten.

Sie haben Angst, der andere könnte sich über ihre preisgegebenen inneren Gefühle amüsieren oder sie gegenüber Drittpersonen verraten. Oder sie zweifeln, ob sie sich durch die Offenbarung tiefer Gefühle in eine peinliche Situation hineinmanövrieren. Ganz abgesehen von der Angst zu erröten – obwohl das ja bei einem Liebesschwur eine angemessene Reaktion wäre.

Süßholzraspeln, Schmeicheleien und Lobhudeleien sind nicht ihre Stärke. Niemals würden sie versuchen, sich durch Anbiederung oder Speichelleckerei Vorteile zu verschaffen.

So wurde schon manche aufkommende Liebesbeziehung von

gehemmten Menschen verhindert. Wie soll eine Frau erahnen, dass ein Mann ihr Liebesgefühle entgegenbringt, wenn er sie mit versteinertem Gesicht ansieht oder gar notorisch an ihr vorbeischaut?

Manche Menschen, die einen Schüchternen als Partner haben, haben sich damit abgefunden, tiefe Gefühle des anderen zu erahnen. Andere wiederum interpretieren diese Zurückhaltung ihrer Partner bei Gefühlsäußerungen als Desinteresse, Gleichgültigkeit oder Abstumpfung. Dieser Mangel an Offenheit kann sich auch in großer Zurückhaltung bei körperlichen Zärtlichkeiten und Liebkosungen äußern.

Gehören Sie auch zu denjenigen Menschen, die immer wieder Probleme haben, weil sie zu verschlossen sind? Es bedeutet keinen Verlust an Souveränität, wenn man ab und zu die großen Gefühle, die man hat, in Worten ausdrückt. Machen Sie es sich zur Gewohnheit, Ihrem Partner jeden Tag etwas Nettes zu sagen. Seien Sie öfter zärtlich zu ihm oder ihr, und nicht nur dann, wenn Sie gerade Sex wollen.

Bedienungsanleitung für Schüchterne

Manchmal finde ich es schwieriger, jemandem, den ich nicht kenne, die Hand zu geben, als sie in kochende Säure zu tauchen.

Torben G. (39), Bankkaufmann

Will man mit schüchternen Menschen eine Beziehung anfangen, sollte man sich ihnen annähern, wie es die Igel tun würden: ganz vorsichtig! Erst beim dritten oder vierten Sichtkontakt sollte eine Begegnung erfolgen, denn dann wirkt man auf den anderen vertrauter.

Vielleicht hat Ihr selbstunsicherer Partner in seinem bisherigen

Leben einige Enttäuschungen erlebt, und Liebesbeziehungen sind in die Brüche gegangen. Natürlich passiert das jedem; durch ihre verzerrte Wahrnehmung nehmen gehemmte Menschen Zurückweisungen jedoch immer als Katastrophen wahr und speichern sie länger im Gedächtnis. Daher betreiben sie ihre Enttäuschungsprophylaxe: das heißt, dass sie sich zunächst erst einmal nicht voll und ganz auf eine neue Partnerschaft einlassen wollen – aus der großen Angst heraus, wieder zu scheitern.

Wenn ein schüchterner Mensch geliebt wird, kann er es manchmal gar nicht in der vollen Tragweite begreifen. Da er sich selbst so kritisch sieht, denkt er: «Wenn mich jemand liebt, dann kann er selbst nicht ganz in Ordnung sein.» Wenn Sie einen selbstunsicheren Menschen erobern wollen, dann machen Sie es ihm nicht allzu einfach. Er muss das Gefühl haben, dass er ein sagenhaftes, unverdientes Glück hat, Sie kennengelernt zu haben.

Schüchterne Menschen können sich nicht durchsetzen, und deshalb geraten sie öfter an dominante Partner. Das sieht aus wie eine praktikable Verbindung, bei der sich beide perfekt ergänzen, ist es aber nicht. Denn der Schüchterne würde ja gern mal der Bestimmer sein – wenn er es im wirklichen Leben nicht schafft, dann wenigstens in der Partnerschaft. So wäre es hilfreich, wenn der dominante Partner seinen Machtgelüsten in anderen Bereichen frönt und die Beziehung dabei ausklammert.

Haben Sie einen Schüchternen als Partner, erwarten Sie also bitte nicht, dass er Ihnen ständig Liebesschwüre ins angeknabberte Ohr haucht. Es nützt auch nichts, einen schüchternen Menschen immer wieder auf seine unzulänglichen sozialen Fertigkeiten hinzuweisen. Selbstunsichere Menschen wissen meist genau, wo ihr Problem liegt, aber das Wissen allein heilt diese Angst nicht.

Wie therapiert man einen Partner, dem das nötige Selbstbewusstsein fehlt? Man muss das geeignete Mittelmaß finden: Man soll nicht jedes sozial inkompetente Verhalten tolerieren, aber auf der anderen Seite nicht allzu viel Druck ausüben – denn es ist nicht so leicht, wie man es sich als selbstsicherer Mensch vorstellt. Selbst wenn Sie das Gefühl haben, dass Ihr unsicherer Partner in Gefühlsdingen noch viel lernen muss und gewisse soziale Kompetenzen einfach bislang nicht hat, so seien Sie behutsam. Sie wissen, dass er allergisch auf Kritik reagiert. Natürlich ist das kein Grund, ihm alles durchgehen zu lassen. Wenn aber der Druck zu stark wird, wird er das tun, was Schüchterne immer in solchen Situationen machen: Er zieht sich zurück.

Sollte Ihr Partner eines Tages den Weg aus seiner Unsicherheit gefunden haben, hat das für Sie nicht unbedingt nur Vorteile. Wenn jemand seine Minderwertigkeitsproblematik überwunden hat, schießt er oft über das Ziel hinaus.

Ein einst schüchterner Mann kann zum Beispiel ein Don-Juan-Syndrom entwickeln. Das heißt, dass er mit unzähligen Frauen flirten will, um den Mangel an Streicheleinheiten wieder wettzumachen, den er in seiner schüchternen Zeit erlitten hat. Dabei geht es ihm nicht um eine vertrauensvolle und ausgeglichene Liebesbeziehung, sondern darum, ständig Anerkennung durch andere zu erhalten. Sich mit schönen und begehrten Frauen vor seinen männlichen Freunden zu zeigen ist ihm wichtiger als eine liebevolle Partnerschaft. Das Belohnungssystem soll maximal angestachelt werden. Und das geht ja am besten, wenn die Belohnung nicht sicher in Aussicht gestellt wird, sondern wenn die Chance auf Erfolg nur mittelmäßig ist. Daher sucht er immer wieder diejenigen Situationen, bei denen es nicht so ganz sicher ist, ob es zum Erfolg kommt – und das geht nur mit einer ganz neuen Bekanntschaft.

Einsiedler in der Großstadt

Es gibt viele Menschen, die ich gern etwas näher kennenlernen würde. Ich habe aber immer das Gefühl, ich könnte sie danach nicht anrufen oder eine E-Mail schreiben, sie könnten ja negativ re-

agieren oder sich gar nicht mehr an mich erinnern. Ich hoffe dann,
dass sie als Erstes zum Telefonhörer greifen. Wenn ich Leute meines
Alters in einer Straßenkneipe sitzen sehe, eine größere Gruppe, die
lachen, trinken und Spaß haben, spüre ich einen Stich in meinem
Herzen und denke: Warum kann ich nicht dabei sein?

Ich habe mir einen Hund angeschafft, damit ich nicht mehr so
einsam bin. Es ist, als ob ich in einem unsichtbaren Käfig lebe. Ich
bin darin gefangen, aber die anderen wissen es nicht.

Enno B. (28), arbeitsloser Kfz-Mechaniker

Einer der Gründe, warum zurückhaltende Menschen allgemein
beliebt sind, ist, dass jemand, der sich ständig kritisiert und bean-
standet fühlt, an sich arbeitet und versucht, alle Fehler nach und
nach auszuradieren. Er versucht, es allen recht zu machen, und ist
deshalb oft überall gut angeschrieben. Und dennoch haben schüchterne Menschen auch negative Seiten.

Eine davon hat damit zu tun, dass sie nicht offen auf andere
Menschen zugehen. Sie können auf andere eingebildet, unnahbar
oder desinteressiert wirken. «Der ist überheblich und kalt wie ein
Fisch», lautet oft die Wahrnehmung anderer Menschen, die die betreffenden Personen gar nicht gern hören würden. «Schüchternheit
ist die höchste Form der Arroganz», formulierte gar ein nicht sehr
wohlwollender Mensch. Selbst ausgesprochen pampiges Verhalten
kann manchmal, aber nicht immer, auf Schüchternheit zurück-
geführt werden. «Ist dir noch nicht aufgefallen, wie viel Frechheit
durch Unsicherheit zu erklären ist?», fragte Kurt Tucholsky in seiner Sommergeschichte *Schloss Gripsholm*.

Diese Wirkung entsteht ja nicht dadurch, dass sie sich anderen
Menschen tatsächlich überlegen fühlen, sondern weil sie ihre Min-
derwertigkeitsgefühle hinter einer Pokerface-Fassade verbergen.
Das Zeigen von Emotionen fällt ihnen unsagbar schwer, und das erweckt bei anderen Menschen oft den Eindruck der Gefühllosigkeit.

Sie erkennen nicht, dass Mitmenschen es ungemein sympathisch finden, wenn jemand seine Fehler und Schwächen einmal offen zugibt und zeigt, dass er nicht James Bond ist, der nie einen Fehler macht, sondern auch nur ein Mensch. Nur Leute, die Verständnis für die großen Schwierigkeiten der selbstunsicheren Persönlichkeiten haben, erkennen das sensible Individuum hinter der harten Fassade.

Aber auch eine weitere negative Eigenschaft kann man bei einigen Schüchternen erkennen. Sie hat damit zu tun, dass sie zu obsessiv mit sich selbst beschäftigt sind. Da sie ständig an der Verbesserung ihrer Außendarstellung arbeiten, vergessen sie oft, dass es auch andere Menschen gibt, die ebenfalls Gefühle haben. Wenn Gehemmte einmal ins Gespräch kommen, reden sie pausenlos über sich selbst, preisen ihre beruflichen Erfolge, loben ihre Allgemeinbildung oder prahlen mit interessanten Reisen, wobei der Dialogpartner zum Zuhörer degradiert wird. Das Geben und Nehmen, aus dem eine ausgewogene Unterhaltung bestehen sollte, kommt dabei zu kurz. Wer in sozialen Situationen immer mit der eigenen Performance beschäftigt ist, kann sich nicht auf andere konzentrieren. Sozialphobiker merken sich manchmal nicht einmal die Namen ihrer Gesprächspartner, da das Gehirn einen großen Teil seines Arbeitsspeichers darauf verwendet, die eigene Wirkung auf andere angstvoll zu kontrollieren.

Auch sind sie nicht immer besonders ehrlich und geradeheraus im Umgang mit anderen. Wenn sich ein gehemmter Mensch über einen Mitbürger aufregt, schafft er es nicht, es ihm direkt ins Gesicht zu sagen. Also sucht er Auswege, diesem Missliebigen anderweitig eins auszuwischen. Dazu gehört das Lästern und Tratschen über diese Person, wenn sie gerade nicht anwesend ist, Petzen beim Chef oder Anschwärzen von Feinden in Briefen ohne Absender, oder die Kritik wird sogar anonym ins Internet gesetzt.

Neurotische Verhaltensweisen, so denken Psychologen, führen zu einem «Krankheitsgewinn». Das heißt, man hat nicht nur Nachteile, sondern auch Vorteile durch schüchternes Verhalten. Man kann als Schüchterner zum Beispiel immer eine Ausrede finden, wenn es darum geht, dass andere vorangehen oder die Verantwortung tragen müssen und man sich schön im Hintergrund halten kann.

Bescheidene Menschen vermuten nicht selten, dass andere sie mögen, weil sie immer allen den Vortritt lassen. Das trifft aber häufig nicht zu, denn zurückhaltendes Verhalten kann auch zu Reaktionen wie Verachtung oder Genervtsein führen.

Schüchterne, die den Märtyrer spielen, erwarten irgendwie Mitleid und Trost. Durch ihr zurückhaltendes Verhalten hoffen sie daher, Zuneigung oder Aufmerksamkeit zu bekommen. Dieser Mechanismus funktioniert jedoch nur kurzfristig. Auf lange Sicht wollen Menschen einen Freund nicht nur bedauern und ermuntern, sondern vielleicht zur Abwechslung auch mal selbst Zuspruch finden.

Einsamkeit ist oft die Folge eines zurückgezogenen Lebens schüchterner Menschen. Ohne es zu wollen, leben sie wie Einsiedler in der Großstadt. Am fatalsten ist es aber, wenn man den Kampf um die Gunst seiner Mitmenschen entnervt aufgibt. Es ist manchmal einfacher, andere für das eigene soziale Versagen verantwortlich zu machen («Das ist eine Clique, die wollen unter sich bleiben und mich nicht aufnehmen»). Wer immer denkt, dass die Welt aus selbstsüchtigen, abweisenden Menschen besteht, denen Schicksale der anderen gleichgültig sind, der kann mit der Zeit ein Menschenverächter werden. Dann kann die Zurückweisung real werden und begründet sein. Irgendwann empfindet man dann alle anderen Menschen als überflüssig und störend. Wenn man mit der Schutzbehauptung «Ich komme gut allein klar und brauche niemanden» das Grundbedürfnis eines jeden Menschen nach Gemeinschaft bestreitet, so hat man eines Tages tatsächlich nur noch sich selbst.

Paul F. ist Computerfachmann in einer Behörde. Er lebt allein in einem seelenlosen Hochhaus im dreizehnten Stock. Er hat keine

Freunde und Bekannten. Vor Jahren hatte er einmal eine Freundin; seit sie ihn verlassen hat, fühlt er sich von Frauen allgemein enttäuscht und zieht es vor, keine weiteren Versuche zu unternehmen, jemanden kennenzulernen. Auch von allen anderen Menschen zieht er sich zurück. Anrufe oder Besuche empfindet er als Störung.

Sein Arbeitgeber toleriert, dass er erst gegen ein Uhr nachmittags im Job erscheint, da seine Tätigkeit sowieso unabhängig von der Tageszeit ist. Dafür arbeitet er bis spät in die Nacht. So kann er weitgehend vermeiden, dass Mitarbeiter ihn bei der Arbeit stören.

Wenn ihn doch jemand anspricht, ist er nicht unfreundlich, aber auch nicht gerade liebenswürdig. Er versucht, das Gespräch so kurz wie möglich zu halten, und er liebt Formulierungen, die die Sachverhalte maximal verkürzt darstellen. In dem Hochhaus, in dem er lebt, kennt er niemanden persönlich. In seiner Freizeit joggt er einsam durch den Wald oder beschäftigt sich mit Filmen, die er sich aus dem Internet herunterlädt.

Als Selbstunsicherer kann man die Welt als feindlich empfinden, aber man sollte niemals den Kampf aufgeben. Wie sagte Franz Kafka? «Einsiedelei ist widerlich, man beiße lieber ins Leben statt in seine Zunge.»

Die Welt ist kein Ponyhof

Schüchternheit ist ein Fehler, den man nicht tadeln darf,
wenn man ihn heilen will.

François de La Rochefoucauld

Schüchternheit kann bei Kindern etwas ganz Normales sein. Es gibt immer wieder Phasen, in denen Kinder sehr scheu sind. Zwischen sieben und achtzehn Monate alte Kinder «fremdeln». Sie verstecken sich hinter der Mutter, und ihr Gesichtsausdruck zeigt, dass ihnen die Situation mit Menschen, die nicht ihre Eltern sind, unheimlich ist – und das ist ganz normal. Manche Kinder werden sogar erst nach fünf Minuten warm.

Wenn ein dreijähriges Kind, das zum ersten Mal in den Kindergarten kommt, sich schluchzend an die Mutter klammert und mit ihr wieder nach Hause will, so liegt das zunächst noch im üblichen Bereich. Auch später, bei der Einschulung, können solche Situationen eintreten, wobei diese mit Wutausbrüchen verbunden sein können.

Solche Trennungsängste sollten sich aber nach vier bis acht Wochen legen. Wenn in manchen Fällen diese Ängste jedoch länger anhalten, gibt es zwei Möglichkeiten: Es könnte sich um eine tatsächliche Trennungsangst oder aber um Schüchternheit handeln. Bei der Trennungsangst können Kinder die Besorgnis entwickeln, dass sie weggebracht, gekidnappt oder getötet werden, wenn sie von den Eltern getrennt sind. Sie schlafen schlecht ein oder wachen nachts auf, um zu überprüfen, ob die Eltern noch im Bett sind. Sie leiden unter Albträumen, in denen es um eine Trennung von Vater oder Mutter geht. Ihre Ängste äußern sich auch in körperlichen Beschwerden wie Übelkeit, Erbrechen oder Bauchschmerzen. Diese Angst hat also nichts mit der Angst vor Lehrern oder Mitschülern zu tun.

Erst in einem späteren Alter entwickeln Kinder ein Gefühl dafür, wie sie auf Mitmenschen wirken. Wie nehmen mich andere Leute wahr?, fragen sie sich. Denken sie, dass ich ungeschickt, dumm oder hässlich bin? Warum lassen mich bestimmte Leute nicht in ihre Clique? Warum wandte sich ein guter Freund von mir ab und ist jetzt lieber mit anderen zusammen? Habe ich seine Gefühle verletzt? Solche Fragen stellen sich Kinder erst etwa ab acht bis zehn Jahren. Noch später, im Alter von ungefähr zwölf bis dreizehn Jahren, kann sich bei Kindern so etwas wie eine Soziale Phobie entwickeln. Aber zunächst ist ihnen nicht klar, was ihr Problem ist. Im Durchschnitt berichten Patienten mit einer Sozialen Angststörung, dass ihr Problem ihnen mit fünfzehn Jahren zum ersten Mal bewusst wurde. Sie haben Angst, vor Lehrern zu versagen oder sich in Situationen zu blamieren, in denen sie im Mittelpunkt stehen: Wenn man vor den Mitschülern ein Gedicht aufsagen oder an der Tafel etwas vorrechnen muss, gar nicht zu denken an den Sportunterricht – was für eine Blöße könnte man sich dort geben! Auch machen sich Kinder in diesem Alter zunehmend Gedanken über ihr Aussehen. Sie entwickeln die für die Soziale Phobie typischen unrealistischen oder übertriebenen Einschätzungen, dass sie zu groß, zu klein, hässlich oder gar abstoßend aussehen.

Wie erklärt man sich, dass diese Angst erst in der Pubertät auftritt? Das liegt daran, dass sich die soziale Intelligenz eines Kindes erst bilden muss. Babys sind komplett egoistisch. Sie haben nur eines im Sinn: sich selbst. Sie wollen ihr Essen und ihre Streicheleinheiten, alles andere ist unwichtig. Auch in den folgenden Jahren haben Kinder noch kein ausgeprägtes Gefühl für ihre Wirkung auf andere Menschen. Sie laufen unbekümmert nackt herum, reden Erwachsenen, wenn sie sich unterhalten, dazwischen, sagen nicht «danke» oder «bitte», interessieren sich herzlich wenig dafür, dass die Mama weint, nennen ihren Vater einen Fettsack und machen sich keine Gedanken darüber, ob die anderen Kinder auch ein Gummibärchen abbekommen haben.

Die Zellen des Gehirns sind zwar von Geburt an schon vollständig vorhanden, aber im Laufe der Gehirnentwicklung findet eine immer feinere Vernetzung statt. Eigenschaften wie Höflichkeit, Anstand, Feingefühl, Wohlerzogenheit oder Rücksichtnahme erfordern eine sehr ausgeklügelte Verbindung vieler gespeicherter Erfahrungen. Sehr viele graue Zellen werden auf einmal beansprucht, wenn wir komplexe soziale Zusammenhänge beurteilen müssen.

Die Entwicklung sozialer Intelligenz erfordert eine große Reife des Gehirns. Diese entwickelt sich erst während des Übergangs vom Kindes- zum Jugendalter. Es scheinen dafür mehr Lernerfahrungen und Verschaltungen des Gehirns erforderlich zu sein als für

Schachspielen, Skifahren oder Mathearbeiten. Soziale Ängste entwickeln sich daher erst, wenn das Gehirn in dieser Hinsicht eine gewisse Stufe erreicht hat.

Wenn Schüchternheit bei Kindern ein normales Phänomen ist, wie will man dann zwischen gesund und krank unterscheiden? Viele Eltern machen sich Gedanken, ob das zurückhaltende und scheue Verhalten ihres Kindes noch im grünen Bereich anzusiedeln ist oder schon ins Krankhafte übergeht. Obwohl die frühzeitige Erkennung und Behandlung einer Sozialen Phobie sehr wichtig ist, werden die Kinder selten bei einem Kinderpsychiater vorgestellt. Die Eltern denken oft, dass sich das Problem «auswächst».

Vor allem werden die Kinder ihre Schwierigkeiten von sich aus gar nicht erst ansprechen – gerade weil sie verzagt sind und es ihnen unsäglich peinlich wäre, selbst mit ihren Eltern darüber zu reden. Schüchterne Kinder gehen ja nicht unbedingt zu ihren Eltern und sagen: «Hör mal, Mutter, ich habe eine Soziale Angststörung, wir müssen etwas dagegen tun.» Sie halten mit ihrem Geheimnis hinter dem Berg und geben auch auf drängendes Nachfragen nicht zu, dass sie ein Problem mit Schüchternheit haben. Jüngeren Kindern fehlt auch die Ausdrucksform, um ihre Furcht zu beschreiben. Sie fühlen sich zwar unwohl, wissen aber nicht genau, warum.

Woran erkenne ich, dass mein Kind zu schüchtern ist?

※ Ihr Kind zeigt Verlegenheit oder Befangenheit in Gegenwart fremder Personen, sogar bei Gleichaltrigen, obwohl es gegenüber Familienmitgliedern oder befreundeten Kindern keine Scheu hat.

※ Das Kind deutet an, dass es sich vor gewissen Dingen ängstigt, möchte aber auf keinen Fall damit herausrücken, wovor es sich fürchtet.

※ Es macht sich übertriebene Sorgen über die Angemessenheit seines Verhaltens fremden Personen gegenüber.

※ Wenn es von Unbekannten angelächelt wird, lächelt es nicht, wie andere Kinder es tun, spontan zurück.

※ Ihr Kind will in Ihrer Nähe bleiben; es würde ungern bei einer anderen Familie übernachten oder mit bisher fremden Kindern zurückgelassen werden.

※ Ihr Sohn oder Ihre Tochter möchte nicht auf einen Kindergeburtstag gehen, was für ein normales Kind eine willkommene Abwechslung wäre; auf dem Spielplatz oder im Kindergarten spielt es alleine; im Urlaubshotel will es nicht in den Miniclub gehen.

※ Ihr Kind reagiert mit Weinen, Schweigen oder Unglücklichsein, wenn es von Ihnen in einer solchen Situation zurückgelassen wird.

※ Ihr Kind spielt lieber mit deutlich jüngeren Kindern.

※ Es traut sich nicht, fremde Kinder zu fragen, ob sie mit ihm spielen wollen.

※ Ihr Kind macht sich übertriebene Gedanken darüber, dass andere Kinder es nicht mögen, es hänseln oder hinter seinem Rücken reden könnten.

※ Es schämt sich in übertriebener Form über Missgeschicke oder Dummheiten, die es begangen hat.

※ Das Kind hat große Scheu, eine öffentliche Toilette zu benutzen.

※ Das Kind hat große Angst vor Tests oder Klassenarbeiten.

※ Es schützt Krankheiten vor, um nicht in die Schule zu müssen.

※ Es hat Angst, vor anderen in der Klasse etwas zu sagen, vorzuführen oder an der Tafel eine Rechenaufgabe zu lösen.

※ Die Lehrer geben Ihnen die Rückmeldung, dass Ihr Kind sich in der Schule mehr melden müsse und schlechte mündliche Leistungen zeige. Im Zeugnis steht: «Schriftliche Leistung gut, beteiligt sich aber nicht am Unterricht.»

Bei einer besonders schweren Sonderform der Sozialen Phobie, die «selektiver Mutismus» genannt wird, reden Kinder praktisch gar nicht mit fremden Menschen, obwohl sie mit ihren Eltern normal sprechen können. Das Schweigen tritt meistens mit drei Jahren erstmals auf, bei Mädchen tritt das Krankheitsbild doppelt so häufig auf, und oft sind Immigrantenkinder davon betroffen. Die Störung sollte unbedingt behandelt werden, da die Kinder durch mangelnde Sprecherfahrung in ihrer Entwicklung beeinträchtigt werden können. Die Hälfte der Kinder zeigt auch noch später Ängste beim Reden sowie emotionale Rückzugstendenzen. Als Ursache werden innerfamiliäre Spannungen oder andere psychosoziale Auslöser angesehen, aber auch genetische Faktoren. (53)

Eltern, die beobachten, dass ihr Kind schüchterner ist als andere, machen sich oft große Sorgen. Machen Sie eine Liste mit Dingen, mit denen Ihr Kind offensichtlich Schwierigkeiten hat, wie in dem folgenden Beispiel:

- Mit Erwachsenen Dinge besprechen
- Allein mit Fremden Kontakt aufnehmen. (Es bittet die Eltern, die gewünschte Cola zu bestellen, wenn der Kellner kommt; oder es verzichtet auf ein Eis, weil daran die Bedingung geknüpft ist, selbst zum Eismann zu gehen.)
- Erwachsene grüßen
- Telefonanrufe
- Mit anderen Kindern reden

Der Harvard-Psychologe Jerome Kagan beschrieb das Phänomen der «behavioural inhibition», dabei handelt es sich um einen Vorläufer der Sozialen Phobie. (54) Er beobachtete über viele Jahre Kinder, die im Umgang mit anderen Menschen sehr ängstlich waren: Sie wollten immer in der Nähe der Mutter bleiben und lächelten nicht wie andere Kinder, wenn sie fremde Personen sahen. Einige der gehemmten Kinder verloren ihre Scheu nach mehreren Monaten, während andere sich nicht änderten. Kagan beobachtete, dass die Eltern der Kinder, die ihre Schüchternheit ablegten, ihren Kindern Wege zeigten, wie sie mit Demütigungen oder Herabsetzungen umgehen könnten, während die Eltern der Kinder, die scheu blieben, ihre Töchter und Söhne bei Kränkungen immer gleich trösteten. Auch in einer anderen Untersuchung wurde deutlich: Väter, die im Vergleich zu den Müttern etwas ruppig oder unsensibel mit ihrem Nachwuchs umgingen, wenn sie ihnen soziale Kompetenzen beibringen wollten, beeinflussten ihre Kinder scheinbar dahingehend, dass sie weniger scheu wurden. (55) Das klingt zunächst einmal schwierig, denn welche Eltern wollten ihrem Kind nicht in einer schwierigen Situation Mut zusprechen?

Man tut dem Kind also nicht immer einen großen Gefallen, wenn man es aus allen sozialen Situationen herausnimmt. Man kann die Kinder nicht ein Leben lang vor schwierigen mitmenschlichen Situationen schützen. Die Welt ist kein Ponyhof. Also seien Sie nicht zu zimperlich: Stecken Sie Ihr Kind im Winterurlaub einfach in den Skiunterricht, auch wenn es dagegen protestiert, von Ihnen getrennt zu werden. Liefern Sie es einfach auf einem Kindergeburtstag ab, auch wenn es sich mit Händen und Füßen sträubt. Wenn Sie Ihr Kind dann später abholen wollen, kann es sein, dass es gar nicht mehr mit nach Hause will.

Weitere Möglichkeiten im Umgang mit einem scheuen Kind:

🎗 Reden Sie mit dem Kind verständnisvoll über das Problem.

🎗 Zeigen Sie dem Kind, wie es Lösungen für seine Schwierigkeiten findet.

🎗 Machen Sie Ihr Kind mit anderen Kindern bekannt.

🎗 Spielen Sie zu dritt mit einem weiteren Kind.

🎗 Üben Sie banale Dinge wie Händeschütteln und «Guten Tag» sagen.

🎗 Das Kind sollte frühzeitig an den Kontakt mit Fremden gewöhnt werden, also sich zum Beispiel selbst Brötchen beim Bäcker kaufen.

🎗 Nicht das Kind vor anderen Erwachsenen blamieren. Tollpatschigkeiten von Kindern geben Erwachsene gern zum Besten; ein Kind findet es aber oft nicht so spaßig, Gegenstand einer Anekdote zu sein.

✺ Nicht mit übermäßigem Druck arbeiten: «Jetzt gibst du dem Onkel gefälligst die Hand!»

✺ Treten Sie in sozialen Situationen selbstsicher auf. Sprechen Sie laut und deutlich, begrüßen Sie andere Menschen herzlich.

✺ Reden Sie nicht allzu kritisch über andere, wenn Ihr Kind dabei ist. Ihr Kind ist in dieser Richtung empfindlich und merkt sich, dass es ebenso abfällig kritisiert werden könnte.

✺ Auch mit überschwänglichen Belohnungen sollte man vorsichtig sein. Bei dem Kind sollte nicht der Eindruck erweckt werden, dass jedes Verhalten immer gleich in eine sehr gute und sehr schlechte Leistungsklasse eingeteilt wird. Wenn man häufig stark gelobt wird, kann ja auch das Ausbleiben von Zustimmung als kritische Bewertung verstanden werden.

✺ Helfen Sie Ihrem Kind, seine Talente zu entwickeln, etwa vor anderen Witze zu erzählen, Klavier zu spielen oder Ballett zu tanzen.

Wenn Sie als Eltern sich nicht sicher sind, ob die Symptome Ihres Kindes schon behandlungsbedürftig sind, sollten Sie sich ohne zu zögern an einen Kinderpsychiater wenden. In der Regel wird man bei Kindern die Soziale Phobie mit einer Verhaltenstherapie behandeln. Eine medikamentöse Therapie wird nur in schweren Fällen vorgeschlagen.

4. WENN SCHÜCHTERNHEIT ZUR KRANKHEIT WIRD

Fast jeder Mensch hat eine gewisse Furcht vor bestimmten sozialen Situationen. Eine Umfrage unter der kanadischen Normalbevölkerung ergab, dass 55 Prozent der Befragten Angst hätten, vor einem großen Publikum eine Rede zu halten, und 25 Prozent, vor einer kleinen Gruppe von vertrauten Menschen zu sprechen. Vor Autoritätspersonen ängstigten sich 23 Prozent, vor Feiern und Versammlungen 15 Prozent und vor Begegnungen mit Fremden 14 Prozent. (56) Insgesamt gaben 61 Prozent an, dass sie mehr Angst als andere in mindestens einer solchen Situation hatten. Mit anderen Worten: Mehr als die Hälfte aller Menschen hätte demnach einen gewissen Respekt vor weniger als der Hälfte der übrigen Erdenbewohner. Kann man angesichts einer solchen extremen Verbreitung von sozialen Ängsten überhaupt von einer Krankheit sprechen? Sind diese Zahlen nicht übertrieben? Man darf doch nicht eine Person, die sich niemals trauen würde, eine Rede vor dreitausend Gewerkschaftsmitgliedern mit Trillerpfeifen zu halten, für psychisch krank erklären. Andererseits würde jeder zustimmen, dass es nicht normal ist, wenn jemand eine Panikattacke erlebt, wenn es an der Tür klingelt, oder einen Schweißausbruch bekommt, wenn er bei der Post dreißig Briefmarken kaufen muss. Daher haben sich Wissenschaftler Gedanken gemacht, um den Übergang von gesunder Zurückhaltung oder leichter Unsicherheit in krankhafte soziale Angst festzulegen.

Wenn Schüchternheit pathologische Ausmaße annimmt, geht sie in ein Krankheitsbild über, das Psychiater «Soziale Phobie» nennen. Nach dem Klassifikationssystem «International Classification of Diseases» (ICD) gibt es genaue Kriterien, mit denen diese Angsterkrankung, die auch als «Soziale Angststörung» bezeichnet wird, gegen «normale» Persönlichkeitszüge und andere psychische Erkrankungen abgegrenzt werden kann. Nach dieser Checkliste wird gefordert, dass bei den Betroffenen «entweder eine deutliche Furcht oder eine deutliche Vermeidung im Zentrum der Aufmerksamkeit zu stehen» hat, oder es müssen Situationen aufgetreten sein, in denen die Angst besteht, «sich peinlich oder erniedrigend zu verhalten». Zusätzlich muss die Erkrankung mit seelischen Angstempfindungen, aber auch mit körperlichen Ausdrucksformen der Angst einhergehen. So sollte mindestens eines der folgenden Symptome aufgetreten sein: Erröten oder Zittern, Angst zu erbrechen oder Harn- oder Stuhldrang. Das mit den Angstsymptomen verbundene Unwohlsein muss wiederum als «deutliche emotionale Belastung durch Angstsymptome oder Vermeidungsverhalten» erkennbar sein. Erst wenn die Vermeidung, eine ängstliche Erwartungshaltung oder das Unbehagen in den sozialen Situationen die normale Lebensführung beeinträchtigt (also zum Beispiel berufliche oder schulische Leistungen behindert oder partnerschaftliche Beziehungen belastet), kann man von einer vollständigen Sozialen Phobie sprechen. Ferner wird hervorgehoben, dass die Patienten selber «die Symptome oder das Vermeidungsverhalten für übertrieben und unvernünftig» (57) halten.

Auch wenn bei dieser komplexen Definition das Bemühen sichtbar wird, ganz klar eine normale Reaktion von einer krankhaften trennen zu wollen, so drängt sich auch dem psychiatrischen Laien unmittelbar auf, dass es nicht ganz einfach ist, Schüchternheit als Eigenschaft einer Persönlichkeit glasklar von der Sozialen Phobie als Krankheit abzugrenzen. (58)

Daher zeigten Erhebungen in der Bevölkerung ganz unterschiedliche Ergebnisse, wenn es darum ging, die Häufigkeit der Sozialen Phobie abzuschätzen. Manche Studien fanden eine Häufigkeit von 13 bis 14 Prozent (59), in einer anderen Studie ist von

7,4 Prozent die Rede. Zieht man jetzt die Fälle ab, bei denen es sich nur um eine leichtere Form der Schüchternheit handelt, unter der die Betroffenen zwar leiden, die aber nicht so schwer ist, dass sie der Behandlung durch Ärzte bedarf, so blieben immerhin 3,7 Prozent übrig. (60) Dieser Prozentsatz ist als realistisch anzusehen, das aber würde immerhin bedeuten, dass in Deutschland etwa drei Millionen Betroffene behandlungsbedürftig sind.

Die erfundene Krankheit

Wenn man Vorträge über die Soziale Phobie hält, muss man sich immer wieder die Kritik gefallen lassen, so etwas habe es früher nicht gegeben, man habe Schüchternheit dazu gesagt, und das sei ja keine Krankheit. So etwas gehöre nicht von Psychiatern behandelt, schon gar nicht mit Medikamenten, und auch eine Psychotherapie sei überflüssig. Wenn man zu wenig Selbstbewusstsein habe, müsse man sich nur ein bisschen zusammennehmen, oder man finde sich damit ab, dass man introvertiert sei und nicht von sich selbst überzeugt.

Man kann nicht verleugnen, dass es in der Medizin manchmal Tendenzen gibt, Modediagnosen zu entwickeln. Auch die Soziale Phobie wurde in dem Buch des Wissenschaftsautors Jörg Blech, *Die Krankheitserfinder. Wie wir zu Patienten gemacht werden* (61), zu diesen Zeiterscheinungen gerechnet, deren Häufigkeit von bestimmten Ärzten maßlos übertrieben wird, damit sich Wissenschaftler profilieren oder pharmazeutische Firmen den Absatz ihrer Medikamente fördern können.

Ich habe jedoch sehr viele Patienten gesehen, bei denen das Problem keineswegs ein banales war. Wenn man überlegt, wie viele Menschen wegen der Sozialen Phobie zu Alkoholikern wurden und wie viele ein sehr eingeschränktes, depressives oder zumindest ödes Leben führen, kann man diese Krankheit nicht guten Gewissens als harmlose Persönlichkeitsausformung betrachten. In einer Untersuchung mit Sozialphobie-Patienten gab jeder fünfte zu, bereits einmal einen Suizidversuch begangen zu haben. (33) Die Bagatellisierung der sozialen Angst und ihrer Folgen verleugnet in zynischer Form das Leid der Betroffenen.

Die Fehleinschätzung, dass die Soziale Phobie gar nicht so häufig sei und ein vernachlässigbares Problem darstelle, entsteht wohl auch dadurch, dass die sozialphobischen Menschen nicht unbedingt mit einem Schild auf der Stirn herumlaufen, auf dem steht: «Ich habe eine Soziale Angststörung, bitte helfen Sie mir.» Es gehört ja zu dem Wesen der Krankheit, dass man über sein Problem nicht redet, weil es einem einfach zu unangenehm und blamabel ist. Man schätzt, dass nur 13 Prozent derjenigen, die eigentlich Hilfe nötig bräuchten, sich in eine Behandlung begeben. (62) Selbst Ärzte und Psychologen, die meinen, ihre Patienten genau zu kennen, wissen oft nicht um die große seelische Not schüchterner Menschen.

Väterchen Frust

Panik! Das Herz rast, als ob es gleich zerspringt, man zittert wie Espenlaub, kalter Schweiß tritt auf die Stirn, man spürt Luftnot und hat Angst zu ersticken, der Magen dreht sich um – Panikattacken sind eigentlich das Hauptsymptom einer sogenannten Panikstörung. Aber auch die Angstsymptome, die bei Menschen mit einer Sozialen Phobie auftreten, können im Extremfall die Form einer Panikattacke annehmen. Der Unterschied ist, dass bei der Panikstörung die Panikattacken aus heiterem Himmel auftreten, während sie bei der Sozialen Phobie in den typischen Situationen auftreten, in denen man sich beobachtet oder kritisiert fühlt. Bei der Panikstörung besteht in zwei Dritteln der Fälle eine Agoraphobie – dabei handelt es sich um die Angst, die in großen und anonymen Menschenmengen, öffentlichen Verkehrsmitteln oder engen Räumen auftritt. Personen mit dieser Phobie haben Furcht, eine Panikattacke zu erleiden und dann keine medizinische Hilfe bekommen zu können. Auch ein Sozialphobiker fühlt sich in Menschengruppen unwohl. Der Unterschied zu einem Agoraphobiker ist, dass eine soziale Angst eher in kleineren Menschenmengen ausgelöst wird und im Beisein von Leuten, die man gut kennt und mit denen man in Kontakt treten muss: Freunde, Verwandte oder Arbeitskollegen.

Die Soziale Phobie wird zu den Angsterkrankungen gerechnet, zusammen mit der Panikstörung, den einfachen Phobien (wie etwa einer Spinnenphobie) und der generalisierten Angststörung, die mit übertriebenen Sorgen in alltäglichen Situationen einhergeht.

Wenn es auch Patienten gibt, die nur unter Sozialer Phobie leiden, so hat mindestens die Hälfte davon noch eine weitere Angsterkrankung. (59) Das heißt: Man kann die Symptome einer Panikstörung, generalisierten Angststörung oder einer Spinnenphobie gleichzeitig mit der Sozialen Phobie haben – was die Behandlung nicht gerade einfacher macht.

Wenn ein Mensch seine Außenkontakte immer mehr reduziert und sich sozial zurückzieht, so kann das ein Symptom der Sozialen Phobie sein; es könnte sich aber auch um ein Zeichen für eine beginnende Depression handeln. Auch Personen mit einer Depression gehen ungern auf Partys oder biegen schnell um die Ecke, wenn sie einen Bekannten sehen. Der Grund ist jedoch bei ihnen, dass sie nicht mehr die Freude empfinden, die man normalerweise bei Begegnungen mit Freunden oder Bekannten hat, während Menschen mit einer Sozialen Phobie befürchten, den drohenden Small Talk nicht meistern zu können. Mangelndes Selbstwertgefühl findet man wiederum bei der Depression ebenso wie bei der Sozialen Phobie. Bei Depressionen kommt es auch zu Schuldgefühlen, wobei die Betroffenen oft denken, dass sie anderen zur Last fallen.

Was das Ganze noch komplizierter macht: Menschen mit einer Sozialen Phobie haben nicht selten auch gleichzeitig Depressionen.

Das trifft nach epidemiologischen Untersuchungen in 41 Prozent der Fälle zu. (59) Das könnte, vereinfachend gesagt, zwei Gründe haben: Schüchterne Menschen können aufgrund ihres freudlosen Lebens in aufgezwungener Zurückgezogenheit mit den Jahren depressiv und frustriert werden. Mangelnde Kontakte mit anderen Menschen, wenig Ablenkung durch freundschaftliche Begegnungen und vor allem die nicht erfüllte Sehnsucht nach einem Lebenspartner zermürben selbst den stabilsten Menschen. Zum anderen scheinen aber beide Erkrankungen etwas gemeinsam zu haben: Dass Antidepressiva bei einer Sozialen Phobie helfen, ist nur ein Indiz dafür, dass vielleicht die Veränderungen im Gehirn, die Depressionen verursachen, denjenigen ähneln, die auch zu Angsterkrankungen wie der Sozialen Phobie führen.

An welchen Symptomen aber erkenne ich, ob ich eine Depression habe?

※ Niedergeschlagenheit oder Traurigkeit

※ Verlust des Interesses an Dingen, die mir früher Spaß gemacht haben

※ Abgeschlagenheit, unerklärliche Müdigkeit

※ Konzentrationsstörungen, Gedächtnisverluste

※ Appetitverlust, auch verbunden mit Gewichtsverlust (seltener mit Gewichtszunahme durch «Frustfraß»)

※ Schlafstörungen

※ Zukunftsängste

※ Schuldgefühle

※ Gedanken, dass das Leben nicht mehr lebenswert ist, oder sogar Selbstmordgedanken

Wenn jemand einem Psychiater berichtet, dass er sich beobachtet oder beschattet fühlt, so muss der Arzt den Verdacht prüfen, ob nicht eine Psychose vorliegt. Hier gehen die Symptome weit über die Empfindungen von Sozialphobikern hinaus. Menschen mit einer Psychose, zum Beispiel mit einer Schizophrenie, fühlen sich bespitzelt oder belauert, oder sie befürchten, dass ihr Telefon abgehört wird. Dahinter steckt, wie sie oft vermuten, ein Netzwerk von Spionen oder Gangstern, die sich im Rahmen einer Verschwörung zusammengerottet haben, um ihnen zu schaden. Typischerweise hören sie auch Stimmen, die manchmal Vorwürfe machen. Aber auch jemand mit einer Sozialphobie kann das Gefühl haben, dass er an seiner Arbeitsstelle von den Kollegen geschnitten wird oder dass hinter seinem Rücken getuschelt wird. Er kann sich einreden, dass er gemobbt wird. («Meine Kollegin hat alle Mitarbeiter zu ihrem Geburtstag eingeladen, nur mich nicht.») Aber bei einer Sozialen Phobie nehmen diese Gefühle niemals die Form eines bedrohlichen Komplotts an, wie man sie bei einer Schizophrenie beobachtet. Außerdem wissen Sozialphobiker, dass ihre Angst übertrieben ist, während Menschen mit Psychosen von ihren wahnhaften Überzeugungen nicht abrücken.

Die Missgeburt

Die dreiundzwanzigjährige Leonie bedrängte ihren Freund Alexander, ihr Geld für eine Nasenoperation zu leihen. Sie sei total unglücklich. Das werde er ihr keinesfalls geben, denn ihre Nase sei völlig in Ordnung, entgegnete Alexander. Leonie ging daraufhin auf eigene Faust zu einem Nasenchirurgen, der eine Operation lächelnd mit den Worten ablehnte: «Meine Patientinnen haben nach ihrer Operation eine Nase wie die Ihre. Ich könnte ein Bild von Ihnen in mein Fotoalbum für wohlgestaltete Nasen aufnehmen.» Dennoch war Leonie weiterhin todunglücklich. Nicht nur ihre Nase, sondern auch ihre Stirn, die Augenform, das Kinn und ihre Hüften hielt sie für derart «entstellt», dass sie der Meinung war, alle diese Körperteile operativ umgestalten zu müssen. «Ich bin eine albtraumhafte, verabscheuenswerte Missgeburt! Eine widerliche, ekelhafte Gesichtsbaracke!», klagte sie. Jeder, mit dem sie sprach, versicherte ihr, sie sei so wunderschön, dass eine Operation völlig abwegig sei, aber Leonie ließ sich nicht überzeugen, obwohl sie wegen ihrer Schönheit bereits Model-Wettbewerbe gewonnen hatte. Sie bedrängte immer wieder ihren Freund und ihre Eltern, ihr das Geld für diese Eingriffe zu leihen, und fand auch Chirurgen im Ausland, die diese durchführen wollten. Nachdem eine Operation nicht zu ihrer Zufriedenheit verlaufen war, wurde sie immer depressiver. Eines Tages sprang sie aus dem zwölften Stock eines Versicherungsgebäudes.

Die seltene Krankheit, an der Leonie litt, wird Dysmorphophobie genannt. Die Menschen, die unter dieser rätselhaften psychischen Störung leiden, sind felsenfest davon überzeugt, dass ihr Gesicht, ihre Nase, ihr Kinn oder andere Körperteile hässlich oder verunstaltet aussehen – trotz ständiger Versicherungen ihrer Verwandten oder Freunde, dass sie überdurchschnittlich gut aussehen. Auch Menschen mit einer Sozialen Phobie sind oft nicht mit ihrem Aussehen zufrieden, haben aber nicht diese geradezu wahnhaften Vorstellungen, missgebildet zu sein. In manchen Fällen steigern sich die «Dysmos», wie sie sich selbst bezeichnen, in eine groteske Fehlbewertung ihres eigenen Aussehens hinein. Sie denken, dass ihre Nase monströs verformt sei oder dass ein Pickel sie aussehen lasse wie ein Kartoffelbovist. Ein schlanker Bauch wird als fetter Wanst angesehen, wohlgeformte Beine als O-Beine, eine schmale Hüfte als ausladendes Becken. Durch niemanden und nichts lassen sich die Betroffenen von diesen Einschätzungen abbringen. Oft sind es Menschen, die nahezu perfekte, also sehr ebenmäßige Gesichtszüge haben. Sie beschäftigen sich bis zu acht Stunden am Tag oder mehr mit ihrer angenommenen Entstellung und treiben einen unglaublichen Aufwand, um ihre eingebildeten Makel oder Asymmetrien mit einer Haarlocke oder unter dicker Schminke zu verbergen. Wie besessen betrachten sie sich in allen glatten Flächen – oder sie vermeiden Spiegel wie der Teufel das Weihwasser, weil sie den eigenen Anblick nicht ertragen können. Freundschaften gehen auseinander oder kommen gar nicht erst zustande, weil die Dysmos befürchten, dass beim Sex das ganze Ausmaß ihrer vermeintlichen Hässlichkeit zutage treten und zu einer beschämenden Situation führen könnte.

Manche Männer, die täglich in der Kraftsporthalle zu sehen sind, sind dort Dauerkunden, weil sie trotz ihrer monströsen Muskelpakete noch denken, einen zu schwächlich ausgebildeten Oberkörper zu haben. Sie nehmen oft Anabolika und gefährden ihre Gesundheit.

Die Dysmorphophobie beginnt meist in der Jugend, also zwischen dreizehn und zwanzig Jahren, in einer Zeit, in der auch normale Jugendliche sehr verunsichert sind, ob sie nun schön, normal oder weniger hübsch aussehen. Die Ursachen dieser Erkrankung sind nicht bekannt. Sicher ist es nicht so, dass das Fernsehen oder die Werbung schuld sind, weil dort immer nur perfekte, wohlgestaltete und frischgeföhnte Menschen zu sehen sind. Manche Wissenschaftler sehen eine Nähe dieser Störung zur Sozialen Phobie, andere vermuten einen Zusammenhang mit der Zwangskrankheit. Die Behandlung mit Verhaltenstherapie und Antidepressiva ist in vielen Fällen erfolgreich.

Eine weitere psychische Störung, bei der Menschen übertriebene Vorstellungen über ihre Wirkung auf andere haben, ist ein ebenso rätselhaftes Krankheitsbild, das Olfactory Reference Syndrome genannt wird. Menschen, die darunter leiden, sind von der Überzeugung besessen, andere Menschen durch ihren Körpergeruch zu belästigen und deswegen zurückgewiesen oder verabscheut zu werden. Die Betroffenen können unter einer bizarren Furcht leiden, einen extremen Mundgeruch zu haben oder aus dem After oder der Scheide einen fauligen Geruch abzusondern. Wenn jemand in ihrer Nähe seinen Kopf abwendet, hustet oder niest, beziehen sie dieses vielleicht belanglose Verhalten auf sich. Sie müssen sich immer wieder vergewissern, ob andere diese Gerüche auch wahrnehmen. Mit einem exzessiven Gebrauch von Deodorants und Mundwässern versuchen sie, ihre vermeintlichen Ausdünstungen zu übertünchen. Sie vermeiden alle sozialen Zusammenkünfte und gehen häufig zu Ärzten, um sich deshalb behandeln zu lassen.

5. WEGE AUS DER SELBSTBLOCKADE

Sie brauchen nur dieses Buch zu lesen ...

... und der Kampf gegen die Schüchternheit ist damit schon gewonnen – wenn Sie das denken, dann muss ich Sie leider enttäuschen. Ihr mangelndes Selbstbewusstsein wird sich nicht über Nacht in Wohlgefallen auflösen.

Schüchternheit ist nicht lediglich eine kleine Charakterschwäche, die durch etwas Willensstärke leicht korrigiert werden kann. Sie ist aber auch nicht wie eine Augenfarbe, die man nicht ändern kann. Man kann trotzdem sämtliche Hemmungen und Blockaden überwinden – aber es wird nicht ganz leicht sein. Wenn die Schüchternheit in die Soziale Phobie übergeht und Sie das Gefühl haben, nicht mehr damit fertig zu werden, kann es sein, dass Sie professionelle Hilfe benötigen.

Sie fragen sich vielleicht: Ist es bei mir so weit, dass ich psychotherapeutische Unterstützung brauche? Wenn folgende Voraussetzungen bestehen, sollten Sie eventuell erwägen, einen Psychotherapeuten oder Arzt aufzusuchen:

※ Das Problem besteht schon länger, also zum Beispiel seit über einem Jahr.

※ Ich mache mir sehr oft Gedanken darüber, also mindestens einmal pro Woche.

※ Ich könnte viel besser leben, wenn ich das Problem nicht hätte.

※ Es macht mich wütend und traurig zugleich, dass ich mit dem Problem nicht selbst fertig werde.

※ Wegen meiner Schüchternheit habe ich immer wieder deutliche Nachteile im täglichen Leben, sei es, dass ich in sozialen Situationen unter heftigen Angstsymptomen leide, mich nicht durchsetzen kann, mein Recht nicht bekomme oder es trotz meiner guten Leistungen nicht weit gebracht habe.

Und wenn Sie eine der folgenden Fragen mit einem klaren «Ja» beantworten, steht es außer Frage, dass Sie Hilfe brauchen:

※ Wegen meiner geringen sozialen Fertigkeiten finde ich keine geeignete Arbeit, oder ich denke daran, meine Arbeitsstelle zu wechseln, da ich mich durch meine Schüchternheit behindert fühle.

※ Ich habe festgestellt, dass ich unter Alkohol meine sozialen Hemmungen verliere, und habe deswegen schon oft zu viel getrunken. Oder: Ich betäube mich vor Zusammenkünften mit anderen Menschen mit Beruhigungsmitteln.

※ Wegen meiner sozialen Ängste bin sich sehr einsam. Ich habe wenige Freunde, und ich glaube, dass meine Schüchternheit der Hauptgrund ist, warum ich noch keinen geeigneten Partner kennengelernt habe.

※ Meine Unfähigkeit, vor anderen Menschen selbstbewusst aufzutreten, macht mich immer depressiver. Ich habe schon gedacht, dass das Leben so nicht lebenswert ist.

Es ist wirklich fatal: Viele Menschen mit einer Sozialen Phobie gehen nicht in eine Behandlung, weil ihnen die Krankheit einredet, dass es peinlich oder unangenehm wäre, ihre Sorgen und Nöte einem Arzt oder Psychologen zu offenbaren. Viele denken auch, dass es gar nicht möglich wäre, soziale Ängste zu behandeln. Dies zeigte eine Studie in den USA: Von fast hundert Menschen mit einer Sozialen Phobie gingen gerade 33 Prozent wegen psychischer Probleme zum Arzt. Nur drei Prozent dieser Menschen sagten dem Arzt, dass sie unter extremer Schüchternheit leiden. (63) Wie soll der Arzt dann erraten, was das eigentliche Problem ist?

Und was könnte passieren, wenn man einem Psychiater gesteht, dass man sich gegen seine Schüchternheit behandeln lassen wolle? Wird er schallend lachen, sich auf die Schenkel schlagen, bissige Sprüche ablassen und nörgeln, man stehle seine Zeit, wenn man ihn mit solchen Kinkerlitzchen behellige? Ganz bestimmt nicht. Wenn man sich also nicht sicher ist, ob die Schwere der Symptome eine Behandlung erfordert, dann sollte man nicht zögern, sich einen Termin geben zu lassen. In unserer Angstambulanz kommt es praktisch nie vor, dass sich jemand zur Behandlung meldet, der so wenig krank ist, dass wir ihm raten, auf eine Therapie zu verzichten. Viel häufiger jedoch passiert es, dass Patienten uns aufsuchen, die viel zu lange gewartet haben – in der Hoffnung, dass sich das Problem von selbst lösen würde, oder weil es ihnen einfach unangenehm war, über solche Dinge zu reden. Und wenn eine Angsterkrankung «chronifiziert», wie sich Psychiater ausdrücken, hat man manchmal schlechtere Karten, denn bestimmte Verhaltensweisen wie Vermeidungstechniken haben sich manchmal über die Jahre eingeschliffen, sodass man sie in der Psychotherapie nur schwer beeinflussen kann.

In den letzten Jahren gab es zahlreiche Fortschritte in der Behandlung der Angsterkrankungen. Als ich vor etwa zwanzig Jahren begann, mich mit Ängsten der Menschen zu beschäftigen, war es um die betroffenen Patienten nicht gut bestellt. Die Diagnosen der Psychiater waren schwammig und die Heilmethoden zum Teil unüberprüft. Panikattacken wurden zum Beispiel mit Trinkampullen, die einen Kalzium-Vitamin-Mix enthielten, behandelt. Das war zwar wohlschmeckend, aber medizinischer Unsinn. Manche Patienten erhielten starke Schizophrenie-Mittel, Medikamente gegen hohen Blutdruck oder sogenannte pflanzliche Zubereitungen wie Kava-Kava-Präparate, die außer Leberschäden keinerlei Wirkung zeigten. Wieder andere Patienten wurden monatelang in Kliniken im Schwarzwald gesteckt, wodurch sie alle Verbindungen zur Familie, zu Freunden oder zum Berufsleben verloren; zudem war kurz nach der Entlassung in die reale Welt kaum noch eine deutliche Wirkung der Therapie bemerkbar.

Die Soziale Phobie wurde in dieser Zeit von der wissenschaftlichen Welt kaum beachtet. Erst ab Anfang der neunziger Jahre wurden kontrollierte Studien durchgeführt. Heute gibt es fast hundert Studien zur Therapie dieser Angsterkrankung. Im Zeitalter der evidenzbasierten Medizin können wir den Menschen heute rascher, wirkungsvoller und nicht zuletzt kostengünstiger helfen.

Wir haben in unserer Angstambulanz zahlreiche Menschen mit einer sozialen Angststörung behandelt. Nicht alle besserten sich komplett, und bei einigen hatten wir gar keinen Erfolg. Aber den meisten Menschen kann man helfen. Ich fand es immer wieder erstaunlich, wie selbstunsichere, schüchterne Menschen, die sich schon seit einem Jahrzehnt oder länger mit ihren Symptomen plagten, innerhalb von wenigen Wochen oder Monaten ihr Leben komplett zum Positiven änderten.

Ein Chemiestudent kam zu mir, da er sich in Kursen nicht traute, auf Fragen des Tutors zu antworten und Referate zu halten. Er wollte eine Bescheinigung, um sich für ein Semester freistellen zu lassen. Ich gab ihm kein Attest, sondern sagte ihm, er solle sich stattdessen selbst als Tutor melden, um die Kurse zu leiten. Dies tat er. Heute hält er als Chemieprofessor jede Woche Vorlesungen.

Eine Studentin schob wegen ihrer Prüfungsangst ihr Examen immer weiter hinaus, bis die Exmatrikulierung drohte. Mit Hilfe der Verhaltenstherapie und eines Antidepressivums gelang es uns, sie dazu zu bringen, ihr Examen zu machen. Sie schloss mit einer Zwei ab und arbeitet heute als Kinderärztin.

Ein gutaussehender junger Mann verzweifelte daran, dass er praktisch keine Bekannten und vor allem noch nie eine Freundin gehabt hatte. Er zog sich komplett zurück und hoffte darauf, dass ihm eines Tages eine Märchenprinzessin erscheinen würde, um ihn aus seiner Abkapselung zu befreien. Eine Verhaltenstherapeutin in der Ambulanz drängte ihn dazu, auf Partys und andere Zusammenkünfte zu gehen. In kürzester Zeit hatte er plötzlich drei Freundinnen nacheinander. Mit einer davon lebt er heute zusammen und hat mit ihr zwei kleine Kinder.

Schüchternheit ist behandelbar. Und noch eine gute Nachricht für Schüchterne: Selbst wenn man gar nichts tut, bessern sich die Symptome der Sozialen Phobie mit den Jahren. Aber man sollte nicht abwarten, sondern aktiv sein Problem angehen.

Verhaltenstherapie

Wohlmeinende Freunde sagen: «Spring einfach über deinen Schatten, sei doch nicht so scheu. Du musst nur mit fester Stimme sprechen. Zieh dich nicht zurück in dein Schneckenhaus, es ist doch gar nicht so schwierig.» Wissen die denn nicht, wie viel Überwindung das kostet?

Paula S. (34), medizinisch-technische Assistentin

Warum könnte eine Verhaltenstherapie sinnvoll sein?

Von ihren Verwandten und Freunden bekommen Menschen mit einer Sozialen Phobie immer wieder Ermunterungen wie «Sorge dich nicht», «Kopf hoch!» oder «Denke positiv». Das Problem mit solchen Ratschlägen ist, dass es nicht so einfach ist, Selbstblockaden zu überwinden. Natürlich weiß jeder Sozialphobiker, was er eigentlich machen müsste, um seine Hemmungen zu bewältigen. Nehmen Sie sich einmal vor, die nächsten fünf Minuten an alles andere zu denken, nur nicht an kleine pelzige Wesen von Alpha Centauri. Genau so, wie Ihnen das nicht gelingen wird, ist es für einen Schüchternen unmöglich, in einer sozialen Situation die Angst einfach zu verdrängen. Daher geht es manchmal nicht ohne professionelle Hilfe.

Wenn es auch viele verschiedene Psychotherapierichtungen gibt, über deren Wirkung Laien und Fachleute diskutieren, so kann man das Ergebnis wissenschaftlicher Studien zur Sozialen Phobie recht einfach zusammenfassen: Ausschließlich die Verhaltenstherapie wurde mit Hilfe einer ausreichenden Zahl kontrollierter Studien auf ihre Wirksamkeit überprüft.

Was erwartet Sie konkret, wenn Sie eine Verhaltenstherapie beginnen? Im Normalfall würden Sie sich einmal pro Woche für fünfundfünfzig Minuten mit einem Verhaltenstherapeuten treffen. Dabei handelt es sich um einen Psychologen oder einen Arzt mit einer speziellen Ausbildung. Die Länge der Therapie ist überschaubar. Oft geht sie über ein halbes Jahr, manche Patienten bleiben aber ein Jahr oder länger in Behandlung. Vor der Therapie müssen Sie allerdings noch zwei Hürden überwinden: Einen Therapieplatz zu finden ist oft schwierig, besonders wenn Sie außerhalb eines Ballungszentrums wohnen. Eine Liste der ortsansässigen Therapeuten finden Sie im Telefonverzeichnis, bei der Ärztekammer oder bei Ihrer Krankenkasse. Die zweite Barriere: Sie brauchen eine Genehmigung der Krankenkasse, und dazu ist ein Gutachten erforderlich.

Grob gesagt: In einer Verhaltenstherapie wird nicht in der Vergangenheit gewühlt, sondern es wird in der Gegenwart gearbeitet, wobei es darum geht, konkret das Verhalten und innere Einstellungen zu verändern. Dazu finden viele Gespräche statt; wichtig sind aber auch praktische Übungen.

Wie sieht nun die Therapie im Einzelnen aus? Das können wir am besten an einem Beispiel illustrieren:

Wilfried Schneider, zweiundvierzig Jahre alt, arbeitet in einer Bank. Sein Problem hängt mit seinem beruflichen Aufstieg zusammen. Er muss Kunden hinsichtlich finanzieller Anlagen beraten. Vor diesen Gesprächen hat er eine unerklärliche Angst. Obwohl er solche Beratungen schon oft durchgeführt und dabei laut Aussagen seiner Kollegen Geschick bewiesen hat, kann er schon in der Nacht vor dem Gespräch nicht schlafen. Er nimmt sich mehr Zeit als notwendig, sich auf diese vorzubereiten; dadurch muss auch mal ein Wochenende dran glauben. Kurz vor dem Gespräch bricht ihm der kalte Schweiß aus, und es kommt noch die Angst hinzu, dass der Kunde das bemerken könnte.

Ein weiteres Problem ist für ihn, dass er bei verschiedenen Gelegenheiten vor einer überschaubaren Gruppe von Mitarbeitern kleine Vorträge halten muss, vor denen er eine übermäßige Furcht hat. Außerdem würde er sich wünschen, bei Gesprächen mit den Führungspersönlichkeiten in seiner Sparkasse seine Ideen besser durchsetzen zu können, da er das Gefühl hat, dass Kollegen, die erheblich weniger Kompetenz haben, ihre Ziele aufgrund ihres stärkeren Selbstbewusstseins besser erreichen können.

Aber auch außerhalb des Berufs würde Herr Schneider gern selbstsicherer auftreten. Zum Beispiel schiebt er eine notwendige Unterredung mit seinem Nachbarn immer wieder vor sich her, wobei es darum geht, dass er seinen stinkenden Komposthaufen an der Grundstücksgrenze in eine weiter entfernte Ecke verlegen solle.

Daher wendet er sich an einen Verhaltenstherapeuten, den Psychologen Dr. Möbius. Die Therapie setzt sich aus Einzel- und Gruppengesprächen zusammen. Vor einer Gruppe mit sozialphobischen Patienten hält zunächst Dr. Möbius einen kleinen Vortrag über die Soziale Phobie. Die Teilnehmer merken, dass sie nicht allein sind, sondern dass unzählige Menschen das gleiche Problem haben. Er erläutert, welche Vorgänge im Gehirn für die unrealistische und übertriebene Furcht vor sozialen Situationen verantwortlich sind. Dann erklärt er das Prinzip der Verhaltenstherapie, denn für die Teilnehmer ist es wichtig, dass sie zunächst den Sinn der Übungen verstehen, bevor sie sich an die Praxis machen.

Dr. Möbius versucht, Wilfried Schneiders «automatische Gedanken» zu identifizieren: «Ich werde alles falsch machen, ich kann den Kunden nicht überzeugen, es kommt zu keinem Abschluss.» In der Therapie gilt es, die realistische Selbsteinschätzung zu stärken und die wirklichkeitsferne Geringschätzung der eigenen Talente und

Leistungen zu berichtigen. Diese automatischen Gedanken versucht Herr Schneider in katastrophaler Form fortzusetzen: «Nicht nur meine Provision ist dahin, sondern mein Chef wird mir auch noch massive Vorwürfe machen, und bei der nächsten Gelegenheit stehe ich auf der Abschussliste.»

Dr. Möbius diskutiert mit Wilfried Schneider, wie realistisch es ist, dass er nach einem einzigen nicht zufriedenstellend verlaufenen Kundengespräch gefeuert wird. Der Therapeut macht es sich zur Aufgabe, negative Gedanken in positive umzumünzen: «Kaum ein Mitarbeiter hat im letzten Jahr so viele Abschlüsse geschafft.»

Herr Möbius bittet Herrn Schneider, sich Folgendes zu überlegen: Warum denke ich, dass ein kleiner Fauxpas mich in der Achtung anderer Menschen sofort auf die niedrigste Stufe herunterbringt? Warum glaube ich jedoch, dass die alltäglichen Malheurs, die anderen Leuten passieren, viel weniger Bedeutung haben?

Der Therapeut arbeitet in Gesprächen daran, dass Wilfried Schneider seinen Hang zu pessimistischen Erwartungen und zur Überschätzung der Gefahren sozialer Situationen erkennt. Nur so wird es möglich, die übertriebenen Befürchtungen abzubauen. Diese Methode nennt man «Kognitive Restrukturierung».

Die Angst vor Gesprächen mit Vorgesetzten soll in einem Rollenspiel abgebaut werden. In einer kleinen Gruppe von Patienten, die alle unter einer Sozialen Phobie leiden, übernimmt ein Patient den Part des arroganten Chefs, während Herr Schneider versucht, eine gute Idee gegen den Willen seines Vorgesetzten durchzusetzen.

Im Anschluss daran erfolgen die Ernstfallsituationen. Dr. Möbius verlangt von Wilfried Schneider, sein «Sicherheitsverhalten» abzulegen. Damit sind die übertriebenen Maßnahmen gemeint, die Wilfried Schneider anwendet, um eine gefürchtete Situation unbeschadet zu überstehen. Er soll sich zum Beispiel verkneifen, sich das ganze Wochenende lang auf ein Kundengespräch vorzubereiten, das er auch völlig ohne Vorbereitung schaffen könnte. Stattdessen soll er lieber mit seiner Familie einen Ausflug machen.

Außerdem soll Herr Schneider sich auch besondere Techniken aneignen, mit denen er bisher Schwierigkeiten hatte. Er neigt zum Beispiel dazu, den direkten Blickkontakt mit einem Gesprächspartner zu vermeiden. Oft sitzt er neben seinem Kunden, während beide geradeaus ins Leere oder auf die bunten Prospekte auf dem Tisch starren, anstatt sich gegenseitig in die Augen zu schauen – was gerade bei Geldgeschäften nicht unbedingt vertrauensfördernd ist. Wilfried Schneider tendiert auch dazu, leise zu sprechen. In der Gruppe muss er trainieren, mit angemessener Lautstärke zu reden. Leise zu sprechen und am Gegenüber vorbeizusehen sind Angewohnheiten, die sich mit den Jahren eingeschliffen haben und die nicht ohne weiteres verschwinden, selbst wenn die Selbstsicherheit wiedergewonnen ist. Diesen Teil der Therapie nennt man «Training sozialer Fertigkeiten».

Dann erhält Herr Schneider Hausaufgaben. Zum Beispiel muss er seinen Nachbarn am Zaun ansprechen und das leidige Kompostproblem zu einem Ende bringen. Wider Erwarten schlägt der Nachbar nicht mit dem Spaten zu, sondern entschuldigt sich für die Geruchsbelästigung und gelobt Abhilfe.

Später wird in kleinen Gruppen der Ernstfall geprobt. In einem kleinen Café in der Innenstadt versammeln sich die Teilnehmer. Die Übungsleiterin, eine junge Psychologin, erteilt ihren Gruppenmitgliedern kleine Aufgaben. Die Teilnehmer der Therapiegruppe müssen sich in «echte» soziale Situationen hineintrauen:

※ Sie sollen in ein Uhrengeschäft gehen und so tun, als wolle man eine sündhaft teure Uhr kaufen. Dabei sollen sie den Eindruck erwecken, dass Geld eigentlich nicht wirklich eine Rolle spiele.

※ Sie müssen versuchen, sich in der Schlange einer amerikanischen Bratling-Bräterei vorzudrängeln, auch auf die Gefahr, sich Vorwürfe anhören zu müssen.

※ Sie bezahlen in einem Supermarkt eine größere Summe mit sehr viel Kleingeld, das sie sich extra für diesen Zweck besorgt haben. Sie ertragen mit Gelassenheit das Stirnrunzeln der Kassiererin und das Maulen der Leute hinter ihnen in der immer länger werdenden Schlange, während sie 78,58 Euro in Ein-, Zwei- und Fünf-Cent-Münzen hinzählen.

Dr. Möbius arbeitet auch mit Belohnungen: Berichten die Teilnehmer, dass sie ihre Hausaufgaben zufriedenstellend erledigt haben, erhalten sie Belobigungen. Wenn sie eine Übung erfolgreich absolviert haben, dürfen sie sich selbst etwas Gutes tun, als ob sie eine kleine Heldentat begangen hätten. Die Prämie könnte ein warmes Bad sein, ein Stück Baumkuchen oder ein Kinobesuch. Herr Schneider darf sich zum Beispiel eine CD seiner Lieblingsband kaufen, weil er das notwendige Gespräch mit dem Nachbarn endlich durchgeführt hat. Wenn jemand eine Übung nicht bestanden hat, muss er einen Freund zu einem Essen einladen.

Zauber der Bouzouki

Viele Patienten zeigen sich allerdings etwas widerspenstig, wenn es um das Üben in echten Situationen geht. Sie schauen den Therapeuten mit weit aufgerissenen Augen an, als ob er von ihnen gefordert hätte, einen Seiltanz über einem Fluss, in dem es von Alligatoren wimmelt, vorzuführen. «Bitte verlangen Sie das nicht von mir», flehen sie. «Ich kann das nicht; wenn ich es könnte, müsste ich ja nicht in die Therapie gehen.» Das wäre, wie wenn ein Nichtschwimmer sich weigern würde, ins Wasser zu gehen, bevor er schwimmen gelernt hat.

Man könnte natürlich die gefürchteten Situationen in der Therapie theoretisch ansprechen und die möglichen Reaktionen im Geiste durchspielen. Das ist etwa so realistisch, als würden Sie, anstatt nach Griechenland in den Urlaub zu fahren, die «Gyrospfanne Mykonos» in der Mikrowelle erhitzen und dazu die CD «Zauber der Bouzouki» auflegen.

Das elfte Gebot für Angstpatienten lautet: «Du sollst nicht kneifen!» Wenn man sich nicht den angstauslösenden Situationen stellt, kann man lange warten, bis die Furcht von selbst verschwindet.

Patienten diskutieren gern mit Verhaltenstherapeuten: «Ich bin doch tagtäglich solchen Situationen ausgesetzt, warum geht die Angst nicht automatisch weg?» Es reicht eben nicht, nur kurz anwesend zu sein und dann die Flucht zu ergreifen, sondern man muss den gefürchteten Zustand aktiv bis zum Ende durchstehen. Bei den Übungen ist es wichtig, dass man so lange in den Situationen bleibt, bis die Angst von selbst aufhört. Man kann sich darauf verlassen, dass die unangenehmen Symptome der Angst nach einer gewissen Zeit nachlassen – das ist eine physiologische Funktion des Körpers.

An dieser Stelle muss das Phänomen der «Löschungsresistenz» erklärt werden: Das Gehirn braucht nur wenige schlechte Erfahrungen, damit es eine Begebenheit mit Furcht verbindet, aber es sind sehr viele positive Erfahrungen notwendig, um diese Angst wieder zu löschen. Das heißt, es reicht nicht, eine angsterfüllte Situation einmal durchzustehen, sondern man muss sie unzählige Male wiederholen, um die Furcht ganz zu verlieren. Ein Patient mit einer Sozialen Phobie hat in der Regel bereits zahllose Versuche hinter sich, in denen er sich dem gefürchteten Umstand gestellt hat. Er hat ihn aber oft nicht bis zum Schluss durchgestanden, sondern im Augenblick der höchsten Angst verlassen. Diejenigen Gebiete im Gehirn, die für das Abspeichern von unangenehmen oder furchtbesetzten Tatbeständen zuständig sind, haben diese Fehlversuche als Misserfolge abgespeichert – und so die Angst vor der Situation immer mehr verstärkt, anstatt sie abzubauen.

Wenn jemand Wasserski fahren will, gibt es nur einen kritischen Punkt: den Moment, in dem das Motorboot anfährt und die Leine gespannt wird. Da kann es passieren, dass der Zug an den Armen so stark wird, dass man die Leine loslässt und ins Wasser stürzt. Jemand, der bisher nur zehn abgebrochene Starts hinter sich hat und niemals den erhebenden Augenblick erfahren hat, in dem man auf den Skiern steht, über das Wasser gleitet und feststellt, dass es gar nicht so schwierig ist, wird niemals Wasserski als seine Lieblingssportart bezeichnen.

Wenn man ein Vermeidungsverhalten abtrainieren will, muss man das eigene Gehirn überlisten, und das geht nur durch Gewöhnung. Als ich einmal auf der Insel Tobago ein Auto ausgeliehen hatte, machte ich meine erste Erfahrung mit dem Linksverkehr: Ich fuhr korrekt auf der linken Seite los, aber bereits nach der nächsten unübersichtlichen Kreuzung landete ich unwillkürlich auf der rechten Seite und wunderte mich, dass mir auf meiner Spur lauter Geisterfahrer entgegenkamen. Mein Körper wollte rechts fahren. Ich musste meinen ganzen Verstand aufbringen, um mich diesem Rechtsdrall zu widersetzen, um nicht eine Frontalkollision zu provozieren. Ein Sozialphobiker findet sich in einer ähnlichen Situation wieder. Sein Körper will das eingeschliffene Vermeidungsverhalten weiter durchhalten, und er kann nur mit dem Verstand dagegen anarbeiten. Später allerdings geht das geübte Verhalten in Fleisch und Blut über.

Schüchterne Menschen sind ja, wie wir gesehen haben, häufig sehr kompetent. In mancher Hinsicht haben sie sich aber gewisse Defizite zugelegt, wie etwa mangelhafter Augenkontakt oder Konversationstechniken, die negative Reaktionen anderer hervorrufen. Eine Inkompetenz hinsichtlich sozialer Interaktionen ist über die Zeit entstanden, weil solche Verhaltensweisen paradoxerweise den Zweck einer Angstvermeidungsstrategie erfüllen. Wenn jemand leise spricht, dann entsteht dieses Verhalten aus der übertriebenen Angst heraus, man könne ja etwas Falsches sagen, und wenn man es leise sagt, ist es vielleicht nicht so schlimm, wie wenn man laut etwas Unrichtiges sagt.

Natürlich sind dies keine erfolgreichen Strategien; dennoch haben sie sich oft eingeschliffen und müssen erst wieder mühsam abtrainiert werden. In einer Verhaltenstherapie findet daher auch ein Training sozialer Techniken statt. In einer Gruppe könnte man zum Beispiel folgende paradoxe Übungen absolvieren, um den Teilnehmern gewisse Automatismen aufzuzeigen, die man sich angewöhnt hat. Zwei Teilnehmer spielen «Die fünf beliebtesten Konversationskiller»:

- *Vermeiden Sie jedes Lächeln
- *Halten Sie sich die Hand vor den Mund, sodass man Sie nicht verstehen kann
- *Reden Sie leise
- *Reden Sie schnell und undeutlich
- *Schauen Sie während des Gesprächs zu Boden

Selbstverständlich könnte man alle diese Übungen auch mit ein paar guten Freunden machen. Erfahrungen haben aber gezeigt, dass es in schweren Fällen effektiver ist, wenn man dabei von professionellen Helfern angeleitet wird.

Die Verhaltenstherapie, so haben viele klinische Studien gezeigt, kann die Lebensqualität von Menschen mit einer Sozialphobie entscheidend bessern; die ersten Erfolge sind in der Regel bereits nach wenigen Wochen sichtbar.

Der Minderwertigkeitskomplex

Eine weitere Psychotherapierichtung, die bei Patienten mit einer Sozialen Phobie angewendet wird, ist die Psychoanalyse. Eine der ersten Theorien zu sozialen Ängsten war die Theorie vom «Minderwertigkeitskomplex». Dieser Terminus ist einer der Begriffe der Tiefenpsychologie, der in die Alltagssprache eingegangen ist. Der Begriff stammt von Alfred Adler (1870–1937), einem österreichischen Psychoanalytiker. Adler war der Auffassung, dass jedes Kind mit einem Minderwertigkeitsgefühl an den Start geht – denn es fühlt sich ja den Erwachsenen gegenüber zunächst einmal in fast jeder Hinsicht machtlos. Dieses Unterlegenheitsgefühl spornt das Kind an, sich weiterzuentwickeln. Das ist notwendig und positiv. Unter ungünstigen Bedingungen kann jedoch ein Minderwertigkeitskomplex entstehen. Wenn zum Beispiel die Eltern den kindlichen Geltungsdrang einschränken wollen, kann später der neurotische Erwachsene seinen Minderwertigkeitskomplex durch einen verborgenen Überlegenheitskomplex zu kompensieren versuchen – und sich so zum Angeber oder gar zum Hochstapler entwickeln.

Adlers Hypothesen wurden von anderen Psychoanalytikern aufgenommen. Zu wenig Zuwendung in der oralen Phase – wenn etwa die Mutter das Kind nicht stillt oder wenn ein Kind selten gelobt und zu häufig kritisiert wurde – könne, so die Individualpsychologie, zu Depressionen oder Suchterkrankungen führen. Eine andere mögliche Fehlentwicklung wäre es, wenn jemand sein mangelndes Selbstwertgefühl zur Schau stellt, um anderen zu zeigen, dass er schwach und verletzlich sei und dass man auf ihn besondere Rücksicht nehmen müsse – um mehr Zuwendung zu erzwingen. So kann jemand mit seinem Minderwertigkeitskomplex die Umgebung tyrannisieren.

Das Problem dieser Theorie ist, dass der Minderwertigkeitskomplex von manchen Psychoanalytikern in unzulässiger Vereinfachung als Ursprung sämtlicher neurotischen Entwicklungen gesehen wurde – nicht nur für soziale Ängste, sondern auch für Suchterkrankungen und Aggressivität bis hin zur Depression und Suizidalität.

Von dem Züricher Analytiker C. G. Jung (1875–1961) stammt die Einteilung der Menschen in introvertierte (nach innen gewendete) und extrovertierte (nach außen gewendete). In ihrem Verhalten und Erleben orientieren sich Extrovertierte an ihrer Umwelt, während Introvertierte sich an ihrer Innenwelt ausrichten. Introvertierte sind Menschen, die sich leicht in die Defensive drängen lassen und sich eher entscheidungsunfreudig, zögernd und abwartend verhalten. Sie sind überangepasst, aber auch stark egozentrisch orientiert. Der Psychologe Hans Jürgen Eysenck erweiterte dieses Konzept und versuchte erste neurobiologische Erklärungen für diese unterschiedlichen Persönlichkeitsausprägungen zu finden.

Das Syndrom der Sozialen Phobie findet sich heute trotz der Häufigkeit der Erkrankung kaum in der tiefenpsychologischen Literatur, wie die amerikanischen psychoanalytischen Autoren Fredric Busch und Barbara L. Milrod beklagen. (64) Die wenigen vorhandenen theoretischen Überlegungen zeichnen kein homogenes Bild. In anderen Sparten der Psychologie versucht man, eine einheitliche Theorie zu bilden, die immer weiter ausgebaut und verfeinert wird und von der verlangt wird, dass sie für die meisten Menschen, die von der Störung betroffen sind, zutrifft. In der Psychoanalyse existieren oft verschiedene Theorien nebeneinander – so kann bei einem Patienten die eine Möglichkeit zutreffen, bei einem anderen eine völlig andere. Das hat zwar den Vorteil, dass jeder Mensch als spezielles Individuum betrachtet wird, aber auch den Nachteil, dass statistische Aussagen zur Verursachung der Störung und verlässliche Prognosen zum Erfolg der Behandlung unmöglich werden.

Nach der psychoanalytischen Auffassung entstehen fast alle Ängste dadurch, dass früh in der Kindheit in der Interaktion zwischen Eltern und Kind Konflikte entstanden sind, die sich viele Jahre später aus dem Unbewussten melden und die körperlichen Symptome der Angst verursachen, wie Herzrasen, Zittern oder Schwindel in sozialen Situationen. (64) Die Entstehung dieser Konflikte wird durch belastende Kindheitsereignisse gefördert, wie Verlust eines Elternteils, Trennung der Eltern oder familiäre Konflikte. Aber auch in Familien, in denen es in dieser Hinsicht keine besonderen Vorkommnisse gab, können neurotische Konflikte durch Fehler in der Erziehung entstehen, wenn zum Beispiel Eltern oder ältere Geschwister sich häufig kritisch und abfällig über das Kind äußern – so die Theorie.

Jeder Mensch hat nach Sigmund Freuds Theorie ein «Es», das ein ständiges Verlangen nach sexuellen Erlebnissen oder aber aggressiven Handlungen hat. Das ist normal, solange das lustbetonte «Es» sich nicht in den Vordergrund drängt. Wird jedoch die Entwicklung eines Kindes gestört, kann es zu einem Konflikt kommen. Sexuelle und aggressive Triebwünsche wollen befriedigt werden. Das wiederum will das kontrollierende «Über-Ich» nicht zulassen – also werden diese Triebwünsche abgewehrt. Diese Abwehr führt zu Angstsymptomen – also zum Beispiel Schwitzen oder Erröten in schwierigen sozialen Situationen. Jetzt kommt es zu einem Deal, der zwischen Es und Über-Ich ausgehandelt wird: Um das als gefährlich empfundene Ausleben der bösen Triebbefriedigungswünsche zu stoppen, nimmt das Gehirn stattdessen lieber die Angstsymptome in Kauf – sozusagen als kleineres Übel. Ist man von der Vorstellung besessen, von anderen Menschen ständig kritisiert und zurückgewiesen zu werden, kann das verhindern, dass aggressive Triebe oder Phantasien, die als überwältigend und drohend erlebt werden, sich ihren Weg bahnen können. Busch und Milrod führen einige Beispiele an (64):

%% Der eigene Ärger und die eigene Wut können nicht zugelassen werden; stattdessen werden sie auf andere «projiziert». Das heißt, man tut so, als sei man nicht selber voller Aggressionen, sondern die Menschen der Umgebung. So werden die anderen als geringschätzig, kritisierend und abwertend wahrgenommen. Das ruft erneuten Ärger und Ängste hervor – ein Teufelskreis entsteht.

%% Eine Frau hat geheime Phantasien, in denen Männer gefoltert und gequält werden, die sich nach ihr sehnen und die sie kalt und herzlos abweist. Um diese verpönten Wünsche abzuwehren, vermeidet sie Kontakte mit Männern und nimmt sich selbst als unattraktiv wahr.

%% Ein Sozialphobiker hat versteckte Ideen eigener Grandiosität. Also hat er das Gefühl, von seinen Mitmenschen immer eine Sonderbehandlung bekommen zu müssen. Verwehrt man ihm diese, wird er enttäuscht und vermeidet Kontakte mit den anderen. Wegen seiner Größenideen hat er außerdem den verborgenen Wunsch, sich sexuell zu exhibitionieren. Für diesen unbewussten Trieb will er sich selbst bestrafen, indem er sich aus dem sozialen Leben zurückzieht.

In der Psychoanalyse wird häufig mit solchen Deutungen gearbeitet. Sie klingen oft plausibel, nachvollziehbar oder sogar raffiniert. Aber sie sind äußerst spekulativ, und wir können sie nicht beweisen. Vor allem wissen wir nicht, ob wir solche Interpretationen nutzen können, um unseren Patienten zu helfen. Wissenschaftliche Untersuchungen fehlen, die diese tiefenpsychologischen Ideen zur Sozialen Phobie untermauern könnten. Noch problematischer aber ist, dass bisher nicht eine einzige kontrollierte Studie veröffentlicht wurde, die die Wirkung einer psychoanalytischen Therapie bei Patienten mit Sozialer Phobie mit Kontrollgruppen vergleicht. Eine solche Untersuchung würde typischerweise unter dem Titel «Randomisierte, kontrollierte Zwölf-Wochen-Studie zur Behandlung der Sozialen Angststörung mit psychodynamischer Therapie im Vergleich zu kognitiver Verhaltenstherapie und einer Wartelistenbedingung» in einer wissenschaftlichen Zeitung publiziert werden und würde, wenn die ehernen Gesetze der Statistik korrekt angewendet werden, etwa fünfhundert Versuchspersonen umfassen. Bis solche Studien (und nicht nur eine, sondern mindestens zwei oder drei) vorliegen, sind alle theoretischen Überlegungen müßig, wie eine Therapie helfen würde, wenn sie helfen würde.

Viele Schüchterne fragen sich, ob sie ihre Kindheit aufarbeiten müssen, um an die Wurzel ihrer Probleme zu kommen. Nach allem, was Wissenschaftler heute über die Soziale Phobie wissen, erscheint es sinnvoller, das Problem in der Gegenwart durch aktive Änderung ihres Verhaltens anzugehen und nicht durch eine Zeitreise in die Vergangenheit.

Pillen gegen Schüchternheit?

In einer Bevölkerungsumfrage zeigte sich, dass die meisten Menschen der Meinung sind, eine Soziale Phobie sollte man nicht mit Medikamenten behandeln – nur vier Prozent der Befragten hielten dies für sinnvoll. Pflanzliche Mittel kamen für sechs Prozent in Frage. Sieben Prozent waren davon überzeugt, dass eine Behandlung der Angsterkrankung gänzlich unmöglich ist, während zehn Prozent angaben, dass die Betroffenen gar keine Behandlung brauchen. Immerhin 68 Prozent waren der Ansicht, dass eine Psychotherapie helfen könnte. (65)

Psychopharmaka haben keinen besonders guten Ruf. Am meisten werden sie nicht von den Patienten kritisiert, sondern von Menschen, die weder selbst betroffen sind noch Erfahrung mit der medikamentösen Behandlung psychisch Kranker haben. Niemand sollte gegen Insulinspritzen wettern, wenn er nicht Arzt oder zuckerkrank ist. In meinen Augen ist es unverantwortlich, gegen Psychopharmaka, die vielen Millionen Menschen helfen, unkritisch zu polemisieren. Natürlich sollte man bei einer leichten Form der Schüchternheit nicht gleich versuchen, das Problem mit solchen Mitteln in den Griff zu bekommen. Warum gleich mit Kanonen auf Spatzen schießen?, fragt sich so mancher in diesen Fällen zu Recht. Es gibt jedoch Menschen, die unter einer schweren Sozialen Phobie leiden und in ihrer Lebensqualität erheblich eingeschränkt sind. Nicht immer hilft eine Psychotherapie, und so stellt sich die Frage, ob nicht eine Therapie mit Medikamenten versucht werden sollte.

Es gibt viele Menschen, unter ihnen auch Ärzte und Psychologen, die eine medikamentöse Therapie kategorisch ablehnen. Unter diesen gibt es einige, die ideologisch argumentieren – und so letztendlich den Betroffenen eine wirksame Methode vorenthalten wollen. Sie zeichnen ein finsteres Bild von der Psychopharmakotherapie – danach verordnen gewissenlose Ärzte diese Präparate, um Zeit für stützende Gespräche zu sparen oder um der Pharmaindustrie einen Gefallen zu tun (die Ärzte verdienen übrigens keinen Pfennig, weil sie Medikamente verschreiben, sondern müssen vielleicht sogar mit einer Rückzahlungsforderung der Krankenkassen rechnen, wenn sie die teilweise teuren modernen Medikamente verordnen). Sicher, die Industrie macht ein gutes Geschäft mit Psychopharmaka – aber Antibiotika und Autos bringen auch Geld ein, niemand würde deswegen ihren Wert anzweifeln.

Medikamente haben Nebenwirkungen, doch diese Nebenwirkungen sind oft vorübergehend und nicht so gravierend, dass man stattdessen lieber die Angstsymptome in Kauf nehmen würde.

Oft wird gegen Pharmaka das Argument vorgebracht, ihre Wirkung verschwinde einen Tag nach dem Absetzen, während die Wirkung einer Psychotherapie für immer anhalte – eine Annahme, die weder durch die tägliche Praxis noch durch kontrollierte Studien bestätigt wird. In den vorliegenden Untersuchungen zu Angsterkrankungen ging es denjenigen, die eine medikamentöse Therapie gewählt hatten, Monate nach dem Absetzen ebenso gut wie denjenigen, die eine Verhaltenstherapie bekommen und abgeschlossen hatten.

Menschen, die als Folge ihrer sozialen Ängste unter schweren Depressionen, dem Verlust der Lebensfreude oder gar Suizidgedanken leiden, sollten auf jeden Fall mit Antidepressiva behandelt werden. Wir sollten auch nicht diejenigen vergessen, die versuchen, sich selbst mit einer unheiligen Arznei zu heilen – mit Alkohol.

In unserer Angstambulanz haben wir gute Erfahrungen mit einer Kombination aus Medikamenten und Verhaltenstherapie gemacht, und wenn man damit schon vielen Menschen geholfen hat, sieht man nicht mehr ein, warum manche Behandler auf diese wirksame Mischung verzichten wollen. Ich möchte an dieser Stelle betonen, dass ich nicht einfach nur meine eigene persönliche Meinung vertrete, wenn ich zur Behandlung der Angststörungen eine Kombination aus Verhaltenstherapie und Pharmaka empfehle, sondern einfach nur wiedergebe, was praktisch alle ernstzunehmenden wissenschaftlich publizierenden Angstspezialisten weltweit in ihren Büchern und Artikeln vorschlagen. Es gibt einige Patienten, die allein mit einer Verhaltenstherapie zurechtkommen, und andere nehmen ausschließlich Medikamente – die persönliche Präferenz spielt hier eine entscheidende Rolle. Die Entscheidung für Tablette oder Psychotherapie sollte jedem selbst überlassen werden.

Welche Psychopharmaka wirken nun am besten? Wenn Patienten, die unsere Angstambulanz aufsuchen, berichten, welche Medikamente sie früher gegen ihre Angsterkrankung bekommen haben, muss man immer wieder feststellen, dass oft solche verordnet wurden, deren Wirkung überhaupt nicht nachgewiesen ist. Dann wundert es einen nicht, dass manche Patienten über eine mangelnde Wirksamkeit klagen. Die folgende Tabelle enthält diejenigen Medikamente, die für die Behandlung der Sozialen Phobie zugelassen sind:

Medikamente mit gesicherter Wirkung bei Sozialer Angststörung

Gruppe	Wirkstoffe	Vorteile	Nachteile
Selektive Serotonin-Wiederaufnahmehemmer (SSRI)	Escitalopram, Paroxetin	keine Abhängigkeit	wirken erst nach zwei bis sechs Wochen; zu Beginn Unruhe oder Übelkeit; sexuelle Störungen u. a. Nebenwirkungen
Serotonin-Noradrenalin-Wiederaufnahmehemmer (SNRI)	Venlafaxin	keine Abhängigkeit	wirken erst nach zwei bis sechs Wochen; zu Beginn Unruhe oder Übelkeit; sexuelle Störungen u. a. Nebenwirkungen; bei hoher Dosis Blutdrucksteigerung

Gruppe	Wirkstoffe	Vorteile	Nachteile
Reversibler MAO-Hemmer	Moclobemid	keine Abhängigkeit	wirkt erst nach zwei bis sechs Wochen; Schwindel, Kopfschmerzen, Müdigkeit u. a. Nebenwirkungen
Benzodiazepine	z. B. Alprazolam	wirken sofort, gut verträglich	Müdigkeit u. a. Nebenwirkungen; Abhängigkeit möglich, daher nur für kurzfristige Behandlung geeignet

Wie wirken diese Psychopharmaka? Das Angstsystem des Gehirns zeigt, wie wir gesehen haben, bei Patienten mit Angsterkrankungen eine überschießende Reaktion. Dieses heißgelaufene System kann abgebremst werden, wenn wir die Funktionen von zwei Neurotransmittern (Botenstoffen) verbessern – Serotonin und Noradrenalin. Diese beiden Neurotransmitter spielen eine wichtige Rolle bei Angsterkrankungen und Depressionen. Praktisch alle Medikamente, die bei diesen psychischen Krankheiten wirken, tun dies, indem sie dafür sorgen, dass mehr Serotonin (oder Noradrenalin) zur richtigen Zeit am richtigen Ort ist. Es gibt Medikamente, die die Serotonin-Wiederaufnahme hemmen – zum Beispiel Escitalopram und Paroxetin. Man nennt sie selektive Serotonin-Wiederaufnahmehemmer (SSRIs, englisch: selective serotonin reuptake inhibitors). Andere hemmen die Serotonin- und Noradrenalin-Wiederaufnahme, sie werden mit «SNRIs» abgekürzt. Auch wenn diese Medikamente zu der Gruppe der Antidepressiva zählen, wirken sie auch dann, wenn man gar nicht depressiv ist. Bei den Angstpatienten, die gleichzeitig Symptome einer Depression haben, werden dann gleich zwei Fliegen mit einer Klappe geschlagen.

Bei den SSRIs und SNRIs kann es zu einer leichten Unruhe in

den ersten Tagen kommen. Nicht ausgerechnet das, was sich jemand wünscht, der unter Angst leidet. Allerdings hält sich diese Rastlosigkeit in Grenzen, wenn sie überhaupt auftritt. Außerdem kann sich eine leichte Übelkeit bemerkbar machen. Diese Nebenwirkungen sind meist nicht so schlimm, dass man die Medikamente absetzen sollte, denn sie verlieren sich häufig innerhalb einiger Tage. Weitere mögliche Nebenwirkungen sind Kopfschmerzen, Schwitzen oder Durchfälle. Es kann zu sexuellen Störungen und anderen unerwünschten Wirkungen kommen.

Ein weiteres Antidepressivum namens Moclobemid sorgt dafür, dass weniger Serotonin abgebaut wird und somit mehr davon an seinem Arbeitsplatz zur Verfügung steht. Bei Moclobemid können in den ersten Behandlungstagen ebenfalls Unruhe oder Schlafstörungen auftreten. Weitere Nebenwirkungen sind Mundtrockenheit, Kopfschmerzen, Schwindel, Magen-Darm-Beschwerden oder Übelkeit. Bei den Antidepressiva kann es in den ersten Wochen passieren, dass man außer Nebenwirkungen gar nichts merkt – wodurch manche Patienten geneigt sind, das Medikament abzusetzen. Erst nach zwei, drei, vier Wochen spüren die Patienten eine deutliche Erleichterung. Die Angst geht nicht schlagartig weg, sondern verliert sich nach und nach. Wenn die Wirkung eingetreten ist, sollte man die Antidepressiva noch längst nicht beiseitelegen – selbst wenn man der Meinung ist, dass man das Mittel gar nicht mehr braucht. Aufgrund der Ergebnisse von Langzeitstudien wird dazu geraten, sie etwa ein Jahr einzunehmen. Auf diese Weise lassen sich Rückfälle vermeiden.

Eine weitere Pharmaka-Gruppe sind die Benzodiazepine. Diese Medikamente werden in der Regel bei einer korrekten Angstbehandlung nur sehr restriktiv eingesetzt, da sie bei längerer Einnahme abhängig machen können. Die Benzodiazepine wirken innerhalb von Minuten – das mag wie ein Vorteil aussehen. Aber das ist auch eines der größten Probleme dieser Medikamentengruppe. Die Benzodiazepine wirken wie ein kleiner Cognac, den man sich nach einem

Schrecken eingießt – und das wird als so wohltuend empfunden, dass man es immer wieder haben will. Weitere unerwünschte Begleitwirkungen der Benzodiazepine sind Müdigkeit, Verlängerung der Reaktionszeit und andere Nebenwirkungen. Benzodiazepine werden heute nur noch unter besonderen Voraussetzungen gegeben. Zum einen kann man sie in den Wochen zusätzlich einsetzen, in denen die Wirkung der Antidepressiva noch nicht eingetreten ist. Man kann sie auch kurzfristig verwenden, wenn jemand nur ein- oder zweimal eine schwierige Situation durchstehen muss, die er ohne Beruhigungsmittel nicht bewältigen kann. Dann gibt es noch Patienten, bei denen alle anderen Medikamente nicht wirksam waren – hier können die Benzodiazepine meist doch helfen. Aber die Antidepressiva sind allemal vorzuziehen.

Cuba Libre

Der Landwirt Rudolf K. war frühmorgens auf dem Weg zur Rübenernte, als er das zerfetzte Wrack eines VW Golfs sah. In einem Chaos aus verbogenem Metall, zerborstenem Glas und zusammengefallenen Airbags lag der zweiundzwanzigjährige Jakob D. Der leblose Körper roch nach Alkohol.

Jakob D. hatte sich immer für den geborenen Verlierer gehalten. Er war ein Einzelgänger, der praktisch keine Freunde hatte. In der Schule hatte er zunächst gute Zeugnisse. Dann ließen plötzlich seine Leistungen nach. Er beteiligte sich kaum noch am Unterricht, machte seine Hausaufgaben nur noch unvollständig oder erschien oft überhaupt nicht mehr zur Schule.

Sein Vater war früh gestorben, seine Mutter hatte keinen erzieherischen Einfluss mehr auf ihren Sohn. Zu sehr war sie mit sich selbst beschäftigt, weil sie unter Depressionen litt und ihr Alkoholproblem nicht in den Griff bekam. Jakob D. musste die Schule kurz vor dem Abitur verlassen. Er bezog ein Zimmer in einem heruntergekommenen Hochhaus, und er unternahm keinerlei Versuche, eine Arbeit anzunehmen. Sein Tag bestand darin, in seinem Zimmer zu sitzen, Musik zu hören, auf einem Elektrobass herumzuzupfen, im Internet zu surfen oder ausgeliehene DVDs anzusehen. Sein Lieblingsgetränk war Cuba Libre, und es gab Tage, an denen er nichts anderes zu sich nahm.

Nachdem die Feuerwehr zwei Stunden gebraucht hatte, Jakob D. aus dem völlig zerstörten Fahrzeug zu schneiden, wurde er in die Chirurgie eingeliefert. Die zahlreichen Verletzungen, die er erlitten hatte, waren alle nicht so schwerwiegend, dass er bleibende Schäden davontragen würde – bis auf ein paar kleinere Narben im Gesicht. Die junge Ärztin, die den Unfallhergang erkundete, fragte sich, wie der Fahrer auf einer völlig geraden Strecke von der Straße abkommen und gegen einen Brückenpfeiler prallen konnte. Seine Erklärung, er sei betrunken gewesen, reichte ihr nicht aus. Nach längeren Gesprächen gab Jakob D. zu, dass sein Unfall ein Suizidversuch gewesen war.

Er wurde in die Psychiatrie eingewiesen. Dr. Ostermann, der Stationsarzt, unterhielt sich ausführlich mit seinem jungen Patienten. Vordergründig schien die Diagnose eine tiefe Depression zu sein, die der Patient versuchte, in Alkohol zu ertränken. Nach eingehenderen Gesprächen stellte sich aber die wirkliche Ursache heraus: Jakob D. litt seit seiner frühen Jugend unter einer schweren Sozialen Phobie. In der Schule hatte er ständig Angst, den Leistungsanforderungen nicht zu entsprechen, und glich dies durch extrem fleißiges Lernen aus, was ihm bei seinen Mitschülern den Ruf eines Strebers und Sonderlings einbrachte. Er hatte kaum Freunde. Sosehr er sich danach sehnte, ein Mädchen kennenzulernen, so weit weg erschien im dieses Ziel. Neidisch beobachtete er die anderen Mitschüler, die unbeschwert mit den Mädchen flirteten. Irgendwann brach sein System zusammen, seine Einsamkeit durch schulischen Ehrgeiz zu kompensieren. Er wurde apathisch, zog sich immer weiter zurück und entdeckte die angstlösende Wirkung des Alkohols. Und eines

Tages wusste er keinen Ausweg mehr, als seinem Leben ein Ende zu setzen.

Dr. Ostermann schlug ein umfassendes Programm zur Therapie vor: Er beauftragte die Psychologin Frau Steinberg, mit ihm eine Verhaltenstherapie durchzuführen. Außerdem erhielt Jakob D. täglich eine Tablette eines Antidepressivums, um seine Depressionen und die Soziale Angststörung zu behandeln. Die Sozialarbeiterin half ihm dabei, ein Nahziel anzugehen: das Abitur nachzuholen. Sie half ihm auch, die verhasste Wohnung in dem unpersönlichen Hochhaus zu verlassen und ein Zimmer in einer Wohngemeinschaft mehrerer gleichaltriger Leute zu finden. In der Verhaltenstherapie zeigte er zunächst eine gewisse Apathie und eine missmutige Ablehnung der vorgeschlagenen Übungen zur Verbesserung seiner sozialen Fähigkeiten. Erst als sich unter dem Medikament seine Stimmung zusehends aufhellte, machte er große Fortschritte in der Therapie, die sich auch darin zeigten, dass seine anfängliche Scheu vor dem Umgang mit den anderen Patienten auf der Station sich deutlich besserte. Er lernte die neunzehnjährige Nicole A. kennen, eine drogenabhängige Patientin.

Nach acht Wochen wurde Jakob D. in deutlich gebessertem Zustand entlassen.

Ein Jahr später hatte er das Abitur in der Tasche. Das Medikament wurde abgesetzt, und seine psychotherapeutischen Gespräche fanden jetzt nur noch alle vier Wochen statt. Von Nicole A. trennte er sich, da sie wieder rückfällig geworden war. Dennoch war er glücklich, dass ein gewisser Bann gebrochen war – er hatte zum ersten Mal in seinem Leben eine Freundin gehabt. In der Abendschule lernte er die gleichaltrige Kerstin R. kennen, mit der er heute noch zusammen ist. Seine Freizeit verbringt er mit Bassspielen in einer Amateurband.

Dieses Beispiel ist in gewisser Weise typisch für die Menschen, die wir in unserer Klinik behandeln. Selbst wenn es sich wie hier um einen besonders schweren Fall handelt, gibt es immer eine Möglichkeit, das Leben durch eine geeignete Therapie lebenswert zu machen.

Die Gefleckte Gauklerblume

Genauso wichtig, wie Sie wissen sollten, was gegen Schüchternheit hilft, ist es auch wichtig, dass man sich darüber im Klaren ist, was nicht hilft. Es ist eigentlich recht einfach: Nur zwei Methoden sind nach den vorliegenden Studien für die Behandlung einer Sozialen Phobie geeignet: die Verhaltenstherapie und die genannten Medikamente.

Dennoch gibt es unzählige alternative Therapien, die gegen Schüchternheit angepriesen werden – wie Akupunktur, Zahnsanierung, Darmspülung mit der «Colon-Hydrotherapie», homöopathische Extrakte aus der ostindischen Elefantenlaus, Vitamintabletten einmal quer durch das Alphabet, Tausendgüldenkraut-Bachblüten, die Gefleckte Gauklerblume, Pulsatilla, Power-Yoga, Power-Joghurt oder Maßnahmen zur Entspannung wie «Selbstfindung durch Bauchtanz» oder «Töpfern ohne Angst».

Aus einer Reihe von Gründen, die von ehrenhaft bis zweifelhaft reichen, versuchen Hersteller, ihre zum Teil dubiosen Präparate an die Kunden zu bringen. Keine dieser Therapiemodalitäten ist jemals in Hinblick auf ihre Wirksamkeit überprüft worden. Es gibt nicht ein einziges homöopathisches oder naturheilkundliches Mittel, dessen Wirkung bei einer Sozialen Phobie nachgewiesen ist. Mit etwas gutem Willen kann man den Vertretern dieser Methoden unterstellen, dass sie noch nie etwas von Doppelblindstudien gehört haben und Placebo für einen spanischen Opernsänger halten. Mit etwas weniger Wohlwollen muss man ihnen skrupellose Geldschneiderei auf Kosten von gutgläubigen Kranken unterstellen.

Man sollte besonders skeptisch sein, wenn ein Mittel gleichzeitig gegen Schüchternheit, Spannungskopfschmerz, Hexenschuss, Fußpilz, Verstopfung und Durchfälle, Flächenakne, Heuschnupfen und Übergewicht hilft und außerdem zur Nikotin- und Alkoholentwöhnung angewendet werden kann. Schon der gesunde Menschenverstand muss einem sagen, dass Instant-Therapien wie «bewusstes Atmen», Fußreflexzonenmassagen oder ein Charisma-Coach, der einem Sätze wie «Denke positiv» oder «Sorge dich nicht, lebe» gebetsmühlenartig eintrichtern will, das Problem allenfalls oberflächlich behandeln. Das wäre so, als würde man daran glauben, dass ein schwächliches Kind durch den Genuss von Fruchtquark mit Bonbongeschmack Klassenbester im Kugelstoßen wird.

In einem amerikanischen Buch für Schüchterne fand ich im Anhang Rezepte für Gerichte, die die soziale Angst besiegen sollen: ein Bohnensalat mit Koriander und Kreuzkümmel, eine Meeresfrüchte-Kasserolle mit Weißwein und eine Avocado-Guacamole, die zusätzlich noch gegen Arthritis hilft. Lecker! Aber hier hat offensichtlich jemand die Angstbehandlung mit dem Programm der Weight Watchers verwechselt. Solche Ratschläge sind nicht nur unnütz, sondern auch kontraproduktiv. Es soll wohl die Illusion geweckt werden, durch die Zubereitung einer Quiche mit Spinat aus der Tiefkühltruhe und entrahmter Milch habe man schon Entscheidendes getan, um die Schüchternheit zu besiegen, sodass man dann nicht mehr an seiner sozialen Performance arbeiten muss. Solche verzweifelten Ratschläge lenken von dem eigentlichen Problem ab.

Wir haben keinen Hinweis darauf, dass eine Soziale Phobie durch Mangelernährung entsteht; also macht es wenig Sinn, die Therapie auf Ernährung aufzubauen.

6. SCHÜCHTERNHEIT IN DER MODERNEN WELT

Was bringt die Zukunft für die schüchternen Menschen?

Unsere verdrahtete und vernetzte Welt bietet vordergründig Vorteile für sozialphobische Menschen. Während man früher auf sprachliche Kommunikation angewiesen war und sich durchfragen musste, kann man sich heute auf elektronische Hilfen verlassen.

Unsere Vorfahren verfügten nicht über Internet oder Navigationsgeräte. Man musste noch Menschen nach dem Weg fragen. Wenn Sie heute von Petersfehn nach Peking fahren wollen, können Sie die Route lückenlos und minutengenau online planen und sich das Haus am Zielort in Google Earth anzeigen lassen, ohne mit einem einzigen Menschen sprechen zu müssen. Und auch der Chinese, der den umgekehrten Weg antreten will, weiß schon lange vor der Reise, dass es zwei Orte gibt, nämlich Petersfehn I und II, und dass man die beiden nicht verwechseln sollte.

Früher verhandelte man noch mit Tante Emma hinter der Fleischtheke, wie viele Scheiben vom Formvorderschinken man sich leisten wollte. Heute wird der Kontakt mit dem Kassenpersonal auf ein Mindestmaß reduziert; Reden und Blickkontakt sind bei der schmalen Gewinnmarge nicht mehr drin. Im Kaufhaus der Zukunft, so wünscht es sich der Einzelhandel, gibt es noch nicht einmal mehr Kassiererinnen. Man sucht sich seine Waren zusammen, scannt sie selbst ein und bezahlt mit dem Fingerabdruck.

Im «Home Office» sitzen Büroangestellte zu Hause und sind mit dem Netz verbunden. Der Schwatz in der Raucherecke, der Flirt mit dem Abteilungsleiter und der gemeinsame Gang zur Damentoilette zum Austausch von Klatsch sind Geschichte.

Fast alle Verrichtungen des täglichen Lebens können heute am Computer durchgeführt werden. Für sozialphobische Menschen ist er Verheißung und Fluch zugleich. Wegen ihrer Abneigung gegenüber mündlichen Äußerungen ziehen sie den Kontakt per E-Mail dem persönlichen Gespräch vor. Einerseits können sie sich durch das Chatten im Internet überhaupt mit anderen Menschen austauschen. Andererseits verlieren sie durch diese neuen Kommunikationsstrategien ihre letzten Möglichkeiten, in einen echten mitmenschlichen Kontakt zu treten.

Wenn Sie im Internet mit einer wildfremden Person mailen, kristallisiert sich vielleicht in Ihrer Phantasie ein Bild des anderen heraus, das in der Wirklichkeit dann ziemlich enttäuschend sein kann. Das ist so, wie wenn Sie sich einen Romanhelden im Geiste vorgestellt haben und unzufrieden sind, wenn in einer Verfilmung des Buches der Schauspieler Ihre persönliche Idealvorstellung ganz und gar nicht erfüllt. Ebenso mögen Sie die Hoffnung haben, dass der Mensch am anderen Ende der Datenleitung von Ihnen ein perfektes Bild entwickelt. Ihre Internetbekanntschaft sieht nicht das Erröten, das Zittern und spürt nicht die schweißnassen Hände.

Aber diese scheinbaren Vorteile sind trügerisch: Eines Tages ist man in der Isolationshaft der virtuellen Welt gefangen. Schüchterne sollten den Verführungen des weltweiten Webs nicht erliegen und sich mehr den realen Begegnungen mit echten Menschen widmen, um nicht immer tiefer in die Vereinsamung zu geraten.

Cyberspace-Junkies

Meine Eltern sagen, dass ich internetsüchtig bin. Und sie haben verdammt recht. Ein innerer Zwang führt mich, sobald ich nach Hause komme, direkt an meinen Computer. Ich lade mir Musik herunter, die ich nie höre, oder Software, die ich nicht brauche. Meine einzigen Kontakte sind die im Internet mit gleichgesinnten

Game-Freaks. Wenn ich an alle diese Stunden denke, die ich sinnlos am Computer verdaddelt habe ... Aber nichts anderes macht mir mehr Spaß.

Philipp F. (17), Schüler

Im Jahre 1995 erschien in der *New York Times* zum ersten Mal ein Artikel, der ein neue Sucht beschrieb: die Internetabhängigkeit. (66) Heute schätzt man, dass Millionen meist junger Leute von diesem Problem betroffen sind. Manche psychiatrische Kliniken haben bereits Spezialabteilungen für Online-Süchtige eingerichtet.

Als schwer betroffener Internetabhängiger gilt man, wenn man im Durchschnitt fünf Stunden täglich im Netz verbringt, und das an durchschnittlich mindestens sechs Tagen pro Woche. Statistisch werden von den Cyberspace-Junkies am häufigsten Online-Spiele gespielt, gefolgt vom Downloaden von Sexbildern oder -videos. An dritter Stelle steht das Chatten mit Bekannten oder aber auch Wildfremden.

Wer befürchtet, internetabhängig zu sein, sollte sich folgende Fragen stellen:

✗ Wenn ich nach Hause komme, muss ich mich sofort mit dem Internet verbinden.

✗ Ich verbringe mehr Zeit online, als ich will, und ich habe schon mehrmals erfolglos versucht, meine Internetstunden zu reduzieren.

✗ Durch meine ewig langen Sitzungen vor dem Computer vernachlässige ich dringende Pflichten.

✗ Verwandte und Freunde beschweren sich, dass ich zu viel Zeit im Internet verbringe und meine Außenkontakte reduziert habe.

Es verwundert nicht, dass in wissenschaftlichen Untersuchungen herausgefunden wurde, dass Internetabhängige sehr häufig unter einer Sozialen Phobie leiden. (66) Das weltweite Netzwerk ist die perfekte Kommunikationsplattform für Schüchterne. Man wird nicht bei der Arbeit beobachtet. Man hat eine perfekte Kontrolle über den Kommunikationsprozess. Man kann den Kontakt aufnehmen und abbrechen, wann immer man will. Man muss auf eine Frage nicht sofort mit der Antwort herausrücken, sondern kann sie überdenken und wohlausgestaltet formulieren. Im gesichtslosen Cyberspace kann man seine Identität verschleiern oder sogar eine andere Person spielen. Die eigenen vermeintlichen Schwachstellen und Defizite lassen sich dadurch wunderbar verbergen.

Warum schreiben so viele Menschen SMS? Man könnte doch den anderen schneller anrufen, anstatt sich an der Mäusetastatur des Handys die Finger zu verrenken. Die Kostenersparnis ist dabei aber gar nicht entscheidend. Die Mobilfunk-Kurznachricht hat einen wunderbaren Vorteil für Sozialphobiker: die Unverbindlichkeit. Ein Beispiel: Ein Junge, der sich nicht sicher ist, ob das Mädchen, das er sehr nett findet, mit ihm überhaupt etwas zu tun haben will – würde er sie anrufen, würde er sich möglicherweise der Peinlichkeit aussetzen, dass sie entnervt oder gelangweilt reagiert. Also schreibt er eine SMS. Dann kann sie antworten oder es bleibenlassen, und ihm bleibt die Angst vor der als anstrengend empfundenen sozialen Interaktion erspart.

Aber die neuen Kommunikationstechniken fördern in ungünstiger Weise den sozialen Rückzug. Für alle Ängste gilt, dass man sich den gefürchteten Situationen stellen soll. Aber genau das wird verhindert, sodass man sich immer mehr von der realen Welt entfernt.

Hikikomori

Seit fünf Jahren ist der sechzehnjährige Japaner Hiroshi F. nicht mehr aus seinem Zimmer herausgekommen. Er sitzt ausschließlich vor dem Computer oder dem Fernseher. Er schwänzt die Schule, besucht keine Freunde mehr und redet mit seinen Eltern nur das

Nötigste. Seine Mutter bringt ihm das Essen. Oft weigert er sich, die Tür zu öffnen. Tagsüber schläft er, und nachts ist er aktiv. Manchmal verlässt er in dieser Zeit das Haus, um sich Videos auszuleihen oder eine Bento-Box, eine vollständige plastikverpackte Mahlzeit, aus einem Automaten zu holen. In sechs Monaten badete er nur zweimal. Alle verzweifelten Versuche seiner Eltern, seiner Schwester und seiner Verwandten, ihn aus seiner selbstgewählten Isolation herauszuholen, scheiterten. Die Eltern befragten Ärzte und Psychologen, aber diesen gelang es auch nicht, Hiroshi aus seinem Zimmer zu bewegen.

In Japan gibt es ein Phänomen, dass sich Jugendliche und junge Erwachsene, meist zwischen siebzehn und dreißig Jahre alt, komplett von der Außenwelt zurückziehen. Sie verlassen das Haus jahrelang nicht mehr und sitzen den ganzen Tag vor dem Fernseher oder Computerspielen. Dieses Phänomen wird «Hikikomori» («gesellschaftlicher Rückzug») genannt, oder auf Englisch «Cocooning». 80 Prozent der betroffenen Jugendlichen sind männlich, man vermutet, dass zwischen 50 000 und einer Million Menschen allein in Japan davon betroffen sind.

In den japanischen Medien werden alle möglichen Gründe diskutiert: Hänseln in der Schule, ständig abwesende, überarbeitete Väter, überfürsorgliche Mütter, die ein symbiotisches Verhältnis mit ihren Söhnen haben, unglückliche Liebesgeschichten, die hohen Erwartungen der Gesellschaft, der Leistungsterror in den Schulen, die gewalttätigen Computerspiele, die Internetsucht oder mangelnder Anreiz in der Überflussgesellschaft – aber Fachleute sind sich über die Ursachen nicht einig. Deutlich ist, dass es etwas mit Versagensangst zu tun hat. Manche fühlten sich von ihren Mitschülern gemobbt, weil ihre Kleidung nicht konform war, weil sie zu dick oder weil sie zu gut in der Schule waren. Es wird auch gemutmaßt, dass es vielleicht damit zu tun haben könnte, dass die japanischen Jugendlichen nicht mehr wie früher unter dem Druck stehen, Geld zu verdienen, da die Eltern sie finanziell lange unterstützen würden. «Japanische Eltern verlangen von ihren Kindern, dass sie fliegen sollen, während sie ihre Füße festhalten», sagt ein Hikikomori-Experte. Während ein westlicher Vater, dessen Sohn sich in seinem Zimmer einschließt, vielleicht die Tür eintreten und den Jungen am umgedrehten Arm aus dem Zimmer zerren würde, sind japanische Eltern eher zurückhaltend und abwartend.

Manche Forscher vermuten, dass die Apathie der Hikikomori der Drogenabhängigkeit westlicher Jugendlicher entsprechen könnte – besonders dann, wenn bestimmte Internet-Spiele suchtartig gespielt werden.

Wenn Sie jetzt zu den besorgten Eltern gehören, die sich fragen, ob ihr Kind ein Hikikomori-Opfer ist, müssen Sie erst einmal prüfen, ob das Verhalten Ihres Kindes möglicherweise ganz üblich ist.

Heute ist es nämlich nicht ungewöhnlich, dass auch normale Kinder den ganzen Tag vor dem Computer sitzen, ohne dass das schon krankhafte Züge angenommen hätte. Das Internet bringt es nun einmal mit sich, dass man heute viele Dinge im Netz erledigt, die man sonst auch hätte tun müssen – wie etwas berechnen, für ein Referat recherchieren, Nachrichten lesen oder Musik hören. Der Computer ersetzt die Zeitung, das Fernsehen, das Kino und das Telefon. Vieles, was Kinder lernen, lernen sie im Internet. Und dabei sind sie meist nicht unkommunikativ – sie chatten stundenlang mit ihren Freunden. Wenn Ihr Kind allerdings suchtartig nur Gewaltspiele spielt, keine weiteren realen Begegnungen mit Gleichaltrigen hat, nicht mehr das Haus verlässt, körperlich verwahrlost und auch den Kontakt mit Familienmitgliedern auf das Mindestmaß beschränkt, sollten Sie sich um eine Behandlung bemühen. Die Therapie würde in gleicher Weise erfolgen wie bei einer Sozialen Phobie.

Die Motte an der Pappe

Wie aber wird das Phänomen Schüchternheit zukünftig behandelt? Wird es den Forschern eines Tages gelingen, diese Plage der Menschheit auszurotten wie die Pocken? Wissenschaftler auf der ganzen Welt bemühen sich um neue Therapiemethoden für die Soziale Phobie.

Wussten Sie übrigens schon, dass Sie einen sechsten Sinn haben? Er befindet sich ungefähr zwei Zentimeter von Ihrem Nasenloch entfernt. Es handelt sich um ein Organ, das im frühen 18. Jahrhundert von dem holländischen Arzt Frederik Ruysch entdeckt wurde, aber dessen Funktion lange unbekannt blieb. In den dreißiger Jahren des vorigen Jahrhunderts beschrieben Wissenschaftler dieses Sinnesorgan, das das vomeronasale Organ (VNO) genannt wird, als ein funktionsloses Gebilde – ein evolutionäres Relikt.

Im Jahr 1959 entdeckte der deutsche Chemiker Adolph Butenandt bestimmte biochemische Stoffe, die Pheromone genannt werden. Diese Substanzen dienen Insekten als eine Art chemische E-Mail, mit denen sie ihre Artgenossen vor Gefahren warnen, auf Nahrungsfunde aufmerksam machen, ihre Gebiete markieren oder sexuelle Bereitschaft signalisieren wollen.

Die Pheromone werden schon lange als praktische Haushaltshilfe genutzt: Wenn Sie in Ihrer Küche die Gemeine Mehlmotte bekämpfen, benutzen Sie dazu eine Pappe, die mit Pheromonen und Leim beschichtet ist. Damit werden die Motten angelockt, weil sie die Pheromone für Ausdünstungen von männlichen Artgenossen halten – und bleiben schließlich auf dem Karton hängen.

Erst 1975 wurde herausgefunden, dass das VNO bei Säugetieren dasjenige Organ ist, an dem diese Pheromone andocken. Lange dachte man, dass es nur bei Tieren vorkommt. Erst in den neunziger Jahren entdeckte der amerikanische Anatom David Berliner das VNO als ein funktionierendes, aktives Organ beim Menschen.

Mittlerweile gibt es an die tausend verschiedene künstlich herstellbare Pheromone, die Vomeropherine genannt werden. Man versucht, aus diesen Hormonen Medikamente zu entwickeln. Eine dieser Substanzen mit dem Namen «PH94B» wurde bereits in einer ersten kleinen Doppelblindstudie an Patienten mit einer Sozialen Phobie getestet. Es zeigte sich, dass sie besser wirkte als Placebo. Bis allerdings ein Vomeropherin zur Marktreife gebracht wird, werden sicher noch Jahre vergehen.

Aber stellen Sie sich jetzt schon mal vor, wie Sie dann zu einem Rendezvous gehen – mit dem kleinen goldenen Spray in der Handtasche. In einem unbeobachteten Moment sprühen Sie der Zielperson das Hormon ins Gesicht. Ihre anfängliche Scheu wird sich sofort legen, sie wird Sie schmachtend ansehen, und der Abend ist gerettet. Aber passen Sie auf, dass Sie nicht kleben bleiben wie die Motte an der Pappe.

Die Treue der Präriewühlmaus

Zwei possierliche braune Nager, die ziemlich ähnlich aussehen, aber ein äußerst unterschiedliches Wesen aufweisen, brachten Forscher darauf, was es mit ewiger Liebe auf sich hat: Die Gemeine Präriewühlmaus ist sozial kompetent und pflegt eine lebenslang andauernde, überaus treue Paarbeziehung (67), die Bergwühlmaus dagegen vermeidet jeglichen Kontakt, es sei denn, es geht um Sex. (68)

Man weiß nicht, ob die Wissenschaftler, die die Tiere untersuchten, Probleme mit untreuen Ehegatten hatten; jedenfalls wollten sie herausfinden, was den biochemischen Unterschied zwischen diesen beiden Mausarten ausmachte. Sie fanden, dass bei den treuen Präriemäusen zwei Hormone, nämlich Oxytocin und Vasopressin, in größerer Menge an bestimmten Stellen im Gehirn vorhanden waren. (69) Spritzte man den Präriemäusen Oxytocin ins Gehirn, erhöhte sich ihre Vorliebe für einen Partner, und injizierte man ihnen ein Oxytocin-Gegenmittel, wurde diese Partnerpräferenz wieder aufgehoben. (70) Die Erkenntnis: Das Hormon Oxytocin wirkt sich direkt auf das Belohnungssystem aus, indem dort ein Wohlgefühl erzeugt wird. Für ihre innige Partnerbeziehung wurden die Präriemäuse also mit einer Art Treueprämie honoriert. (71)

Oxytocin ist also ein sehr interessantes Hormon, was das mitmenschliche Zusammenleben angeht. Nicht nur dass es dafür sorgt, dass wir uns sozial verhalten – es bremst auch Aggressivität und Stress. (72–74) Indem es Angst reduziert, nimmt uns die chemische Substanz die Scheu vor anderen Menschen, sodass wir leichter Vertrauen fassen. Der Ort, an dem Oxytocin die Furcht reduziert, ist der Mandelkern. Dies kann man zeigen, indem man Menschen Bilder mit furchteinflößenden Gesichtern zeigt. Dies führt zu einer Aktivierung des Mandelkerns, die man in bildgebenden Verfahren demonstrieren kann. Gibt man den Versuchspersonen jetzt ein Oxytocin-Nasenspray, beruhigt sich der Mandelkern wieder. (75)

Das Hormon wird während der Geburt ausgeschüttet, um die Wehen auszulösen. Als Medikament wird es schon lange bei Wehenschwäche eingesetzt. Wenn das Kind auf der Welt ist, sorgt das natürliche Oxytocin dafür, dass die Muttermilch fließt. Es hat aber auch eine positive psychische Wirkung: Die enge Bindung zwischen Mutter und Kind wird durch Oxytocin gefördert.

Heute ist es möglich, Mäuse zu züchten, die bestimmte Hormone nicht aufweisen – sogenannte Knock-out-Mäuse. Nager, bei denen das Oxytocin «ausgeknockt» wurde, haben ein großes Problem, andere Mäuse, denen sie früher bereits einmal vorgestellt worden waren, wiederzuerkennen. Spritzt man ihnen Oxytocin, erlangen sie erneut diese Fähigkeit. Mäuse, die normalerweise einen natürlichen Widerstand gegen die Nähe anderer Tiere haben, nähern sich unter dem Einfluss von Oxytocin sogar an sie an. (76)

Das Erstaunliche ist, dass es so verblüffend simpel erscheint. Man würde ja eher vermuten, dass selbst bei Mäusen eheähnliche Beziehungen durch ein komplexes Netzwerk von verschalteten

Nervenzellen und einem ausgeklügeltem System von Neurotransmittern gesteuert werden. Wenn es bei Menschen wirklich derart einfach wäre, dass Treue und Beständigkeit in Paarbeziehungen lediglich auf die richtige Menge einiger Hormone zurückzuführen sind, dann ergäben sich ungeahnte Möglichkeiten. Wäre es nicht phantastisch, wenn wir Ehepartner, die gern fremdgehen, mit einem heimlich angewendeten Nasenspray auf verlässliche Treue umpolen könnten? Aber es gibt noch weitere denkbare Anwendungen. Wenn wir mit anderen Menschen umgehen, sei es in Freundschaften oder in der Liebe, aber auch in geschäftlichen Dingen oder in der Politik, brauchen wir Vertrauen. Vertrauen ist immer mit einem gewissen Risiko verbunden, aber ohne vertrauensvolle Kontakte zu Fremden können menschliche Gemeinschaften nicht existieren.

Wissenschaftler in den USA und der Schweiz haben herausgefunden, dass Oxytocin auch bei Menschen ein vertrauensbildendes Hormon ist. Der amerikanische Neurologe Paul J. Zak von der Claremont University und Markus Heinrichs, Psychologe an der Universität Zürich, untersuchten die Wirkung des Oxytocins in Situationen, in denen wir anderen vertrauen müssen. (77, 78) In dem psychologischen Experiment ging es darum, Mitmenschen Bargeld anzuvertrauen – wie im wirklichen Leben, wenn ein Bankier einem Geschäftsmann Geld leiht: Entweder, er bekommt über die Zinsen mehr zurück, als er verliehen hat, oder er erleidet einen Totalverlust, weil der Gläubiger bankrott ist. Ein erfolgreicher Geldverleiher kann man nur werden, wenn man etwas Vertrauen in seine Mitmenschen hat. Unter dem Einfluss von Oxytocin, das als Nasenspray verabreicht wurde, waren die Probanden eindeutig vertrauensvoller und verliehen mehr Geld als die Personen, die statt Oxytocin ein Placebo-Spray bekommen hatten. Das hatte aber nicht nur einfach mit einer Erhöhung der Risikobereitschaft zu tun, sondern offensichtlich mit zwischenmenschlichem Vertrauen, denn wenn die Person, der man vertrauen musste, in dem Versuch durch einen Computer ersetzt wurde, klappte der Trick nicht.

«Oxytocin reduziert die Angst im Umgang mit Fremden. Mit dieser Erkenntnis können wir Soziale Phobien besser behandeln, Kriminelle behandeln oder Arbeitsplätze schaffen, die das zwischenmenschliche Vertrauen fördern», schwärmte Professor Zak nach Veröffentlichung der Ergebnisse. In ersten Versuchen, so der Psychologe Heinrichs, konnte man Oxytocin zur Behandlung der Sozialen Phobie einsetzen.

Noch ist es allerdings verfrüht, das Schmusehormon als Basis allen menschlichen Vertrauens anzusehen, denn einige wenige wissenschaftliche Untersuchungen mit sehr speziellen Fragestellungen lassen noch keine weitreichenden Schlüsse zu. Erst wenn ein Medikament an Hunderten von Versuchspersonen mit einer Sozialen Phobie getestet wurde, kann man sicher davon ausgehen, dass es überhaupt wirkt. Bis zu einer konkreten Anwendung werden noch Jahre vergehen – oder es stellt sich heraus, dass ein solches Medikament nicht mehr bewirkt als ein Placebo.

In den USA sind die Geschäftemacher allerdings schon weiter: Dort wird Oxytocin als Allheilmittel «Liquid Trust» («Flüssiges Vertrauen») in Form eines Nasensprays angeboten. «Wenden Sie ‹Liquid Trust› an, wenn Sie sich morgens anziehen oder wenn Sie zu einem wichtigen Meeting gehen. Menschen, die Sie treffen, werden unverzüglich und unbewusst das reine menschliche Oxytocin in ‹Liquid Trust› wahrnehmen. Ohne dass Sie selbst wissen warum, werden diese Menschen Ihnen gegenüber starke Gefühle des Vertrauens entwickeln. Sie können es nicht erklären, aber Sie werden spüren, wie ‹Liquid Trust› seine Magie ausübt!», so wird die Wunderdroge im Internet angeboten. Begeisterte Dankesschreiben von glücklichen Kunden unterstreichen diese Aussage: «Meine Trinkgelder verfünffachten sich», berichtete eine britische Kellnerin namens Faith. Oder: «Ich hatte einen miesen Job, kam kaum über die Runden, und mit meinem Mädchen lief es auch nicht gut», berichtet ein gewisser Joe. «Nun habe ich einen super Job, und meine Freundin fragt, ob ich sie heiraten will.»

Zurück zur Realität: Weder in Zürich noch in den USA besprenkeln sich Psychiater oder andere Menschen routinemäßig mit dem Vertrauensspray. Und es ist nicht klar, ob es wirklich ein Gewinn ist, wenn wir Vertrauen auf chemische Weise herstellen. Betrüger könnten unseren natürlichen Argwohn durch die Droge ausschalten, und Politiker könnten es in das Trinkwasser einleiten lassen, um ihre Wiederwahl zu garantieren.

Schüchternheit ist besiegbar

Bis dieses zweifelhafte Glück puren Vertrauens eingetreten ist, werden die Schüchternen dieser Welt noch etwas zu kämpfen haben.

Die Natur hat dafür gesorgt, dass es Menschen gibt, die zurückhaltend und bescheiden sind, und andere, die selbstbewusst oder hochmütig auftreten. Die Welt wäre unerträglich, wenn es die Schüchternen nicht gäbe, die zuvorkommend, hilfsbereit und pflichtbewusst ihr Bestes geben und die sozialen Systeme aufrechterhalten. Sie sind nicht von dem Gedanken besessen, andere Menschen beherrschen zu wollen, und zu viele Menschen mit unbegründeter Selbstsicherheit würden diesen Planeten mit Sicherheit zugrunde richten.

Aber auch wenn Schüchternheit etwas Natürliches ist, sind gehemmte Menschen mit der für sie vorgesehenen Rolle nicht zufrieden. Schüchternheit bedeutet nicht Anspruchslosigkeit. Schüchternheit ist besiegbar. Wenn man nichts dagegen tut, ist es, als würde man als Sportler nur auf die Olympiade warten, aber nicht dafür trainieren. Die Symptome gehen nicht an einem Nachmittag vorüber. Wie ein Leistungssportler muss man hartnäckig arbeiten, um die Scheu vor anderen Menschen zu verlieren. Die Umsetzung der Übungen erfordert Mut und kostet Überwindung. Aber der Kampf lohnt sich.

LITERATUR

1 Bandelow, B.: Celebrities – vom schwierigen Glück, berühmt zu sein. 2. Aufl. Reinbek, Rowohlt 2006

2 Öst, L. G.: Age of onset in different phobias. Journal of Abnormal Psychology 96, S. 223–229, 1987

3 Stemberger, R. T., et al.: Social phobia: an analysis of possible developmental factors. Journal of Abnormal Psychology 104, S. 526–531, 1995

4 Bandelow, B., Charimo Torrente, A., und Rüther, E.: The role of environmental factors in the etiology of social anxiety disorder. In: Bandelow, B., und Stein, D. J. (Hg.): Social Anxiety Disorder. New York, N. Y., Marcel Dekker, S. 131–142, 2004

5 Mineka, S., und Ohman, A.: Phobias and preparedness: the selective, automatic, and encapsulated nature of fear. Biological Psychiatry 52, S. 927–937, 2002

6 Stein, M. B., et al.: Childhood physical and sexual abuse in patients with anxiety disorders and in a community sample. American Journal of Psychology 153, S. 275–277, 1996

7 David, D., Giron, A., und Mellman, T. A.: Panic-phobic patients and developmental trauma. Journal of Clinical Psychiatry 56, S. 113–117, 1995

8 Mancini, C., van Ameringen, M., und MacMillan, H.: Relationship of childhood sexual and physical abuse to anxiety disorders. Journal of Mental and Nervous Diseases 183, S. 309–314, 1995

9 Bandelow, B., et al.: Early traumatic life events, parental rearing styles, family history of mental disorders, and birth risk factors

in patients with social anxiety disorder. European Archives of Psychiatry and Clinical Neurosciences 254, S. 397–405, 2004

10 Deaner, R. O., Khera, A. V., und Platt, M. L.: Monkeys pay per view: adaptive valuation of social images by rhesus macaques. Current Biology 15, S. 543–548, 2005

11 Gilboa-Schechtman, E., Foa, E. B., und Amir, N.: Attentional biases for facial expressions in social phobia: The face-in-the-crowd paradigm. Cognition and Emotion 27, S. 305–318, 1999

12 Roth, D.: Cognitive Theories of Social Phobia. In: Bandelow, B., und Stein, D. J. (Hg.): Social Anxiety Disorder. New York, N. Y., Marcel Dekker, S. 143–159, 2004

13 Cooper, P. J., und Eke, M.: Childhood shyness and maternal social phobia: a community study. British Journal of Psychiatry 174, S. 439–443, 1999

14 Stein, M. B., Gelernter, J., und Smoller, J. W.: Genetics of Social Anxiety Disorder and related traits. In: Bandelow, B., und Stein, D. J. (Hg.): Social Anxiety Disorder. New York, N. Y., Marcel Dekker, S. 197–214, 2004

15 Warren, S. L., Schmitz, S., und Emde, R. N.: Behavioral genetic analyses of self-reported anxiety at 7 years of age. Journal of the American Academy of Child and Adolescent Psychiatry 38, S. 1403–1408, 1999

16 Young, L. J., et al.: Increased affiliative response to vasopressin in mice expressing the V1a receptor from a monogamous vole. Nature 400, S. 766–768, 1999

17 Moll, J., et al.: Human fronto-mesolimbic networks guide decisions about charitable donation. Proceedings of the National Academy of Science USA 103, S. 15623–15628, 2006

18 Amaral, D. G.: The primate amygdala and the neurobiology of social behavior: implications for understanding social anxiety. Biological Psychiatry 51, S. 11–17, 2002

19 Rosvold, H. E., Mirsky, A. F., und Pribram, K. H.: Influence of

amygdalectomy on social behavior in monkeys. Journal of Comparative and Physiological Psychology 47, S. 173–178, 1954

20 Whalen, P.J., et al.: Masked presentations of emotional facial expressions modulate amygdala activity without explicit knowledge. Journal of Neurosciences 18, S. 411–418, 1998

21 Adolphs, R., Tranel, D., und Damasio, A.R.: The human amygdala in social judgment. Nature 393, S. 470–474, 1998

22 Fredrikson, M., und Furmark, T.: Brain Imaging Studies in Social Anxiety Disorder. In: Bandelow, B., und Stein, D.J. (Hg.): Social Anxiety Disorder. New York, N.Y., Marcel Dekker, S. 215–233, 2004

23 Bandelow, B.: Das Angstbuch. 3. Aufl. Reinbek, Rowohlt 2004

24 Meyer-Lindenberg, A., Mervis, C.B., und Berman, K.F.: Neural mechanisms in Williams syndrome: a unique window to genetic influences on cognition and behaviour. Nature Reviews Neuroscience 7, S. 380–393, 2006

25 Schneier, F.R., et al.: Low dopamine D(2) receptor binding potential in social phobia. American Journal of Psychology 157, S. 457–459, 2000

26 Tiihonen, J., et al.: Dopamine reuptake site densities in patients with social phobia. American Journal of Psychology 154, S. 239–242, 1997

27 van Ameringen, M., und Mancini, C.: The promise of neurobiology in Social Anxiety Disorder. In: Bandelow, B., und Stein, D.J. (Hg.): Social Anxiety Disorder. New York, N.Y., Marcel Dekker, S. 181–196, 2004

28 Seedat, S., und Nagata, T.: Cross-cultural aspects of social anxiety disorder. In: Bandelow, B., und Stein, D.J. (Hg.): Social Anxiety Disorder. New York, N.Y., M. Dekker, S. 117–130, 2004

29 Zimbardo, P.G.: Shyness: what is it, what to do about it. New York, N.Y., Jove 1977

30 Warren, J.E., et al.: Positive emotions preferentially engage an auditory-motor «mirror» system. Journal of Neurosciences 26, S. 13067–13075, 2006

31 Rapee, R.M., und Lim, L.: Discrepancy between self- and observer ratings of performance in social phobics. Journal of Abnormal Psychology 101, S. 728–731, 1992

32 Wittchen, H.U., und Beloch, E.: The impact of social phobia on quality of life. International Clinical Psychopharmacology 11 Suppl 3, S. 15–23, 1996

33 Katzelnick, D.J., et al.: Impact of generalized social anxiety disorder in managed care. American Journal of Psychology 158, S. 1999–2007, 2001

34 Stopa, L., und Clark, D.M.: Social phobia and interpretation of social events. Behavoiur Research and Therapy 38, S. 273–283, 2000

35 Fischer, H.: Anatomy of Love. New York, Fawcett Columbine 1992

36 Chen, Y.P., et al.: Patients with generalized social phobia direct their attention away from faces. Behaviour Research and Therapy 40, S. 677–687, 2002

37 Kampe, K.K., et al.: Reward value of attractiveness and gaze. Nature 413, S. 589, 2001

38 Amir, N., Foa, E.B., und Coles, M.E.: Implicit memory bias for threat-relevant information in individuals with generalized social phobia. Journal of Abnormal Psychology 109, S. 713–720, 2000

39 Harvey, A.G., et al.: Social anxiety and self-impression: cognitive preparation enhances the beneficial effects of video feedback following a stressful social task. Behaviour Research and Therapy 38, S. 1183–1192, 2000

40 Horsch, L.M.: Shyness and informal help-seeking behavior. Psychological Reports 98, S. 199–204, 2006

41 Bruch, M., und Heimberg, R.G.: Social phobia and difficulties in occupational adjustment. Journal of Counseling Psychology 50, S. 109–117, 2003

42 Schneier, F.R., et al.: Social phobia. Comorbidity and morbidity

in an epidemiologic sample. Archives of General Psychiatry 49, S. 282–288, 1992

43 Merikangas, K. R., und Angst, J.: Comorbidity and social phobia: evidence from clinical, epidemiologic, and genetic studies. European Archives of Psychiatry and Clinical Neurosciences 244, S. 297–303, 1995

44 Jones, W. H., Cheek, J. M., und Briggs, S. R.: Shyness: Pespectives on Research and Treatment. New York, Springer 1986

45 Fisher, H., Aron, A., und Brown, L. L.: Romantic love: an fMRI study of a neural mechanism for mate choice. Journal of Comparative Neurology 493, S. 58–62, 2005

46 Esch, T., und Stefano, G. B.: The Neurobiology of Love. Neuroendocrinology Letters 26, S. 175–192, 2005

47 Gonzaga, G. C., et al.: Romantic love and sexual desire in close relationships. Emotion 6, S. 163–179, 2006

48 Perper, T.: Sex Signals: The Biology of Love. Philadelphia, ISI Press 1985

49 Rubin, Z.: Measurement of romantic love. Journal of Personal and Social Psychology 16, S. 265–273, 1970

50 Knobloch, S., und Zillmann, D.: Appeal of love themes in popular music. Psychological Reports 93, S. 653–658, 2003

51 Townsend, J. M., und Levy, G. D.: Effects of potential partners' physical attractiveness and socioeconomic status on sexuality and partner selection. Archives of Sexual Behaviour 19, S. 149–164, 1990

52 Moore, M.: Nonverbal courtship patterns in women: context and consequences. Ethnology and Sociobiology 6, S. 237–247, 1985

53 Muller, J. E., Koen, L., und Stein, D. J.: The spectrum of social anxiety disorders. In: Bandelow, B., und Stein, D. J. (Hg.): Social Anxiety Disorder. New York, Marcel Dekker, S. 2004

54 Kagan, J., und Snidman, N.: Early childhood predictors of adult anxiety disorders. Biological Psychiatry 46, S. 1536–1541, 1999

55 Belsky, J., Hsieh, K. H., und Crnic, K.: Mothering, fathering, and infant negativity as antecedents of boys' externalizing problems and inhibition at age 3 years: differential susceptibility to rearing experience? Deviant Psychopathology 10, S. 301–319, 1998

56 Stein, M. B., Walker, J. R., und Forde, D. R.: Setting diagnostic thresholds for social phobia: considerations from a community survey of social anxiety. American Journal of Psychology 151, S. 408–412, 1994

57 WHO: World Health Organisation. Tenth Revision of the International Classification of Diseases, Chapter V (F): Mental and Behavioural Disorders (including disorders of psychological development). Clinical Descriptions and Diagnostic Guidelines. Geneva, World Health Organisation 1991

58 Chavira, D. A., Stein, M. B., und Malcarne, V. L.: Scrutinizing the relationship between shyness and social phobia. Journal of Anxiety Disorders 16, S. 585–598, 2002

59 Magee, W. J., et al.: Agoraphobia, simple phobia, and social phobia in the National Comorbidity Survey. Archives of General Psychiatry 53, S. 159–168, 1996

60 Narrow, W. E., et al.: Revised prevalence estimates of mental disorders in the United States: using a clinical significance criterion to reconcile 2 surveys' estimates. Archives of General Psychiatry 59, S. 115–123, 2002

61 Blech, J.: Die Krankheitserfinder. Wie wir zu Patienten gemacht werden. Frankfurt, Fischer 2005

62 Blanco, C., García, C., und Liebowitz, M. R.: Epidemiology of Social Anxiety Disorder. In: Bandelow, B., und Stein, D. J. (Hg.): Social Anxiety Disorder. New York, N. Y., Marcel Dekker, S. 35–48, 2004

63 Davidson, J. R., et al.: The epidemiology of social phobia: findings from the Duke Epidemiological Catchment Area Study. Psychological Medicine 23, S. 709–718, 1993

64 Busch, F., und Milrod, B.: Psychodynamic Theory and Treat-

ment of Social Anxiety Disorder. In: Bandelow, B., und Stein, D. J. (Hg.): Social Anxiety Disorder. New York, N. Y., Marcel Dekker, S. 251–266, 2004

65 Graf-Morgenstern, M., und Benkert, O.: Urteile und Meinungen zur Pharmakotherapie und Psychotherapie in der Bevölkerung – eine repräsentative Bevölkerungsumfrage. ZNS-Journal 5, S. 22–31, 2001

66 Chak, K., und Leung, L.: Shyness and locus of control as predictors of internet addiction and internet use. Cyberpsychology and Behaviour 7, S. 559–570, 2004

67 Carter, C. S., und Getz, L. L.: Monogamy and the prairie vole. Scientific American 268, S. 100–106, 1993

68 Shapiro, L. E., und Dewsbury, D. A.: Differences in affiliative behavior, pair bonding, and vaginal cytology in two species of vole (Microtus ochrogaster and M. montanus). Journal of Comparitive Psychology 104, S. 268–274, 1990

69 Charney, D. S.: Psychobiological mechanisms of resilience and vulnerability: implications for successful adaptation to extreme stress. American Journal of Psychology 161, S. 195–216, 2004

70 Williams, J. R., et al.: Oxytocin administered centrally facilitates formation of a partner preference in female prairie voles (Microtus ochrogaster). Journal of Neuroendocrinology 6, S. 247–250, 1994

71 Insel, T. R., Wang, Z. X., und Ferris, C. F.: Patterns of brain vasopressin receptor distribution associated with social organization in microtine rodents. Journal of Neurosciences 14, S. 5381–5392, 1994

72 Bosch, O. J., et al.: Brain oxytocin correlates with maternal aggression: link to anxiety. Journal of Neurosciences 25, S. 6807–6815, 2005

73 Jezova, D., et al.: Vasopressin and oxytocin in stress. Annals of the New York Academy of Sciences 771, S. 192–203, 1995

74 McCarthy, M. M., et al.: An anxiolytic action of oxytocin is en-

hanced by estrogen in the mouse. Physiology and Behaviour 60, S. 1209–1215, 1996

75 Kirsch, P., et al.: Oxytocin modulates neural circuitry for social cognition and fear in humans. Journal of Neurosciences 25, S. 11489–11493, 2005

76 Ferguson, J. N., et al.: Oxytocin in the medial amygdala is essential for social recognition in the mouse. Journal of Neurosciences 21, S. 8278–8285, 2001

77 Zak, P. J., Kurzban, R., und Matzner, W. T.: Oxytocin is associated with human trustworthiness. Hormones and Behaviour 48, S. 522–527, 2005

78 Kosfeld, M., et al.: Oxytocin increases trust in humans. Nature 435, S. 673–676, 2005

DANKSAGUNG

Ich danke meiner Lektorin Regina Carstensen, Uwe Naumann vom Rowohlt Verlag und außerdem Kirsten Engel für die Durchsicht des Manuskripts.

Meiner Familie danke ich für ihre Geduld.

Göttingen, den 1. August 2007   *Borwin Bandelow*